어휘력을 ...는 것은 어떤 것일까요?

부단한 노력은 큰 변화를 가져옵니다. 겨우내 앙상하던 나무가 어느 순간 풍성한 잎으로 뒤덮이는 모습이 그렇습니다. 영어에서 어휘를 암기하는 것은 바로 나무가 쉼 없이 작은 잎을 틔우는 일과 같습니다. 그 작은 잎들이 모여 더운 여름을 이겨낼 초록의 그늘을 만들어 줍니다.

이 책은 수능 영어를 준비하는 학습자에 최적화되어 있습니다. 이 책을 쓰면서 가장 집중했던 부분은 예문과 우리말의 '언어적 자연스러움' 그리고 '한 번에 읽힘'입니다. Part I에는 최근 10년간의 수능 및 모의 평가 기출 문제에서 1,500개의 고교 필수 단어를 선별해 제시했습니다. Part II에는 최근 10년간의 기출 문제에서 400개의 고교 고난도 어휘를 선별해 제시했습니다. 실제 어휘 문제로 출제되었던 것들을 선별해 관련 표제어 바로 밑에 Quiz로 제시했습니다. 이는 계속 단어를 암기해 나가면서 학습자가 어디쯤 가고 있는지 스스로의 위치를 가늠해 볼 수 있는 GPS 역할을 할 것입니다. 또한 주요 어근 풀이 및 혼동 어휘를 제시해 더욱 견고하게 어휘력을 키울 수 있도록 했습니다. 이 한권으로 어휘 문제를 정복함은 물론 엄선된 예문을 통한 독해력 상승의 효과까지 챙길 수 있으리라 확신합니다.

부단한 노력으로 뜻한 바를 이루기 바랍니다!

저자 **문국**

Contents 차례

간단하게 단단하게 독해를 위한 핵심단어

고등편

단단독단

/ 문국 저

아이 생각

www.ithinkbook.co.kr

간단하게 단단하게 독해를 위한 핵심단어 **단단독단** 고등편

| 만든 사람들 |

기획 실용기획부 | 진행 한윤지, 신은현, 김혜인 | 집필 문국
편집 디자인 디자인 숲 · 이기숙 | 표지 디자인 원은영

| 책 내용 문의 |

도서 내용에 대해 궁금한 사항이 있으시면,
디지털북스 홈페이지의 게시판을 통해서 해결하실 수 있습니다.

디지털북스 홈페이지 : www.digitalbooks.co.kr
디지털북스 페이스북 : www.facebook.com/ithinkbook
디지털북스 카페 : cafe.naver.com/digitalbooks1999
디지털북스 이메일 : digital@digitalbooks.co.kr
저자 이메일 : juckto@hanmail.net

| 각종 문의 |

영업관련 hi@digitalbooks.co.kr
기획관련 digital@digitalbooks.co.kr
전화번호 02 447-3157~8

PART 02 고등고급

Contents

PART

수능필수

DAY 01 – DAY 35

1

aboard
[əbɔ́:rd]

부 탑승한, 승선한
hop aboard 뛰어 올라타다
The raft swayed as she stepped aboard.
그녀가 올라타자 뗏목이 흔들렸다.

abound
[əbáund]

동 ~이 풍부하다
abundance 명 풍부 abundant 형 풍부한
a region where oil abounds 원유가 풍부한 지역
Rumours abound about the breakup of their marriage.
그들의 파혼에 대한 소문은 무성하다.

abrupt
[əbrʌ́pt]

형 갑작스러운
abruptly 부 갑자기
come to an abrupt end 갑작스러운 결말을 맞다
There was an abrupt change in the weather.
날씨가 갑작스럽게 변했다.

absently
[ǽbsəntli]

부 멍하니
absence 명 부재 absentminded 형 건망증이 심한
gaze absently out of the window 창밖을 멍하니 바라보다
He gazed absently into the falling rain.
그는 내리는 빗속을 멍하니 바라봤다.

Quiz 1 However, the <absence / experience> of professional backpackers who have explored every corner of the world teaches us the exact opposite: the longer the backpacking trip, the less you should carry.

2012 고1 학평

---

bounce
[bauns]

동 회복하다, 튀어 오르다
bounce back 다시 회복되다
The boys are bouncing a ball against the wall.
남자 아이들이 공을 벽에 튀기고 있다.

bound
[baund]

형 묶인, 구속받는
a plane bound for Toronto 토론토 행 비행기
She felt bound to tell her Mom the truth.
그녀는 엄마에게 진실을 말해야만 할 것 같았다.

boundary
[báundəri]

명 경계
boundless 형 무한한
cross a boundary 경계를 넘어서다
National boundaries are losing their meaning in the global economy.
국경은 국제 경제에서 그 의미를 잃고 있다.

contemplate
[kántəmplèit]

동 심사숙고하다
contemplate resigning 사퇴를 숙고하다
He contemplated the meaning of the text message for a long time.
그는 그 문자 메시지의 의미를 오랫동안 곱씹었다.

contemporary
[kəntémpərèri]

형 동시대의, 현대의
contemporary fashions 현대의 패션
He has one of the finest collections of contemporary art in the country.
그는 국내에서 가장 뛰어난 현대 예술작품들을 소장하고 있다.

damage
[dǽmidʒ]

동 해를 끼치다
be damaged during shipping 선적 중에 손상되다
Smoking can badly damage your health.
흡연은 당신을 건강을 심하게 해칠 수 있다.

> **Quiz 2** The reputation of an airline, for example, will be <damaged / recovered> if a survey is conducted just after a plane crash.
> 2010 수능

damp
[dæmp]

형 축축한
dampen 동 축축하게 하다
damp weather 축축한 날씨
Her hair's still damp from the rain.
그녀의 머리카락은 아직 비에 젖어 축축하다.

dash
[dæʃ]

동 서둘러가다
dash down the hallway 복도로 황급히 내려가다
He dashed out into the street in his pyjamas.
그는 잠옷을 입은 채로 거리로 뛰어나갔다.

dazzling
[dǽzliŋ]

형 현란한, 눈부신
the dazzling midday sun 눈부신 한 낮의 태양
He displayed a dazzling football skills.
그는 현란한 축구 기술을 선보였다.

evaluate
[ivǽljuèit]

통 평가하다
evaluation 명 평가
evaluate the exam results 시험 결과를 평가하다
Let's evaluate our options!
우리의 선택사항들을 따져보자!

even
[í:vən]

형 짝수의, 고른 ↔ odd 홀수의
evenly 부 균등하게
even number 짝수
She has white, even teeth.
그녀는 하얗고 고른 치아를 가지고 있다.

eventually
[ivéntʃuəli]

부 결국, 마침내
succeed eventually 결국 성공하다
Eventually, he got a job and moved to Seoul.
그는 마침내 직장을 구해 서울로 이사 갔다.

gain
[gein]

통 얻다, 획득하다 명 획득, 증가 ↔ loss 손실
gain weight 살이 찌다
This medication can cause weight gain.
이 약은 체중 증가를 가져올 수도 있습니다.

Quiz 3 But as long as he focuses on rising higher, his life <gains / loses> its enjoyment. 2011 고1학평

gather
[gǽðər]

통 모으다, 모이다
gathering 명 모임
gather one's hair into a ponytail
머리카락을 모아 꽁지머리로 만들다
A group of students gathered in a corner of the school yard.
한 무리의 학생들이 학교 운동장 모퉁이에 모여 있었다.

gaze
[geiz]

명 응시, 시선 통 응시하다
admiring gaze 존경심 가득한 응시
She gazed out the window at the rain.
그녀는 창밖으로 비를 응시했다.

install
[instɔ́:l]

통 설치하다
install security cameras 보안 카메라를 설치하다
The city should consider installing traffic lights as soon as possible.
그 도시는 가능한 한 빨리 교통 신호등 설치를 고려해 봐야 한다.

instinct
[ínstiŋkt]

명 본능
instinctive 형 본능적인 instinctively 부 본능적으로
nest building instincts 둥지를 짓는 본능
He knew by instinct what to say.
그는 무슨 말을 해야 할지 본능적으로 알았다.

Quiz 4 The power of music is diverse and people respond in different ways. To some it is mainly an <instinctive / inactive>, exciting sound to which they dance or move their bodies. 2008 수능

institution
[ìnstətjúːʃən]

명 기관, 단체
educational institutions 교육기관들
The company has an excellent reputation as a research institution.
그 회사는 조사 기관으로서 대단한 명성을 가지고 있다.

messy
[mési]

형 지저분한
messiness 명 지저분함
a messy desk 지저분한 책상
My mother did not care as much about a messy house.
엄마는 집이 지저분한 것에 대해 그리 신경 쓰지 않으셨다.

metropolis
[mitrápəlis]

명 중심도시, 주요도시
metropolitan 형 대도시의
international metropolis 국제적인 중심도시
The city has become a huge, busy metropolis.
그 도시는 거대하고 분주한 중심도시가 되었다.

microorganism
[màikrouɔ́ːrgənìzm]

명 미생물
remove microorganisms on textile products
섬유 제품에서 미생물을 제거하다
Plants attract microorganisms into their soil.
식물은 미생물들을 토양으로 끌어들인다.

접두어 micro- '극도로 작은'의 의미를 갖는다.
microscopic 미세한 / microbial 미생물의 / microwave 극초단파

party
[páːrti]

명 당사자
injured party 피해자 측
The parties in the lawsuit reached a settlement.
당사자들이 소송에서 합의에 이르렀다.

passerby
[pǽsərbái]

명 통행인　pl. passersby
sell drinks to passerby 행인들에게 음료를 팔다
A vendor set up shop and sold doughnuts and coffee to passersby.
상인이 한 도시에 가게를 차리고 지나가는 사람들에게 도넛과 커피를 팔았다.

rear
[riər]

동 기르다, 키우다
child-rearing **advice from experts** 전문가들로부터의 육아 조언
They moved to a good place to rear young children.
그들은 어린 아이들을 키우기 좋은 곳으로 이사를 갔다.

reason
[rí:zn]

동 판단하다, 추론하다 명 이성
reasoned 형 논리 정연한　reasoning 명 추론
the ability to reason 판단하는 능력
She lost her reason at the news.
그녀는 그 소식에 이성을 잃었다.

> **Quiz 5** The study does not prove that watching TV or playing computer games is inherently unhealthy. The real <reason / solution> may be what people tend to do during those activities: sit. 2011 고2학평

recall
[rikɔ́:l]

동 회상하다, 기억해내다
recall **someone's name** 누군가의 이름을 기억해내다
She suddenly recalled an experience from her childhood.
그녀는 갑자기 유년시절의 경험을 생각해냈다.

receipt
[risí:t]

명 영수증
receive 동 수령하다　recipient 명 수령인
sign a receipt 영수증에 사인하다
Enclosed is the original receipt and the repair bill.
영수증 원본과 수리비용 청구서가 동봉되어 있습니다.

shelter
[ʃéltər]

동 보호하다, 막다 명 주거지, 보호소
worry about finding food, shelter, **or safety from predators**
음식과 집 또는 포식자로부터 안전한 곳을 찾는 것을 걱정하다
A cave sheltered the climbers during the heavy rain.
폭우가 내리는 동안 동굴이 등산객들을 보호해주었다.

shift
[ʃift]

명 변화, 전환 동 이동하다, 바꾸다
shifting 형 변화하는
the shift **from analog to digital film-making**
아날로그에서 디지털 영화 제작으로의 변화
I shifted my position slightly to see the stage better.
나는 무대를 더 잘 보기 위해 위치를 약간 바꿨다.

ship
[ʃip]

동 운송하다, 선적하다

develop a system for shipping fish 생선 선적 시스템을 개발하다

Your order is expected to ship soon.
귀하의 주문 물품은 곧 배송될 예정입니다.

shortage
[ʃɔ́:rtidʒ]

명 부족, 결핍

shortage of teaching materials 교수 자료의 부족

There is no shortage of funds.
자금은 전혀 부족하지 않다.

> **Quiz 6** Industrial diamonds are so important that a <shortage / strength> would cause a breakdown in the metal-working industry and would destroy mass production. 2007 수능

shortcut
[ʃɔ́:rtkʌt]

명 지름길

take a shortcut 지름길로 가다

There aren't any shortcuts to learning English.
영어를 배우는 데에는 지름길이 없다.

shortsighted
[ʃɔ́:rtsáitid]

형 근시안적인, 근시의

a short-sighted policy 근시안적인 정책

The nurse declared Tara severely short-sighted and she had to get glasses.
간호사는 Tara가 심각한 근시라고 판정했고 그녀는 안경을 껴야했다.

uncontested
[ʌ̀nkəntéstid]

형 논쟁의 여지가 없는

an uncontested necessary condition
논쟁의 여지가 없는 필요조건

These claims have not gone uncontested.
이런 주장들에 이론이 없었던 것은 아니다.

> **접두어 un-** '~이 아닌,' '~의 반대로 하다,' '~에서 벗어나다' 등의 의미를 갖는다.
> uncontrollably 통제할 수 없게 / uncontroversial 논쟁의 여지가 없는 / uncover 알아내다

worth
[wə:rθ]

전 ~의 가치가 있는

worthless 형 가치 없는   worthwhile 형 가치 있는

A picture may be worth a thousand words.
그림 한 장이 수천 단어의 의미가 있을지도 모른다.

The book is well worth reading.
그 책은 충분히 읽을 가치가 있다.

wound
[wuːnd]

명 상처
wounded 형 상처를 입은
a knife wound 칼에 베인 상처
A doctor cleaned and bandaged the wound.
의사가 상처를 소독하고 붕대를 감아줬다.

wrap
[ræp]

동 포장하다, 감싸다
wrapper 명 포장지
wrapping **of Christmas presents** 크리스마스 선물 포장
She wrapped her arms around him.
그녀는 그를 감싸 안았다.

wreck
[rek]

명 사고, 난파, 난파선   = crash 충돌 사고
car/train/plane wreck 자동차/기차/비행기 충돌[추락]사고
They pulled a man from the wreck.
그들은 난파선에서 한 남자를 끌어냈다.

Quiz 정답

1   experience, 하지만 세계 구석구석을 탐험한 전문 배낭여행자의 경험은 그 정반대의 것을 가르친다: 배낭여행이 길수록 우리는 그만큼 더 적게 가져가야 한다.

2   damaged, 항공사의 평판은, 예를 들어, 만약에 비행기 추락 직후에 조사를 실시한다면 손상될 것이다.

3   loses, 하지만 그가 위로 올라가는 것에 집중한다면, 그의 인생은 그 즐거움을 잃는다.

4   instinctive, 음악의 힘은 다양하며 사람들은 다르게 반응한다. 어떤 사람들에게는 음악이 주로 그것에 맞추어 춤을 추거나 몸을 움직이는 본능적이고 신나는 소리이다.

5   reason, 그 연구는 TV 시청이나 컴퓨터 게임을 하는 것이 건강에 좋지 않은 내재적 이유라는 것을 입증하지 못한다. 진짜 이유는 사람들이 그런 행위를 하는 동안에 하게 되는 것일 것이다. —앉아 있기

6   shortage, 산업용 다이아몬드는 너무 중요해서 부족하다면 금속 관련 산업의 붕괴를 초래하고 대량생산이 불가능하게 될 것이다.

A 우리말은 영어로, 영어는 우리말로 쓰시오.

1. 변화, 바꾸다	_____	11. absently	_____
2. 운송하다, 선적하다	_____	12. contemplate	_____
3. 영수증	_____	13. dash	_____
4. 회상하다, 기억해내다	_____	14. eventually	_____
5. 통행인	_____	15. wreck	_____
6. 기르다, 키우다	_____	16. uncontested	_____
7. 판단하다, 이성	_____	17. shelter	_____
8. ~이 풍부하다	_____	18. messy	_____
9. 튀어 오르다	_____	19. instinct	_____
10. 묶인, 구속받는	_____	20. worth	_____

B 빈칸에 알맞은 말을 고르시오.

gain	even	gather	abrupt

1. There was a/an _____ change in the weather.
2. This medication can cause weight _____.
3. She has white, _____ teeth.
4. A group of students _____ in a corner of the school yard.

C 괄호 안에서 문맥에 맞는 말을 고르시오.

1. The window overlooked an alleyway used as a <shortcut / shortage> by the college students.
2. Hop <abroad / aboard> his poetry train on which each amazing poem leads to a different destination.
3. Science is an indispensable source of information for the <temporary / contemporary> writer.
4. I slowly stepped in front of the judges. Their <gaze / graze> fell heavy upon me.

DAY 02

absolutely
[ǽbsəlúːtli]

부 완전히, 정말로
absolute 형 절대적인
be absolutely sure 절대적으로 확신하다
There is absolutely no scientific evidence for this theory.
이 이론에 대한 과학적 증거는 전혀 없다.

absorb
[æbsɔ́ːrb]

동 흡수하다
absorption 명 흡수
a fabric that absorbs sweat 땀을 흡수하는 천
Greenhouse gases have been known to absorb heat and hold this heat in the atmosphere.
온실 가스는 열을 빨아들여 그 열을 대기 중에 가두는 것으로 알려져 있다.

abstract
[æbstrǽkt]

형 추상적인
abstract arrangements of color and line
추상적인 색상과 선의 배열
abstract ideas such as love and hate
사랑 그리고 증오처럼 추상적인 관념들

absurd
[æbsɔ́ːrd]

형 불합리한   = foolish, insane
absundity 명 불합리
an absurd argument 엉터리 주장
The charges against her are obviously absurd.
그녀에 대한 비난은 명백히 불합리하다.

abuse
[əbjúːz]

동 남용하다, 혹사시키다 명 학대, 남용
abusive 형 학대하는
abuse of power 권력 남용
be physically and emotionally abused
신체적으로도 정신적으로도 학대를 받다

> **Quiz 1** Other proposed characteristics of "primitive" languages, such as the <abuse / absence> of appropriately general words, proved to be unreliable indicators of evolutionary grades.
> 2011 고3학평

brand-new
[brǽndnjúː]

형 신형의, 새로운
a brand-new car 신형 자동차
A few years ago we purchased a brand-new camper van.
몇 주 전에 우리는 최신 캠핑카를 샀다.

Quiz 2 A(n) <impractical / brand-new> white scarf might be pulled out of a donation bag at the last minute because of the promise of elegance it once held for its owner.　2012 수능

break
[breik]

명 휴식, 쉬는 시간
take a ten-minute break 10분간 휴식을 취하다
Schedule intervals of productive time and breaks so that you get the most from people.
사람들로부터 최대치를 끌어내기 위해 생산적인 시간과 휴식 사이의 간격을 계획해라.

breakdown
[bréikdaun]

명 (시스템이나 관계의) 실패, 고장
a breakdown of negotiations 협상 결렬
The factory has had frequent equipment breakdowns.
그 공장은 자주 설비 고장을 일으켜왔다.

혼동어휘　breakthrough 명 획기적 발전
Researchers have made a breakthrough in the treatment of cancer.
연구원들은 암 치료에 있어 획기적인 성과를 이뤘다.

context
[kántekst]

명 정황, 문맥
learn math in the context of real life 실생활의 맥락에서 수학을 익히다
The meaning of 'terrible' depends on its context.
terrible이라는 말은 문맥에 따라 그 의미가 다르다.

continental
[kàntənéntl]

형 대륙의
continent 명 대륙
continental shelf 대륙붕
They will be touring Continental Europe.
그들은 유럽 대륙을 여행할 것이다.

continuous
[kəntínjuəs]

형 계속 이어지는
continue 동 지속하다 continuously 부 지속적으로
continuity 명 지속
a continuous line of traffic 끝없이 이어진 자동차들
a continuous flow of information 끊임없는 정보 유입

Quiz 3 We don't like to say "no"— and people don't like to hear it. However, we should not <continue / postpone> delivering bad news.
2011 고2학평

deadline
[dédlàin]

명 마감시한
submission deadline 제출 마감일
We had to hurry to meet the deadline.
우리는 마감시한을 맞추려고 서둘러야 했다.

deafening
[défəniŋ]

형 귀청이 터질 듯한
the deafening roar of the planes
귀청이 터질 듯한 비행기들의 우르릉거림
The audience responded with deafening applause.
청중은 우레와 같은 환호로 응답했다.

deal
[di:l]

동 거래하다, 다루다
a great[good] deal of 상당히 많은
deal a player to another team 한 선수를 다른 팀에 팔다
The book deals with education.
그 책은 교육을 다룬다.

evident
[évədənt]

형 명백한
evidence 명 증거 evidently 부 분명히
speak with evident anguish about his son's death
그의 아들의 죽음에 대해 분명 괴로워하며 말하다
It was evident that they were unhappy.
그들이 행복하지 않은 것이 분명했다.

evolution
[èvəlú:ʃən]

명 진화
evolutionary 형 진화의 evolve 동 진화하다
Darwin's theories of evolution 다윈의 진화론
The process of evolution ensures that a species migrates only if it pays it to do so.
진화의 과정을 통해 종이 이주하는 것이 이득이 되어야만 그렇게(=이주) 한다.

gender
[dʒéndər]

명 성, 성별
gender-appropriate behavior 성별에 맞는 행동
gender role stereotypes 성 역할에 대한 고정관념

gene
[dʒi:n]

명 유전자
genetic 형 유전학의
share common genes 공통의 유전자를 나누다
He inherited a good set of genes from his parents.
그는 그의 부모로부터 뛰어난 유전자들을 물려받았다.

general
[dʒénərəl]

형 일반적인, 전체적인
generalization 명 일반화 generally 부 일반적으로
as a general rule 일반적으로
Now there is a general downturn in the economy.
현재 경제가 전반적으로 불황이다.

Quiz 4 People from various backgrounds and experiences will be attracted to certain colors and be offended by others. Therefore, color psychology, although interesting, provides only broad <regulations / generalizations> in analyzing personality types.　2009 고3학평

instructional
[instrʌ́kʃənl]

형 교육의, 안내의
instruct 동 지시하다 instructor 명 강사
instructional method 교수법
a free instructional video 무료 안내 비디오

instrument
[ínstrəmənt]

명 도구, 악기
surgical instruments 수술 도구
period instrument 시대악기 (작곡 당시에 쓰였던 양식의 악기)

insult
[ínsʌlt]

명 모욕 동 [insʌ́lt] 모욕하다
insultingly 부 모욕적으로
a fight caused by a minor insult 작은 모욕으로 유발된 싸움
We were greatly insulted by her rudeness.
우리는 그녀의 무례함에 매우 모욕감을 느꼈다.

Quiz 5 Responding to an email request with an absolute "There's just no way I can do that, but good luck" is a greater <insult / favor> than answering with a "Maybe" that's never going to happen.　2011 고2학평

judge
[dʒʌdʒ]

명 심사위원 동 판단하다
judgement 명 판단, 평가
high court judge 고등법원 판사
We should never judge a person by their looks.
우리는 절대 사람을 외모로 판단하면 안 된다.

justify
[dʒʌ́stəfài]

동 정당화하다
justification 명 정당화
The end does not always justify the means.
언제나 결과가 수단을 정당화하는 것은 아니다.

People use their cleverness to justify themselves for the messiness of their workspaces.
사람들은 자신들의 영리함을 이용해 자신들의 업무 공간이 지저분한 것을 정당화한다.

Quiz 6 In some cases, you'll be asked to <justify / identify> the person that you saw among a number of people from behind a one-way mirror, or you may be shown a number of images on a computer.　2008 고3학평

kin
[kin]

명 친족
close kin 가까운 친족
They are his distant kin.
그들은 그의 먼 친척들이다.

midwife
[mídwàif]

명 조산사, 산파
a trained and certified midwife 훈련받고 공인된 산파
act as a midwife 산파 노릇을 하다

mightily
[máitəli]

부 맹렬하게
mighty 형 강력한
applaud mightily 맹렬하게 환호하다
I struggled mightily with my own desire to open a novel in daylight.
나는 낮에 소설책을 열어보려는 나의 욕망과 맹렬히 싸웠다.

migrate
[máigreit]

동 이주하다, 이동하다
migration 명 이동, 이주 migratory 형 이주하는
She migrates from New York to Florida each summer.
그녀는 해마다 여름에 뉴욕에서 플로리다로 이동한다.
Some of the dollars previously spent on newspaper advertising have migrated to the Internet.
이전에 신문 광고에 투입되던 자금의 일부가 인터넷으로 옮겨갔다.

military
[mílitèri]

형 군사의, 군대의
military campaign 군사작전
a military helicopter 군용 헬리콥터

passion
[pǽʃən]

명 격정, 열정
passionate 형 열정적인
speak with considerable passion 상당한 열정을 가지고 말하다
Her eyes were burning with passion.
그녀의 눈은 열정으로 불타고 있었다.

passive
[pǽsiv]

형 수동적인 ↔ active 적극적인, 활동적인
take a passive role 수동적인 역할을 하다
a passive member of a committee 위원회의 수동적인 구성원

pastime
[pǽstàim]

명 취미, 소일거리
Reading is my favourite pastime.
독서는 내가 가장 좋아하는 소일거리이다.
Thanks to his influence, this childhood pastime has since become a habit.
그의 영향으로 유년시절의 취미가 그 이후로 습관이 되었다.

recently
[rí:sntli]

뷔 **최근에**
a recently published biography 최근에 출간된 전기
My parents recently moved to Maryland.
나의 부모님은 최근에 Maryland로 이사 가셨다.

receptive
[riséptiv]

톙 **수용적인** = open-minded
be receptive to new ideas
새로운 아이디어에 대해 수용적이다
speak before a receptive audience
수용적인 청중 앞에서 발표를 하다

recess
[risés]

톙 **휴식** = break
take a recess 쉬다
We used to play basketball after lunch and at recess.
우리는 점심 식사 후 그리고 쉬는 시간에 농구를 했었다.

recipe
[résəpi]

톙 **조리법, 비결** = method, tactics
a recipe for tomato soup 토마토수프 조리법
a recipe for success 성공 비법

shrink
[ʃriŋk]

shrank, shrunk 톰 **오그라들다, 줄어들다**
shrinkage 톙 수축
The sweater shrank when it was washed.
세탁을 하자 스웨터가 줄었다.
During droughts the root shrinks.
가뭄 동안 뿌리가 수축한다.

shuffle
[ʃʌfl]

톰 **이리저리 섞다**
shuffle the cards 카드를 섞다
He shuffled the papers on the desk.
그는 책상 위의 서류를 대충 챙겼다.

sibling
[síbliŋ]

톙 **형제, 자매**
sibling rivalry 형제간의 경쟁
intervene in disputes between siblings
형제들 간의 분쟁에 끼어들다

접미어 **-ling** '어린,' '작은'의 의미를 갖는다.
duckling 새끼 오리 / **sapling** 어린 나무, 묘목 / **underling** 부하

---

sickly
[síkli]

톙 **병약한** ↔ healthy 건강한
an old sickly man 늙고 병든 남자
a sickly complexion 아파 보이는 안색

wrongheaded
[rɔ́ːŋhédid]

형 잘못된, 그릇된

wrongheaded advice 잘못된 조언

We give sometimes wrongheaded deference to those in authority positions.
우리는 가끔 권위 있는 자들에게 그릇된 존경을 표한다.

yield
[jiːld]

동 1 산출하다, 생산하다 2 양보하다

yielding 형 수확이 좋은

yield an abundant harvest 풍성한 수확을 산출하다

Motorists are more likely to yield to pedestrians in marked crosswalks than at unmarked crosswalks.
자동차 운전자들은 횡단보도가 없는 곳보다 그려져 있는 곳에서 보행자에게 양보할 가능성이 높다.

Quiz 정답

1 absence, 적절한 총칭어의 부재와 같은 다른 제시된 "원시" 언어의 특징들은 언어 발달 등급의 신뢰할 수 없는 지표로 판명되었다.

2 impractical, 비실용적인 흰색 스카프는 마지막 순간에 기부 물품을 넣는 가방에서 꺼내질 지도 모른다. 왜냐하면 그것은 그것의 주인이 한때 가지고 있었던 우아함의 증표이기 때문이다.

3 postpone, 우리는 "아니"라고 말하고 싶어 하지 않으며 사람들도 그 말을 듣고 싶어 하지 않는다. 하지만 우리는 좋지 않은 소식을 전하는 것을 미루면 안 된다.

4 generalizations, 다양한 배경과 경험을 가진 사람들은 특정 색상에 끌리거나, 다른 색상에는 마음이 상할 수도 있다. 그러므로 색상 심리학은 흥미롭기는 하지만 성격 유형을 분석하는데 있어 단지 대략적인 일반화를 제시할 뿐이다.

5 favor, 이메일의 요청에 대하여 "제가 그것을 할 수 있는 방법은 없지만 행운을 빕니다."라는 확실한 말로 응답을 하는 것은, 결코 있을 것 같지도 않은 "어쩌면요."라는 말로 대답을 하는 것보다 훨씬 더 큰 호의 이다.

6 identify, 어떤 경우에는 편방향 투시 거울 뒤에서 많은 사람들 중 당신이 본 사람을 식별하도록 요청을 받거나 컴퓨터상의 많은 이미지가 당신에게 제시될지도 모른다.

A 우리말은 영어로, 영어는 우리말로 쓰시오.

1. 추상적인	_____	11. shrink	_____
2. 불합리한	_____	12. sickly	_____
3. 형제, 자매	_____	13. breakdown	_____
4. 최근에	_____	14. justify	_____
5. 마감시한	_____	15. kin	_____
6. 진화	_____	16. passive	_____
7. 흡수하다	_____	17. shuffle	_____
8. 신형의, 새로운	_____	18. continuous	_____
9. 조리법	_____	19. evident	_____
10. 도구, 악기	_____	20. gene	_____

B 빈칸에 알맞은 말을 고르시오.

absurd	deafening	general	deadline

1. The charges against her are obviously _____.

2. We had to hurry to meet the _____.

3. The audience responded with _____ applause.

4. Now there is a _____ downturn in the economy.

C 괄호 안에서 문맥에 맞는 말을 고르시오.

1. Schedule intervals of productive time and <breaks / brakes> so that you get the most from people.

2. The process of <revolution / evolution> ensures that a species migrates only if it pays it to do so.

3. I struggled <mighty / mightily> with my own desire to open a novel in daylight.

4. Some of the dollars previously spent on newspaper advertising have <mitigated / migrated> to the Internet.

DAY 03

accelerate
[æksélərèit]

동 촉진시키다, 가속하다
acceleration 명 가속
accelerate economic growth 경제 성장을 촉진하다
He stepped on the gas and the car accelerated.
그가 가속페달을 밟자 차는 속도를 냈다.

> **Quiz 1** It is not entirely clear, but animal studies have shown that prolonged sitting <accelerates / slows> the action of an enzyme that breaks down fats in the blood, which in turn causes the levels of those substances to climb. 2011 고2학평

accept
[æksépt]

동 받아들이다, 수용하다 ↔ decline 거절하다
accept an offer 제안을 받아들이다
I have decided not to accept the position.
나는 그 직위를 수락하지 않기로 결정했다.

> **어근 cept, ceive** '받다'의 의미를 갖는다.
> reception 접수 / deceive 속이다 / perceive 인식하다

access
[ǽkses]

동 이용하다, 접근하다 명 접근
accessible 형 이용 가능한, 접근 가능한
Hikers take more risks when they think a rescuer can access them easily.
등산객들은 구조원이 그들에게 쉽게 올 수 있다고 생각할 때 더 많은 모험을 한다.
We have Internet access at the lobby.
로비에 인터넷이 설치되어 있다.

accommodate
[əkámədèit]

동 수용하다
accommodation 명 숙박
accommodate 700 people 700명을 수용하다
Over 300 people can be accommodated on the cruise ship.
300명 넘는 인원이 유람선에 탑승할 수 있다.

breakthrough
[bréikθru]

명 성공, 돌파구 = advancement ↔ setback 실패, 좌절
make a breakthrough in cancer treatment
암 치료의 돌파구를 마련하다
Every victory one person makes is a breakthrough for all.
누군가 이루는 모든 성공은 각각의 모두에게 하나의 돌파구가 된다.

breath
[breθ]

명 숨, 호흡
breathe 통 숨 쉬다
bad breath 입 냄새. 구취
She took a deep breath and pushed herself into the water.
그녀는 숨을 깊이 들이마시고 물속으로 들어갔다.

breed
[briːd]

통 기르다, 번식하다
breeding 명 품종개량
breed during the cooler months of the year
연중 선선한 달 동안에 번식하다
He got into the business of breeding cattle.
그는 소 키우는 사업을 시작했다.

bridge
[bridʒ]

통 (간격을) 메우다, 다리를 놓다
bridge the gap 그 간격을 메우다
bridge the gap between ballet and modern dance
발레와 현대 무용 사이를 잇는 다리를 놓다

contract
[kəntrǽk]

통 1. 병에 걸리다 2. 수축하다
contract a strange illness 이상한 병에 걸리다
Fast muscle fibers contract more quickly than slow muscle fibers.
빠른 근섬유는 느린 근섬유보다 빠르게 수축한다.

contrary
[kɑ́ntreri]

명 반대, 대조　= opposite
on the contrary 그와는 대조적으로
In the end the contrary was proved true.
결국 그 반대의 것이 진실로 밝혀졌다.

contribute
[kəntríbjuːt]

통 ~에 기여하다
contribution 명 기여, 공헌
contribute to the project 그 프로젝트에 기여하다
The environmental adversities actually contribute to their longevity.
거친 환경이 실제로는 그들의 장수에 기여한다.

Quiz 2 Many of these organizations also hire very bright and well-educated individuals who <object / contribute> to an intelligent and stimulating work environment.　2008 고3학평

decade
[dékeid]

명 10년
for decades 수십 년간
over the past decade 지난 10년에 걸쳐
The impact of color has been studied for decades.
색깔의 영향은 수십 년간 연구되어 왔다.

decisive
[disáisiv]

혤 결정적인, 결단력 있는
A decisive moment occurred 결정적인 순간이 발생했다
You must be decisive to succeed in this competitive field.
경쟁이 심한 이 분야에서 성공하려면 결단력이 있어야 한다.

declare
[dikléər]

통 단언하다, 공표하다   = announce
declaration 명 선언
declare a state of emergency 비상사태를 공표하다
She declared her intention to stand for president.
그녀는 자기가 대통령을 지지하겠다는 의지를 표명했다.

decline
[dikláin]

통 1 거절하다 2 감소하다 명 쇠퇴, 하락
decline the company's offer 그 회사의 제의를 거절하다
the rise in commerce and the decline of authoritarian
religion 상업의 발전과 권위주의적 종교의 쇠퇴
The animal's numbers are declining rapidly.
그 동물의 개체수가 빠르게 감소하고 있다.

exaggerate
[igzǽdʒərèit]

통 과장하다   ↔ understate 낮춰서 말하다
exaggeration 명 과장
exaggerate the difficulties 어려움들을 과장하다
It's impossible to exaggerate the importance of honesty.
정직의 중요성은 과장하는 것이 불가능하다.

excel
[iksél]

통 뛰어나다   = exceed, surpass
excellence 명 탁월함
She never excelled at school or sports.
그녀는 학교에서도 스포츠에서도 뛰어난 적이 없었다.
He excels everyone else in math.
그는 수학에서 누구보다도 뛰어나다.

except
[iksépt]

전 ~을 제외하고
exceptional 혤 빼어난   exception 명 예외
She likes everyone except you.
그녀는 너 빼고 다 좋아해.
The library is open every day except Mondays.
그 도서관은 월요일을 빼고 매일 연다.

generate
[dʒénərèit]

통 (전기를) 발전하다, 생성하다   = create
generation 명 (전기·열 등의) 발생, 세대
generate a lot of quick power 빠른 힘을 많이 생성해 내다
I hope we can generate some new ideas at the meeting.
나는 우리가 회의에서 새로운 아이디어를 만들어 내기를 바란다.

generous
[dʒénərəs]

형 관대한, 후한
generosity 명 관대함 generously 부 후하게
have a generous heart 관대한 마음을 가지고 있다
The desert is both harsh and generous.
사막은 거칠기도 하고 관대하기도 하다.

Quiz 3 More than one and a half million tickets have already been sold for the Olympic Games in Beijing this August. Many have been bought by <generous / genuine> sports fans. 2013 고3학평

genetic
[dʒənétik]

형 유전적인
genetically 부 유전적으로 genetics 명 유전학
genetic code 유전암호
genetic stock 유전적 형질

genius
[dʒíːnjəs]

명 천재, 천재성 = brain, intellect
She was a genius at handling the press.
그녀는 언론을 다루는 데 천재였다.
True genius simply cannot be put into words.
진정한 천재성은 말로 표현할 수 없다.

insure
[inʃúər]

동 보장하다 = guaranty
insurance 명 보험
insure the safety of pedestrians 보행자의 안전을 보장하다
Careful planning will insure success.
세심한 계획이 성공을 보장할 것이다.

intellectual
[ìntəlékʧuəl]

형 지적인
intellectually 부 지적으로
intellectual property 지적 재산
lead an intellectual life 지적인 삶을 살다

intend
[inténd]

동 의도하다 = aim
intended 형 의도된
intend to spend the night there 밤을 거기에서 보내려고 생각하다
The lectures are intended for high school students.
그 강연들은 고등학생을 대상으로 한다.

intense
[inténs]

형 강렬한
intensely 부 강렬하게 intensify 동 강화하다
intense programs of strength training
강도 높은 근력 훈련 프로그램
The higher the temperature, the more intense the flavor.
온도가 높을수록 향은 그만큼 더 강렬하다.

Socially, they may have fewer people around them to <identify / intensify> their problems. One of the effects of aging is that your body is less able to regulate its temperature, so you become less able to judge if you are warm or cold.　2011 고3학평

knock
[nak]

图 치다, 쳐서 ~한 상태로 만들다
knock off 떨어뜨리다
knock a hole in the wall 쳐서 벽에 구멍을 내다
She knocked him to the ground.
그녀가 그를 쳐서 바닥에 쓰러뜨렸다.

millennium
[miléniəm]

명 천년　pl. millennia
millennials 명 밀레니엄(1900~2000년 사이에 태어난 세대)
changes that have occurred in the landscape over many millennia 수천 년에 걸쳐 있었던 그 땅의 변화들
The year 2000 was celebrated as the beginning of the third millennium.
2000년은 세 번째 천년의 시작으로서 사람들이 축하했다.

mimic
[mímik]

图 흉내 내다　= imitate
mimicry 명 흉내
mimicking famous actresses 유명 여배우들을 흉내 내기
The lamp mimics natural sunlight.
그 램프는 자연의 햇빛을 흉내 내고 있다.

mind-set
[máindsèt]

명 사고방식
change our mind-set about driving
운전에 대한 우리의 마음가짐을 고치다
The company has a very old-fashioned mind-set.
그 회사는 매우 구시대적 사고방식을 가지고 있다.

pat
[pæt]

图 토닥거리다　= pet, stroke
pat a dog's head 개의 머리를 쓰다듬다
She patted my shoulder and told me everything would be fine.
그녀는 내 어깨를 토닥이며 모든 것이 괜찮을 것이라고 말했다.

patch
[pæʧ]

명 작은 부분, 지역
icy patches on the road 도로에 군데군데 얼어 있는 부분
I caught my mother reading in her little patch of sunlight.
나는 부분적으로 빛이 드는 곳에서 책 읽고 계시는 엄마를 발견했다.

path
[pæθ]

명 길, 경로 = route
the path to excellence 탁월함으로 이르는 길
We followed a winding path through the woods.
우리는 숲으로 난 구불구불한 길을 따라갔다.

patiently
[péiʃəntli]

부 참을성 있게
patient 형 참을성 있는 명 환자 patience 명 참을성
listen patiently to a story 이야기를 참을성 있게 듣다
He patiently earned their trust.
그는 참을성 있게 그들의 신뢰를 얻었다.

recite
[risáit]

동 암송하다
recite poetry 시를 암송하다
She recited the poem with great feeling.
그녀는 풍부한 감정으로 그 시를 암송했다.

recognition
[rèkəgníʃən]

명 인정
recognize 동 인정하다
the recognition of the peers 동료들로부터의 인정
The Olympic Committee gave official recognition to the sport.
올림픽 위원회는 그 스포츠를 공식으로 인정했다.

recommend
[rèkəménd]

동 권장하다
recommendation 명 추천서
recommend that the matter be dropped
그 건을 폐기하자고 권하다
A study recommends that babies be moved into their own room.
한 연구는 아기들을 아기들의 방으로 옮기라고 권한다.

signal
[signal]

명 신호 동 신호를 보내다, 알리다
pick up distant signals 먼 곳의 신호를 감지하다
She believed suspension was necessary to signal to everyone the seriousness of the situation.
그녀는 정학이 모두에게 사태의 심각성을 알리는 데 필요하다고 생각했다.

significant
[signífikənt]

형 의미심장한
significantly 부 상당히 significance 명 의미, 중요성
a significant improvement in air quality 대기 질의 상당한 개선
She won a significant amount of money.
그녀는 상당한 액수의 돈을 벌었다.

simulate
[símjulèit]

동 흉내 내다, 모의실험하다
simulated 형 가상의, 모의의
a machine that simulates conditions in space
우주의 상황을 모의 실험하는 기계

simulate and manipulate reality by stimulating our senses
우리의 감각을 자극함으로써 현실을 흉내 내고 조작하다

Quiz 5 There is no doubt that the comparison and competition between these schools <stimulated / simulated> the artist to make ever greater efforts, and helped to create that variety which we admire in Greek art. 2011 고3학평

A 우리말은 영어로, 영어는 우리말로 쓰시오.

1. 모의실험하다	_____	11. decisive	_____
2. 암송하다	_____	12. except	_____
3. 숨, 호흡	_____	13. exaggerate	_____
4. 반대, 대조	_____	14. significant	_____
5. 천년	_____	15. recommend	_____
6. 지적인	_____	16. path	_____
7. 강렬한	_____	17. pat	_____
8. 신호를 보내다	_____	18. generous	_____
9. 가속하다	_____	19. genetic	_____
10. 10년	_____	20. insure	_____

B 빈칸에 알맞은 말을 고르시오.

generate	declared	mimics	intended

1. The lamp _____ natural sunlight.
2. The lectures are _____ for high school students.
3. I hope we can _____ some new ideas at the meeting.
4. She _____ her intention to stand for president.

C 괄호 안에서 문맥에 맞는 말을 고르시오.

1. Hikers take more risks when they think a rescuer can <excess / access> them easily.
2. Fast muscle fibers <contract / contradict> more quickly than slow muscle fibers.
3. Over 300 people can be <accommodated / accumulated> on the cruise ship.
4. His dog has a <latch / patch> of white on its head.

DAY 04

accompany
[əkʌ́mpəni]

동 ~ 와 동행하다, ~을 수반하다
accompanying 형 동반하는
be accompanied by an adult 어른이 동행하다
When Napoleon invaded Egypt in 1798, some scholars accompanied the expedition.
나폴레옹이 1798년에 이집트를 침략했을 때 약간의 학자들이 원정에 동행했다.

accomplish
[əkʌ́mpliʃ]

동 완수하다, 성취하다   = achieve
several different ways to accomplish the same task
같은 임무를 완수하는 여러 가지 다른 방법들
I have accomplished all I set out to do.
내가 하기로 정한 것들을 모두 완수했다.

accordingly
[əkɔ́:rdiŋli]

그에 맞게, 적당히
Keith still considered her a child and treated her accordingly.
Keith는 아직도 그녀를 어린아이로 여기고 그렇게 다뤘다.

He knew his limitations and acted accordingly.
그는 자신의 한계를 알고 그에 맞게 행동했다.

account
[əkáunt]

동 설명하다, ~의 비율을 차지하다
account for 1 (부분·비율 등을) 차지하다 2 ~을 설명하다
account for 40% of the total electricity generation
전체 전기 발전의 40%를 차지하다

Please account for your movements on that night.
그날 밤 당신의 움직임에 대해 설명해주세요.

brief
[bri:f]

형 짧은
briefly 부 짧게
spend a brief time at library 도서관에서 잠깐 시간을 보내다
I went away on a brief trip.
짧은 여행을 떠났다.

bring
[briŋ]

동 가져오다, ~을 유발하다
bring about 야기하다   bring up 기르다
Did you bring an umbrella?
우산 가져왔니?

Her screams brought the neighbors.
그녀가 소리를 질러 이웃사람들이 나왔다.

broadly
[brɔ́:dli]

부 광범위하게
breadth 명 폭, 너비
broadly adapted, high-yield crops
광범위하게 적응한 생산성 높은 작물들

Invest broadly if you want to lessen the risk.
위험을 줄이려면 널리 투자해라.

broken
[bróukən]

형 고장 난, 깨진 = busted
fix what is broken 고장 난 것을 고치다
The street was covered with broken glass.
거리는 깨진 유리로 덮여있었다.

Quiz 1 When there is a particular problem in following a rule, then the parents may want to implement associated consequences if the rule is <broken / obeyed>. 2011 고3학평

---

convenient
[kənví:njənt]

형 편리한 = handy
convenience 명 편리함
meet at a convenient time 편리한 시간에 만나다
a convenient method of polishing shoes
구두를 광내는 편리한 방법

convention
[kənvénʃən]

명 1 집회, 대회 2 인습, 관습
conventional 형 전통적인, 관습적인
hold a convention 집회를 개최하다
abandon established conventions 기존의 인습을 버리다

conversational
[kànvərséiʃənl]

형 일상적인, 격의 없는
in a conversational manner 격의 없는 방식으로
the development of the conversational portrait
격식을 차리지 않는 초상화의 발전

decorate
[dékərèit]

동 장식하다 = adorn
decoration 명 장식
decorate a cake 케이크를 장식하다
We decorated the livingroom in bright colors.
우리는 거실을 밝은 색상들로 장식했다.

decrease
[dí:kri:s]

명 감소 동 [dikrí:s] 감소하다 = abate ↔ increase
the decrease in agricultural yields 농산물 수확량의 감소
Sales decreased by ten percent this year.
올해 매출이 10퍼센트 줄었다.

Quiz 2 During the run-up to Christmas, <increasing / decreasing> numbers of ads concern toys and games. 2015 모평

dedicate
[dédikèit]

⑧ 바치다, 전념하다 = devote
dedicate a book to a friend 친구에게 책을 바치다
an organization dedicated to the preservation of our natural environment
우리의 자연 환경을 지키는 데 전념하는 단체

deem
[di:m]

⑧ 여기다 = consider, believe
something that purists deem important
순수주의자들이 중요하다고 여기는 것
He was deemed to be an illegal immigrant.
그는 불법 이민자로 여겨졌다.

defeat
[difíːt]

⑧ 무산시키다, 좌절시키다 = beat
defeat the enemy at sea 바다에서 적을 물리치다
We are ready to defeat our enemies in battle.
우리는 전투에서 적을 물리칠 준비가 되어 있다.

geometric
[dʒìːəmétrik]

⑱ 기하학적인
geometry ⑲ 기하학
geometric population growth 기하학적인 인구 증가
She was fascinated by the simple geometric grace of adobe churches.
그녀는 벽돌로 지어진 교회의 단순한 기하학적 우아함에 매료되었다.

exclamation
[èkskləméiʃən]

⑲ 외침, 절규 = interjection
exclaim ⑧ 외치다
exclamations of surprise 깜짝 놀라 외침
The good news was greeted with a chorus of joyous exclamations.
그 좋은 소식에 일제히 기쁨의 탄성을 질렀다.

exclude
[iksklúːd]

⑧ 배제시키다 ↔ include 포함하다
exclusive ⑱ 독점적인 exclusively ⑲ 독점적으로
exclude tax 세금을 제하다
People often feel excluded from science.
사람들은 종종 과학으로부터 소외감을 느낀다.

Quiz 3 Hollywood, even at home, hasn't found a way to reliably <attract / exclude> dwindling audiences increasingly turning to television, the Web, and video games for their entertainment. 2012 고3학평

geographical
[dʒìːəgrǽfikəl]

형 지리적인
geographically 부 지리적으로
the geographical center of England 잉글랜드의 지리적 중심
take into account the geographical location
지리적 위치를 고려하다

given
[gívən]

전 ~ 을 고려하면
Given the circumstances, they've done very well.
상황을 고려해보면 그들은 매우 잘 한 것이다.
Given those limitations, it achieved its full growth.
그런 한계를 고려하면, 그것은 최대치로 성장한 것이다.

intent
[intént]

명 의도, 목적   = intention
intently 부 열심히, 오로지
see the intent behind the question 문제 뒤의 의도를 알아채다
What was the writer's intent?
작가의 의도가 무엇이었을까?

pause
[pɔːz]

동 멈추다 명 중지   = break
long pause in the conversation 대화 중에 오랫동안 말이 없음
The dog paused for a few seconds before crossing the street.
그 개는 길을 건너가기 전에 잠깐 멈췄다.

interact
[íntərækt]

동 상호작용하다
interaction 명 교제, 상호작용   interactive 형 쌍방향의
interact with others 다른 사람들과 상호작용하다
The chemicals interacted to produce smoke.
화학 약품들이 상호작용해 연기를 만들어 냈다.

minimal
[mínəməl]

형 최소한의, 극소의
minimize 동 최소화하다   minimum 명 최소
minimal intervention 최소한의 개입
The storm caused minimal damage. 폭풍의 피해는 미미했다.

minor
[máinər]

명 1 부전공 2 어린이, 미성년자
minority 명 소수자
sell alcohol to a minor 미성년자에게 술을 팔다
I went to college as a fine art major and English minor.
나는 대학에서 순수미술을 전공하고 영어를 부전공했다.

misconception
[mìskənsépʃən]

명 오해   = preconception
a common misconception among many musicians
많은 음악가들이 갖는 일반적인 오해
people's misconceptions about the blind
맹인에 대한 사람들의 오해

misdirect
[mìsdirékt]

동 엉뚱한 방향으로 보내다

Their mail was misdirected to our address.
그들의 우편이 우리 주소로 잘못 왔다.

His criticism is misdirected.
그의 비평은 방향이 틀렸다.

> **접두어 mis-** '잘못,' '틀린,' '반대의'라는 의미를 갖는다.
> **mis**take 실수 / **mis**judge 오판하다 / **mis**trust 불신하다

patron
[péitrən]

명 후원자

patronage 명 후원
wealthy patrons 부유한 후원자들

He is a well-known patron of the arts.
그는 잘 알려진 미술작품 후원자이다.

pave
[peiv]

동 길을 닦다

pavement 명 포장도로
pave the road 도로를 내다

The driveway is paved with concrete.
진입로가 콘크리트로 깔렸다.

recruit
[rikrú:t]

동 모집하다 = hire ↔ discharge 해고하다, 방출하다
recruiter 명 신입회원을 모집하는 사람
recruit future leaders 미래의 지도자들을 모집하다

Public schools are recruiting new teachers.
공립학교에서 새 교사들을 채용하고 있다.

sip
[sip]

명 홀짝 마시기 동 홀짝홀짝 마시다

take a sip of coffee 커피를 한 모금 홀짝 마시다

He sipped his coffee while he was reading.
그는 책을 읽으면서 커피를 홀짝였다.

skeptical
[sképtikəl]

형 회의적인 = disbelieving
skepticism 명 회의론
be skeptical of the scientist's claims
그 과학자의 주장에 대해 회의적이다

She is highly skeptical of the reforms.
그녀는 개혁에 대해 매우 회의적이다.

> **Quiz 4** Ideological influences also factored in; elites in particular were
> <optimistic / skeptical> of television, perceiving it as a messenger of
> mass culture and Americanization. 2009 수능

skim
[skim]

동 훑어보다 = flip

skim **through the reading assignment** 읽기 과제를 훑어보다

Jason skimmed the sports page.
Jason은 스포츠 면을 훑어봤다.

slam
[slæm]

동 쾅 닫다, 팽개치다 = bang

slam **the door in one's face** 문전에서 퇴짜를 놓다

He slammed the door in my face.
그녀는 내 면전에서 문을 쾅 닫았다.

undeniable
[ʌ̀ndináiəbəl]

형 틀림없는, 분명한 = inarguable

undeniably 부 틀림없이

undeniable **proof** 의심의 여지가 없는 증거

The musician's popularity is undeniable.
그 뮤지션의 인기는 의심의 여지가 없다.

underestimate
[ʌ̀ndəréstəmeit]

동 과소평가하다 ↔ overestimate 과대평가하다

underestimated 형 저평가된

underestimate **the importance of a good education**
좋은 교육의 중요성을 과소평가하다

His talent has always been underestimated.
그의 재능은 늘 과소평가 받았다.

> **Quiz 5** He argued that personality psychologists had <overestimated / underestimated> the extent to which the social situation shapes people's behavior, independently of their personality. To predict whether a person will meet a deadline, for example, knowing something about the situation may be more useful than knowing the person's score on a measure of conscientiousness. 2015 고3학평

undergo
[ʌ̀ndərgóu]

동 겪다, 경험하다 = endure

undergo **periods of intense training**
강도 높은 훈련 기간을 겪다

He will have to undergo an operation.
그는 수술을 받아야 할 것이다.

underprivileged
[ʌ̀ndərprívəlidʒd]

형 혜택을 받지 못하는 = disadvantaged

↔ privileged 특권의

teach underprivileged **young children**
가난한 어린 아이들을 가르치다

underprivileged **areas of the city**
도시에서 혜택을 받지 못하는 지역

undertake
[ʌndərtéik]

통 **착수하다, 시작하다** = accept, take over
undertaker 명 청부인, 장의사
undertake **a task/a project/research**
직무/프로젝트/연구를 착수하다
the lawyer who undertook **the case**
그 건을 맡은 변호사

A 우리말은 영어로, 영어는 우리말로 쓰시오.

1. 그에 맞게, 적당히 _____	11. convenient _____
2. 착수하다, 시작하다 _____	12. deem _____
3. 훑어보다 _____	13. exclude _____
4. 후원자 _____	14. misconception _____
5. 상호작용하다 _____	15. underestimate _____
6. 짧은 _____	16. undergo _____
7. 고장 난, 깨진 _____	17. intent _____
8. 바치다, 전념하다 _____	18. recruit _____
9. 기하학적인 _____	19. skeptical _____
10. 길을 닦다 _____	20. decorate _____

B 빈칸에 알맞은 말을 고르시오.

brought	accomplished	misdirected	skimmed

1. His screams _____ the neighbors.
2. Their mail was _____ to our address.
3. I have _____ all I set out to do.
4. Jason _____ the sports page.

C 괄호 안에서 문맥에 맞는 말을 고르시오.

1. You can share files with some people on the network while <including / excluding> others.
2. He says he can win, but I remain <uncritical / skeptical>.
3. Children under 15 must be <accomplished / accompanied> by an adult to see this movie.
4. We are ready to <defeat / defend> our enemies in battle.

DAY 05

---

account
[əkáunt]

명 **설명, 이야기** = report, story
accountable 형 설명할 수 있는
give an account of what happened
무슨 일이 있었는지 설명을 하다
a first-hand account **of the war** 전쟁을 직접 본 이야기

---

accumulate
[əkjú:mjulèit]

동 **모으다, 축적하다**
accumulation 명 축적
accumulate knowledge 지식을 축적하다
Evidence of her guilt is accumulating.
그녀가 유죄라는 증거가 쌓이고 있다.

Quiz 1 Other vitamins, especially Vitamins A and D, <accumulate / stimulate> in the body and can cause damage if taken in extremely high amounts over a period of time. 2011 고2학평

---

accurate
[ǽkjurət]

형 **정확한** = exact
accuracy 형 정확성
keep accurate notes on data 데이터를 정확히 기록하다
Her novel is historically accurate.
그 소설은 역사적 측면에서 정확하다.

---

accustomed
[əkʌ́stəmd]

형 **익숙한** = habituated
accustom 동 익숙케하다
accustomed seat in the front row 앞줄의 익숙한 자리
Her eyes quickly became accustomed to the dark.
그녀의 눈은 어둠에 곧 익숙해졌다.

Quiz 2 Wintergreen leaves are not <limited / accustomed> to the Arctic; many plants of the northern forests have them, too. 2013 모평

---

achievement
[əʧí:vmənt]

명 **업적** = accomplishment
achive 동 이루다, 달성하다
a major scientific achievement 주요한 과학적 업적
It was an astounding achievement that was not surpassed for 28 years.
그것은 28년 동안 깨지지 않는 굉장한 업적이었다.

---

browse
[brauz]

동 대강 훑어보다 ↔ stare 노려보다
browser 명 상품을 구경하며 다니는 사람
browse the want ads 구인 광고를 훑어보다
Several customers were browsing in the bookstore.
몇몇 손님들이 서점에서 책을 훑어보고 있었다.

brutal
[brúːtl]

형 잔인한, 지독한
brutality 명 잔인성
a brutal struggle for survival in the wilderness
야생에서 생존을 위한 지독한 몸부림
I had a brutal headache this morning.
오늘 아침에 지독한 두통을 앓았다.

budding
[bʌ́diŋ]

형 신진의, 싹이 트는 ↔ mature 성숙한
bud 동 발아되다
budding young writers 젊은 신진 작가들
a budding romance 싹트는 로맨스

convert
[kənvə́ːrt]

동 전환하다
converted 형 전향한, 개종한
convert foreign currency into won 외국 화폐를 원화로 전환하다
We converted the spare bedroom into an office.
우리는 남는 침실을 사무실로 개조했다.

어근 vert '전환'의 의미를 갖는다.
extrovert 외향적인 사람 / introvert 내향적인 사람 / divert 딴 데로 돌리다

convey
[kənvéi]

동 전달하다 = communicate
conveyor 명 전달자
convey a message 메시지를 전하다
She struggled to convey her feelings.
그녀는 자신의 감정을 표현하려고 애썼다.

conviction
[kənvíkʃən]

명 확신, 신념 = certainty
blur the conviction 확신을 흐리게 하다
a woman of strong political convictions
정치적으로 강한 확신을 가진 여자

convince
[kənvíns]

동 확신시키다
convinced 형 확신하는 convincing 형 설득력 있는
His arguments didn't convince anyone.
그의 주장은 누구도 설득하지 못했다.
He convinced me that the story was true.
그녀는 그 이야기가 사실이라고 나를 확신시켰다.

defect
[dí:fekt]

명 **결점**
defective 형 결함이 있는
his two worst character defects 그의 두 가지 최악의 성격 결함
The machine's failure is caused by a manufacturing
defect.
기계의 고장은 제조 결함 때문에 발생했다.

defend
[difénd]

동 **방어하다** ↔ attack 공격하다
defensive 형 방어적인
cooperate to defend **and protect each other**
서로를 방어하고 보호하기 위해 협력하다
Farmers developed a fierce martial art to defend
themselves against the predator.
농부들은 맹수들로부터 자신을 보호하기 위해 강력한 무술을 개발했다.

define
[difáin]

동 **정의하다**
definition 명 정의   definitely 부 분명히
definitive 형 확실한
be defined **by four characteristics** 네 가지 특징으로 정의되다
Whitman defined poetic fame in relation to the crowd.
Whitman은 시적 명성을 군중과 관련하여 정의했다.

degree
[digrí:]

명 **1 정도 2 학위**
develop a high degree **of communication skills**
높은 정도의 소통 기술을 개발하다
a master's degree **from Harvard** 하버드 대학의 석사 학위

delay
[diléi]

동 **연기하다, 미루다** = crawl ↔ dash 서두르다
delay **the introduction of innovative products**
혁신적인 제품 출시를 미루다
delay **a departure** 출발을 연기하다

Quiz 3 If you place in a bottle half a dozen bees and the same number of flies, and lay the bottle down horizontally, with its base to the window, you will find that the bees will <delay / continue> their endeavor to look for an exit through the glass till they die of exhaustion; while the flies will soon escape the bottle through the neck on the opposite side.

2013 고2학평

---

excuse
[ikskjú:z]

동 **이해하다, 용서하다** 명 [ikskjú:s] **변명, 해명**
excuse **the mistake** 실수를 용서하다
I'm tired of listening to your excuses.
너의 변명 듣기가 지겹다.

execute
[éksikjùːt]

동 실행하다, 처형하다
execution 명 실행, 수행
execute an emergency landing 비상 착륙을 감행하다
Hundreds have been executed for political crimes.
수백 명이 정치범으로 처형되었다.

executive
[igzékjutiv]

명 경영간부
a marketing executive 마케팅 이사
executive director 전무, 상무

glamorous
[glǽmərəs]

형 매력적인, 멋진   = fantastic
glamour 명 황홀한 매력
a glamorous actress 매력적인 여배우
a glamorous life 멋진 인생

glance
[glæns]

명 흘끗 봄   = glimpse, sight
at first glance 언뜻 보기에
This may not seem like such a bad deal at first glance.
이것은 언뜻 보기에는 그리 나빠 보이지 않을 수도 있다.

interest
[íntərəst]

명 1 이자 2 관심, 이익
interest rate 이자율
keep in mind the interests of others 타인의 이익을 염두에 두다

interface
[íntərfèis]

동 상호 작용하다, (부품을) 연결하다
interface with the rest of the world 나머지 세상과 상호 작용하다
the point at which the two machines interface
두 기계가 연결되는 지점

interfere
[ìntərfíər]

동 개입하다, 간섭하다   = butt in
interference 명 개입
interfere in politics 정치에 개입하다
I was trying to help, not to interfere.
나는 간섭하려는 게 아니라 도우려는 거였다.

intermediate
[ìntərmíːdiət]

형 중간의   = mean, median
intermediate learners of English 중급 영어 학습자
an intermediate stage of growth 성장의 중간 단계

misery
[mízəri]

명 고통, 비참함
miserably 부 비참하게
The war brought misery to thousands of refugees.
전쟁은 수천 명의 난민들에게 고통을 안겼다.
A stinging cold wind completes your misery.
살을 에는 추위가 당신의 비참함에 정점을 찍는다.

mislead
[mislí:d]

동 속이다, 오해시키다
misleading 형 오도하는
misleading information 오보
Her comments were deliberately meant to mislead the public.
그녀의 코멘트는 작심하고 대중을 오도했다.

paycheck
[péitʃèk]

명 봉급, 급료 = pay, wage
worry about the next paycheck 다음 월급을 걱정하다
Your weekly paycheck will be around $600.
당신의 주급은 600달러 정도 될 것입니다.

peasant
[péznt]

명 소작농, 농민
a poor peasant 가난한 농민
Most villagers are peasant farmers.
마을 사람 대부분이 소작농이다.

reduce
[ridjú:s]

동 줄이다
reduction 명 축소, 감소
reduce production cost 생산 비용을 줄이다
A certain amount of recreation reduces the chances of developing stress-related disorders.
일정량의 오락은 스트레스가 연관된 질병이 생길 가능성을 줄여준다.

Quiz 4 So the freedom to seek and hold outside jobs can contribute to the <production / reduction> of women's relative and absolute difficulties.
2014 고2학평

reel
[ri:l]

명 (필름) 릴, 감개
a fishing rod and reel 낚시대와 감개
Dad entrusted me with his movie projector and all the reels of film.
아버지는 내게 당신의 영화 프로젝터와 모든 필름 릴을 주셨다.

refashion
[ri:fǽʃən]

동 수정하여 만들다
refashion an artwork according to contemporary tastes
현대의 취향에 맞춰 예술품을 수정하다
refashion a pair of jeans into a bag
청바지를 개조해서 가방을 만들다

reference
[réfərəns]

명 참조, 참고, 언급
refer 동 언급하다
a letter of reference 추천서
reference point 기준점

reflect
[riflékt]

동 1 반영하다, 반사하다 2 성찰하다
reflect the heat back into space 열을 다시 우주로 반사하다
He reflected on the problem.
그는 그 문제를 곰곰이 생각했다.

'구부리다'의 의미를 갖는다.
deflect 빗나가다 / flexible 융통성 있는 / reflection 반사

slide
[slaid]

동 미끄러지다, 미끄러트리다
The door slides open easily.
문이 미끄러지듯 쉽게 열린다.
He slid the paper under the door.
그는 서류를 문 밑으로 밀어 넣었다.

slight
[slait]

형 경미한 = feeble
slightly 부 살짝
slight change in the terms of agreement
계약 조항에서 약간의 수정
There is a slight chance of snow.
눈이 올 가능성이 약간 있다.

slip
[slip]

명 1 종잇조각, 길고 가는 것 2 미끄러짐, 실수
a sales slip 매출 전표
a slip on the ice 얼음 위에서 미끄러짐

slippery
[slípəri]

형 미끄러운
a slippery fish 미끌미끌한 물고기
The trails were muddy and slippery.
길이 질척거리고 미끄러웠다.

surgery
[sə́:rdʒəri]

명 수술
a specialist in brain surgery 뇌수술 전문의
She has recently undergone surgery on her shoulder.
그녀는 최근에 어깨 수술을 받았다.

surround
[səráund]

동 둘러싸다
surrounding 명 주변 환경
be surrounded by a crowd of excited fans
흥분한 팬들에 의해 둘러싸이다
A wall surrounds the old city.
고대 도시를 벽이 둘러싸고 있다.

zoom
[zuːm]

⑧ 급상승[증가]시키다   = zip   ↔ crawl 기다
zoom in on 렌즈로 확대하다
cars **zooming** by on the highway
고가도로에서 빠르게 지나쳐가는 자동차들
retail sales **zoomed** 소매 매출이 확 늘었다

A 우리말은 영어로, 영어는 우리말로 쓰시오.

1. 정확한	_____	11. browse	_____
2. 익숙한	_____	12. convert	_____
3. 미끄러운	_____	13. convey	_____
4. 수정하여 만들다	_____	14. conviction	_____
5. 경미한	_____	15. intermediate	_____
6. 흘끗 봄	_____	16. peasant	_____
7. 줄이다	_____	17. reference	_____
8. 결점	_____	18. defend	_____
9. 경영간부	_____	19. brutal	_____
10. 업적	_____	20. define	_____

B 빈칸에 알맞은 말을 고르시오.

reflected	accumulating	paycheck	misery

1. Evidence of her guilt is _____.
2. The stinging cold wind completes your _____.
3. He _____ on the problem.
4. Your weekly _____ will be around $600.

C 괄호 안에서 문맥에 맞는 말을 고르시오.

1. I tried to offer advice without <interfering / overlooking>.
2. The pipes <survey / convey> water to the fields.
3. It is unfair that a privileged few should continue to <accommodate / accumulate> wealth.
4. Her comments were deliberately meant to <mislead / dislike> the public.

acknowledge
[æknάlidʒ]

[동] (인사 등에) 답하다, 인정하다
acknowledgment [명] 인정
acknowledge a gift 선물에 대해 감사를 표하다
He acknowledged that the decision was a mistake.
그는 그 결정이 잘못된 것임을 인정했다.

acoustics
[əkú:stiks]

[명] 음향학, 음향효과
the acoustics of the concert hall 그 콘서트장의 음향효과
Acoustics is a science of sound.
음향학은 소리에 관한 학문이다.

acquaintance
[əkwéintəns]

[명] 아는 사이
acquaint [동] 숙지하다
a mutual acquaintance 서로 아는 사이
He ran into an old acquaintance at the supermarket.
그는 슈퍼마켓에서 오래 전에 알던 사람과 마주쳤다.

acquire
[əkwáiər]

[동] 습득하다, 획득하다
acquisition [명] 습득
acquire the world view 세계관을 획득하다
The old word has acquired a new meaning.
그 고어는 새 의미를 획득했다.

Quiz 1 The man who is not in the habit of reading is limited to contact and conversation with a few friends and <acquaintances / acquisitions>, and he sees only what happens in his immediate neighborhood.

2009 고3학평

---

budget
[bΛdʒit]

[명] 예산 = fund
the allocated budget and actual spending
할당된 예산과 실제 지출
What's the average monthly budget for a family of four?
4인 가족의 한 달 평균 예산이 얼마죠?

built-in
[bíltìn]

[형] 내장된, 내재된
have a kind of built-in defense system
내재된 일종의 방어 시스템을 가지고 있다
a camera with a built-in flash 내장 플래시가 있는 카메라

---

bulk
[bʌlk]

동 크게 하다 명 크기, 부피
bulk up like the wrestlers 레슬링선수들처럼 덩치를 키우다
Despite his bulk, he runs very fast.
큰 덩치임에도 그는 매우 빠르게 달린다.

bunch
[bʌntʃ]

명 다발, 무리　= gang, crowd
a bunch of grapes 포도 한 송이
a bunch of friends 한 무리의 친구들

cooperate
[kouápərèit]

동 협력하다　= collaborate
cooperation 명 협동　cooperative 형 협조하는
Witnesses were willing to cooperate.
목격자들이 협조에 자발적이었다.
Students learn better when they cooperate.
학생들은 협력할 때 더 잘 배운다.

coordinate
[kouɔ́:rdənət]

동 조정하다, 통합[협력]하다
coordinated 형 통합된　coordination 명 합동
coordinate schedules 스케줄을 조정하다
You'll have to coordinate with the sales department.
여러분은 영업 부서와 협의해야 할 것입니다.

> **Quiz 2** The introduced individuals immediately turned their attentions to the crabs and small fish that lived in the lake, thus <competing / cooperating> with the few remaining grebes for food.　2016 수능

cope
[koup]

동 대처하다
cope with the problems of unemployment
실업이라는 문제에 대처하다
cope with violence in schools 학교의 폭력 문제에 대처하다

delicate
[délikət]

형 섬세한, 미묘한
delicacy 명 섬세함
a plate with a delicate pattern of leaves
섬세한 나뭇잎 패턴을 한 접시
The tomb was adorned with delicate carvings.
그 무덤은 섬세한 조각으로 장식되었다.

delight
[diláit]

명 기쁨　= joy
delightful 형 기쁨이 넘치는
scream in delight 기뻐서 외치다
Suddenly delight appeared on their faces.
갑자기 그들의 얼굴에 기쁨이 비쳤다.

deliver
[dilívər]

图 나르다, 전달하다
delivery 명 배달
deliver supplies to an isolated village
생필품을 고립된 마을에 전달하다
The package was delivered to the office this morning.
그 소포는 오늘 아침에 사무실에 배송되었다.

demand
[diménd]

명 수요 图 요구하다
demanding 형 힘든, 요구가 많은
increase demand by limiting supply
공급을 제한함으로써 수요를 증가시키다
demand an apology 사과를 요구하다

> **Quiz 3** People who seek meaningful work find nonprofits todemand> an excellent and fit job. 2008 고3 학평

exhaust
[igzɔ́:st]

명 배기가스 图 소진하다
exhausted 형 기진맥진한 exhaustion 명 소모, 고갈
the air pollutants that spit out from the car exhaust pipes
자동차 배기가스 파이프로 나오는 대기 오염원
If you keep spending this way, you'll exhaust your savings.
이런 식으로 계속 지출하면 넌 예금한 돈을 다 써버릴 거야.

exhibit
[igzíbit]

图 보여주다, 전시하다 = display, show
exhibition 명 전시회
exhibit no fear 전혀 두려움을 보이지 않다
exhibit collections of artistic ceramic works
예술적인 세라믹 작품 모음을 전시하다

gleam
[gli:m]

图 희미하게 빛나다 = glitter
gleaming 형 반짝반짝 빛나는
gleaming white teeth 빛이 나는 하얀 치아
Everest looms as a three-sided pyramid of gleaming ice and dark rock.
에베레스트는 빛나는 얼음과 검은 바위로 이뤄진 삼면의 피라미드로서 서 있다.

glimpse
[glimps]

图 잠깐보다 = glance ↔ gaze 응시하다
glimpser 명 잠깐 보는 사람
glimpse at the photo 사진을 잠깐보다
I glimpsed a figure at the window.
창문에서 어떤 사람을 얼핏 봤다.

global
[glóubəl]

형 총체적인, 전 세계적인
do global searches through all the available data
이용가능한 모든 데이터를 통해 총체적인 조사를 하다
The carbon dioxide that is emitted causes global warming.
방출되는 이산화탄소가 지구 온난화를 유발한다.

goods
[gudz]

명 물품, 상품
produce more goods 보다 많은 상품을 생산하다
They were charged with trading stolen goods.
그들은 장물 거래로 기소되었다.

internal
[intə́:rnl]

형 내적인 = inner, interior ↔ exterior 외부의
internalize 동 내면화하다
internal clock 체내시계
the internal structure of the planet 그 행성의 내부 구조

interpret
[intə́:rprit]

동 이해하다, 해석하다 ↔ obscure 가리다
interpretation 명 해석
interpret the nonverbal message 비언어적 메시지를 해석하다
I interpreted her behavior to mean that she disliked me.
나는 그녀가 나를 싫어하는 것으로 그녀의 행동을 해석했다.

interrupt
[intərʌ́pt]

동 방해하다 = break in
interruption 명 방해, 중단
interrupt the speaker with frequent questions
빈번한 질문으로 연설자를 방해하다
Office workers are regularly interrupted by ringing
phones, impromptu meetings.
회사원들은 늘 울리는 전화소리와 갑작스러운 회의로 방해를 받는다.

missing
[mísiŋ]

형 사라진 = gone, lost
the missing piece of the jigsaw 사라진 직소 퍼즐 조각
The first page of the report was missing.
그 보고서의 첫 번째 쪽이 없었다.

mistakenly
[mistéikənli]

부 실수로
mistake 명 실수, 오해
believe mistakenly 잘못 생각하다
The document was mistakenly put in the trash.
그 서류는 실수로 쓰레기통에 들어갔다.

mistress
[místris]

명 여주인, 여왕
the dog's mistress 개의 여주인
a mistress of society 사교계의 여왕

pedestrian
[pədéstriən]

명 보행자
yield to pedestrians in marked crosswalks
횡단보도가 그려진 곳에서 보행자에게 양보하다
The car slid off the road and hit a pedestrian.
그 차가 도로에서 미끄러져 나와 보행자를 치었다.

peel
[pi:l]

동 (껍질을) 벗기다
peel off ~을 벗겨내다
peel off the outer layers 바깥쪽 껍질을 벗기다
peel the label off the can 캔에서 상표를 떼어내다

peer
[piər]

명 동료, 동년배
keep pace with your peers 동료들과 보조를 맞추다
teenagers spending time with their peer groups
또래 집단과 시간을 보내는 청소년들

penalty
[pénəlti]

명 처벌, 벌금 = fine
be given a severe penalty 무거운 처벌을 받다
They allowed us to pay back the money without penalty.
그들은 우리에게 벌금 없이 돈을 갚도록 허용했다.

Quiz 4 Now to be able to live two hours a day in a different world and take one's thoughts off the claims of the immediate present is, of course, a <penalty / privilege> to be envied by people shut up in their bodily prison. 2009 고3학평

---

refreshment
[rifréʃmənt]

명 기분을 상쾌하게 해 주는 것, 청량음료
be in need of refreshment 기분전환이 필요하다
Lemonade is the perfect refreshment on a sunny day.
레모네이드는 더운 날 완벽한 청량음료이다.

refund
[rifʌ́nd]

동 환불해주다 명 환불
the purchase price will be refunded 구입한 금액이 환불될 것이다
I insisted on receiving a full refund.
나는 전액 환불을 받게 해달라고 계속 주장했다.

regain
[rigéin]

동 되찾다, 회복하다 = recover
regain consciousness 의식을 회복하다
She managed to regain his balance.
그녀는 가까스로 다시 균형을 잡았다.

slope
[sloup]

명 비탈, 경사면
sloping 형 비탈진
difficult slope 급경사면
They climbed the steep slope.
그들은 가파른 경사면을 올라갔다.

slow
[slou]

동 천천히 가다　= brake　↔ accelerate 가속하다
The ice on the road slowed us down.
길 위의 얼음 때문에 우리는 느리게 움직였다.
The car slowed and gradually came to a stop.
차가 천천히 움직이다가 서서히 멈췄다.

---

slush
[slʌʃ]

명 (눈이 녹아) 질펀한 길, 진창
a sidewalk covered with slush 눈이 녹아 질펀한 옆길
Children were sliding around in the snow and slush.
아이들이 눈이 녹아 질펀한 길에서 미끄럼을 타고 있었다.

---

smooth
[smuːð]

형 매끄러운, 평탄한 동 가지런하게 하다
smoothly 부 순조롭게, 부드럽게
the smooth course of his life 평탄하게 살아온 그의 인생
She smoothed back her hair.
그녀는 머리카락을 가지런히 뒤로 넘겼다.

---

snap
[snæp]

동 1. 부러뜨리다 2. 덥석 물다
He snapped the twig in two.
그는 그 나뭇가지를 두 동강 냈다.
The dog started snapping at my heels.
개가 내 뒤꿈치를 덥석 덥석 물기 시작했다.

---

soak
[souk]

동 흠뻑 적시다
Soak the clothes in cold water.
천을 따뜻한 물에 흠뻑 적셔라.
Rain soaked through his jacket.
비에 그의 재킷이 흠뻑 젖었다.

---

symbolize
[símbəlàiz]

동 상징하다, 나타내다　= represent, stand for
symbolically 부 상징적으로
The flag symbolizes our country.
그 깃발은 우리나라를 상징한다.
The dove symbolizes peace.
비둘기는 평화를 상징한다.

접미어 -ize　'~가 되게 하다'의 의미를 갖는다.
modernize 현대화 하다 / **Americanize** 미국화 하다 /
visualize 시각화 하다

symptom
[símptəm]

명 증상, 징후 = sign, indication

If the symptoms get worse, consult your doctor.
증상이 더 악화되면 의사 진찰을 받아봐라.

Headache is a symptom of many diseases.
두통은 여러 질병의 징후이다.

---

used
[juːst]

형 1 사용된, 중고의 2 익숙한
be used to -ing ~에 익숙하다
a used car 중고차

He's used to flying.
그는 비행에 익숙하다.

Quiz 정답

1 acquaintances, 독서하는 습관을 들이지 않는 사람은 자신만의 눈앞의 현실 세계에 갇혀 살며, 바로 앞 이웃에서 벌어지는 일만을 보게 된다.

2 competing, 그 도입된 개체는 즉각 그 호수에 사는 게와 작은 물고기로 관심을 돌렸고, 그리하여 몇 마리 안 남은 논병아리들과 먹이를 놓고 경쟁했다.

3 provide, 의미 있는 일을 찾는 사람들은 비영리 단체들이 훌륭하고 잘 맞는 일을 제공해주는 것을 알게 된다.

4 privilege, 하루에 2시간씩 다른 세상에서 살 수 있게 되고 직접적 세상사에서 벗어나게 되는데 이것은 자기만의 감옥 속에 갇힌 사람들이 부러워하는 특권이다.

A 우리말은 영어로, 영어는 우리말로 쓰시오.

1. 습득하다, 획득하다 _____
2. 내장된, 내재된 _____
3. 희미하게 빛나다 _____
4. 흠뻑 적시다 _____
5. 예산 _____
6. 비탈, 경사면 _____
7. 보행자 _____
8. 섬세한, 미묘한 _____
9. 잠깐 보다 _____
10. 다발, 무리 _____

11. acquaintance _____
12. cope _____
13. internal _____
14. delight _____
15. interrupt _____
16. penalty _____
17. deliver _____
18. goods _____
19. missing _____
20. cooperate _____

B 빈칸에 알맞은 말을 고르시오.

| slush | slowed | smoothed | acknowledged |

1. Children were sliding around in the snow and _____.
2. She _____ back her hair.
3. He _____ that the decision was a mistake.
4. The car _____ and gradually came to a stop.

C 괄호 안에서 문맥에 맞는 말을 고르시오.

1. I <interpreted / interrupted> her behavior to mean that she disliked me.
2. She managed to <recall / regain> his balance.
3. The workers said they would not end the strike until their <supplies / demands> were met.
4. The team <acquired / required> three new players this year.

active
[ǽktiv]

형 활동 중인, 활동적인　= alive
activate 동 활성화시키다
economically active population 경제적으로 활동적인 인구
He is an active club member.
그는 활동적인 클럽 회원이다.

actual
[ǽktʃuəl]

형 실제의　↔ conjectural 가상의
actuality 명 현실, 사실
actual costs 실제 비용
We deposit money in a bank account but the actual money is not held there.
우리는 은행계좌에 돈을 예금하지만 실제 돈을 거기에 두는 것은 아니다.

adapt
[ədǽpt]

동 개조하다, 적응시키다
adaptable 형 적응할 수 있는
adaptation 명 개조, 적응　adaptive 형 적응의
broadly adapted, high-yield crops
널리 적응한 생산성 높은 작물
The clock was adapted to run on batteries.
그 시계는 배터리로 갈 수 있도록 개조되었다.

> **Quiz 1** Failing to keep adequately warm can <adapt / expose> older people to the threat of cold-related illnesses, which contribute to thousands of excess winter deaths each year. 2011 고3학평

bundle
[bʌ́ndl]

명 다발, 묶음　= bunch
a bundle of lilies 백합꽃 한 다발
He made bundles of money.
그는 엄청난 돈을 벌었다.

bureaucracy
[bjuərɑ́krəsi]

명 관료주의, 요식체계
a bloated bureaucracy 부풀려진 관료주의
unnecessary bureaucracy 불필요한 요식체계

burn
[bə:rn]

동 타다, 태우다
burnt 형 탄
a candle burning 불타고 있는 양초
Mitochondria burn nearly all the oxygen we breathe in.
미토콘드리아는 우리가 흡입하는 산소의 거의 전부를 태운다.

burrow
[bə́:rou]

명 굴 동 굴을 파다
dig a burrow 굴을 파다
Mother turtles burrow into the sand to lay their eggs.
어미 거북은 알을 낳기 위해 모래 속으로 굴을 파고 들어간다.

burst
[bə́:rst]

동 터뜨리다 명 분출
burst into tears 울음을 터뜨리다
The car gave a sudden burst of speed.
그 차는 갑자기 폭발적인 속도를 냈다.

coral
[kɔ́:rəl]

명 산호
red coral 홍 산호
brightly colored fishes swimming among the coral
산호 사이를 헤엄치는 밝은 색상의 물고기들

core
[kɔ:r]

명 핵심
the core of the argument 주장의 핵심
the core of a mainstream education 주류 교육의 핵심

corporate
[kɔ́:rpərət]

형 기업의
corporation 명 회사, 법인
corporate ladder 기업의 계층적 서열
We have to change the corporate structure to survive.
우리는 생존을 위해서는 기업의 구조를 바꿔야 한다.

demonstrate
[démənstrèit]

동 시범을 보이다, 증명하다   = prove, show
demonstration 명 시범, 증명
demonstrate a willingness to cooperate 협조의 의지를 보이다
Would you mind demonstrating how the machine works?
기계가 어떻게 작동하는지 시범을 보여주시겠습니까?

어근 dem   '사람들'의 의미를 갖는다.
epidemic 유행병 / endemic 그 지방 특유의 / democracy 민주주의

deny
[dinái]

동 부인하다, 거부하다
denial 명 부정, 거부
deny charges of theft 절도 혐의를 부인하다
The judge denied their request.
판사는 그들의 요청을 거부했다.

dense
[dens]

형 밀집한, 빽빽한, 짙은
densely 부 밀집하여   density 명 밀도
dense fog 짙은 안개
The soil is so dense that the roots cannot get in.
토양이 너무 조밀해서 뿌리가 안으로 들어갈 수 없다.

department
[dipá:rtmənt]

명 (회사의) 부서　= division
departmental 형 부분별의
sales department 영업부
the personnel department 인사부

departure
[dipá:rtʃər]

명 출발　↔ arrival 도착
departure **time** 출발 시간
You should arrive at the airport an hour before departure.
당신은 출발 1시간 전에 공항에 도착해야 한다.

existing
[igzístiŋ]

형 기존의, 현존하는
existence 명 존재
the existing **form of government** 기존의 정부 형태
The service is available to all existing customers.
그 서비스는 기존 고객 모두가 이용할 수 있다.

exotic
[igzátik]

형 이국적인, 낯선　= outlandish　↔ familiar 친숙한
exotic **plants** 이색적인 화초
travel to exotic **places** 이국적인 곳으로 여행을 다니다

expand
[ikspǽnd]

동 팽창하다, 확장하다
expansion 명 발전, 확장
expand **the airport** 공항을 넓히다
There are thousands of opportunities, challenges to expand ourselves.
우리 자신을 확장시킬 수천 가지의 기회와 도전과제들이 있다.

govern
[ɡʌ́vərn]

동 지배하다, 좌우하다　= rule
government 명 통제, 정부
be governed **by the laws of physics** 물리 법칙의 지배를 받다
The council governs fishing in the region.
그 위원회에서 그 지역에서의 낚시를 통제한다.

gradually
[grǽdʒuəli]

图 서서히, 점차
gradual 图 점진적인
gradually increase the distance and intensity
서서히 거리와 강도를 높이다
Gradually, my ankle got better.
점차, 내 팔목이 나아졌다.

graduate
[grǽdʒuət]

몡 졸업생 图 [grǽdʒuèit] 졸업하다
graduation 몡 졸업
a Harvard graduate 하버드 대학 졸업생
Neil graduated from medical school last year.
Neil은 지난 해 의대를 졸업했다.

interval
[íntərvəl]

图 간격 = discontinuity ↔ continuity 지속
a three-month interval between jobs
직장을 옮기는 중간에 3개월의 공백
The sun shone for brief intervals throughout the day.
하루 종일 햇빛이 조금씩 비쳤다.

introvert
[íntrəvə̀:rt]

몡 내성적인 사람 = wallflower ↔ extrovert 외향적인 사람
She was too much of an introvert.
그녀는 너무 심하게 내성적이었다.
He was of an introvert, very quiet, not seeking the
company of others.
그는 매우 조용하고 다른 사람들과 함께 있으려고 애쓰지 않는 내성적인 사람
이었다.

intrude
[intrú:d]

图 침해하다, 방해하다 = break in
intruder 몡 침입자
"I don't mean to intrude, but you have a phone call."
"방해하고 싶진 않지만, 전화가 왔네요."
Reporters constantly intruded into the couple's private life.
기자들이 계속해서 그 부부의 사생활을 침해했다.

intuition
[ìntju:íʃən]

몡 직관 = instinct
intuitive 图 직관적인
feminine intuition 여자의 직감
Intuition was telling her that something was wrong.
그녀는 뭔가 잘못되었다는 직감이 들었다.

invade
[invéid]

图 침공하다
invader 몡 침입자 invasion 몡 침략
destroy the invaders 침략자들을 물리치다
The Romans invaded Britain 2000 years ago.
로마인들은 2000년 전에 영국을 침략했다.

mobile
[móubəl]

형 이동성의
mobility 명 기동력, 유동성　mobilize 동 동원되다
mobilization 명 동원
mobile troops 기동 부대
a mobile kitchen that helps bring food to homeless people
홈리스들에게 음식을 제공하는 것을 돕는 이동식 주방

penetrate
[pénətrèit]

동 침투해 들어가다　= enter　↔ exit 나가다
penetration 명 침투
The heat penetrated through the wall.
열이 벽을 뚫고 나갔다.
These bullets can penetrate armor.
이 총탄은 갑옷을 관통할 수 있다.

per capita
[pər-kǽpitə]

형 1 인당의
the per capita consumption of alcohol 1인당 술 소비량
What is the per capita income?
1인당 수입이 얼마인가?

perceive
[pərsí:v]

동 인식하다, 인지하다　= feel, sense
perception 명 인식
be perceived as a future chief executive
미래의 최고 경영자로 인식되다
Cats are not able to perceive color.
고양이는 색을 인식하지 못한다.

> **Quiz 4** Infants looked longer at the novel face in the second pair, indicating that they <perceived / overlooked> the difference between the novel face and the original one.　2010 고2학평

performance
[pərfɔ́:rməns]

명 1 공연, 연기 2 수행, 실적
performer 명 연주자, 연기자　perform 동 연기하다
work performance 근무실적
The orchestra will give two more performances this week.
그 오케스트라는 이번 주에 공연을 두 번 더 할 것이다.

regard
[rigá:rd]

명 관심, 배려 동 ~로 여기다
regarding 형 ~에 관하여　regardless 형 ~와 관계없는
with regard to ~에 관해서는
He has no regard for other people's feelings.
그는 다른 사람의 감정에는 전혀 관심이 없다.
Dreams have been regarded as prophetic communications.
꿈은 예언의 대화로 여겨져 왔다.

region
[ríːdʒən]

명 지역
regional 형 지역의
grow in the mountain regions 산이 많은 지역에서 자라다
Due to this trade, the plant variety became widespread in a region.
이 무역으로 인해 한 지역에서 그 다양한 식물종이 널리 퍼졌다.

registration
[rèdʒistréiʃən]

명 등록 = enrollment
register 명 등록부 동 등록하다
registration fee 등록비
May I see your license and registration, sir?
면허와 등록증을 볼 수 있을까요, 선생님?

soar
[sɔːr]

동 솟아오르다, 급증하다
soar to the moon 달까지 솟아오르다
Stock prices are beginning to soar.
주식 가격이 치솟기 시작하고 있다.

sob
[sab]

동 흐느끼다 = weep
sobber 명 흐느껴 우는 사람
sob uncontrollably 목 놓아 흐느끼다
He noticed a girl sitting on the street sobbing.
그는 거리에서 한 소녀가 앉아 흐느끼고 있는 것을 알아챘다.

sociable
[sóuʃəbl]

형 사교적인
society 명 협회, 단체
a pleasant, sociable couple 밝고 사교적인 부부
They are sociable people who enjoy having parties.
그들은 파티를 좋아하는 사교적인 사람들이다.

solitary
[sálətèri]

형 고독한, 혼자인, 인적이 드문 ↔ accompanied 동반한
solitude 명 고독
a solitary seashore 인적이 드문 해변
Most cats are solitary creatures.
대부분의 고양이는 홀로 다니는 동물이다.

solution
[səlúːʃən]

명 1 용액 2 해결책
a weak sugar solution 연한 설탕 용액
We have to arrive at solutions through dialog.
우리는 대화를 통해 해결안에 도달해야 한다.

Quiz 5 When you say, for example, "I'm not good at public speaking" or "I'm unpopular" or "I'm lazy," you imply that these qualities are in you. But these are simply <evaluations / solutions> that may be incorrect or, if at least partly accurate, may change over time. 2016 고3학평

talented
[tǽləntid]

형 재능이 있는 = gifted

a talented actor 재능 있는 배우

He is a talented young musician.
그는 재능 있는 젊은 뮤지션이다.

undeserved
[ʌndizə́ːrvd]

형 받을 가치가 없는, 과분한, 부당한

an undeserved victory 자격도 없는 승리

He had an undeserved reputation for rudeness.
그는 무례하다는 부당한 평판을 가지고 있었다.

Quiz 정답

1   expose, 적절하게 따뜻함을 유지할 수 없게 되는 것이 노인들을 추위와 관련된 질병의 위험에 노출시킬 수 있고, 그 질병들은 매년 수천의 과다한 겨울철 사망의 원인이 된다.

2   dense, 레슬링 팀에 들어가고 싶어 하는 호리호리한 소년은 자기 학교의 레슬링 선수들처럼 '몸집을 불리기' 위해 판에 박힌 듯이 자기 접시를 탄수화물과 단백질이 많은 음식으로 가득 채울지 모른다.

3   contract, 기온이 떨어짐에 따라 종종 가장 많이 고통을 겪는 사람들은 바로 노인들이다. 생리학적으로 그들의 혈관이 좀 더 수축하는 경향이 있고 혈압은 상승한다.

4   perceived, 유아들은 나중에 제시된 쌍에서 새로운 얼굴을 더 오래 바라보았고 이는 그들이 새로운 얼굴과 이전에 제시된 얼굴 사이의 차이를 인식한다는 것을 보여준다.

5   evaluations, 당신이 예를 들어 "저는 대중 연설을 잘 못해요." 또는 "저는 인기가 없어요." 또는 "저는 게을러요."라고 말할 때 당신은 이런 특성들이 당신 안에 있음을 의미합니다. 하지만 이런 것들은 옳지 않거나, 아주 약간 부분적으로 정확하더라도, 시간이 지나면 바뀔 수 있는 평가일 뿐입니다.

Review Test

A 우리말은 영어로, 영어는 우리말로 쓰시오.

1. 다발, 묶음	_____	11. burn	_____
2. 직관	_____	12. departure	_____
3. 이동성의	_____	13. gradually	_____
4. 핵심	_____	14. corporate	_____
5. 등록	_____	15. deny	_____
6. 내성적인 사람	_____	16. sob	_____
7. 지역	_____	17. soar	_____
8. 사교적인	_____	18. perceive	_____
9. 침공하다	_____	19. existing	_____
10. 산호	_____	20. actual	_____

B 빈칸에 알맞은 말을 고르시오.

governs   adapted   penetrate   solitary

1. The clock was _____ to run on batteries.
2. These bullets can _____ armor.
3. The council _____ fishing in the region.
4. Most cats are _____ creatures.

C 괄호 안에서 문맥에 맞는 말을 고르시오.

1. The soil is so <dense / loose> that the roots cannot get in.
2. He was of an <introvert / extrovert>, very quiet, not seeking the company of others.
3. There are thousands of opportunities, challenges to <expand / expect> ourselves.
4. Dreams have been <disregarded / regarded> as prophetic communications.

DAY 08

additional
[ədíʃənl]

형 부가적인, 추가적인 = more, another
additional charge 추가 비용
Additional information can be obtained through the Internet.
추가 정보는 인터넷을 통해 얻을 수 있다.

adjust
[ədʒʌ́st]

동 맞추다, 조절하다
adjusted 형 적응한 adjustment 명 조정, 조절
adjust the volume on the radio 라디오의 볼륨을 조절하다
Domestic cats adjust to our routines.
집고양이들은 우리의 일과에 맞춰 생활한다.

administer
[ədmínistər]

동 시행하다
administration 명 관리, 행정
administer the last rites 마지막 의식을 거행하다
The assistant will administer the test.
조교가 시험을 시행할 것이다.

bury
[béri]

동 묻다
burial 명 매장
the search for buried treasure 묻힌 보물 찾기
He buried her face in his hands.
그는 양손으로 그녀의 얼굴을 감쌌다.

by-product
[báiprɑ̀dəkt]

명 부산물
produce dangerous by-products 위험한 부산물을 만들어 내다
Most plastic is manufactured using oil by-products and natural gas.
대부분의 플라스틱은 원유와 천연가스의 부산물을 이용해 제조된다.

correct
[kərékt]

형 바른 ↔ incorrect 틀린 동 수정하다
correction 명 교정, 수정
the correct answer was obvious 정답은 명백했다
I hate it when she corrects my grammar.
나는 그녀가 내 문법을 수정하는 것이 싫다.

Quiz 1 I had the habit of telling my sons what they wanted to hear in the moment and making a promise in order to avoid a fight. Then, when I said something different and broke the promise, there was a much bigger battle. They lost trust in me. Now I make efforts to <correct / keep> this habit. 2014 고1학평

correspond
[kɔ̀:rəspǽnd]

⑤ 1 일치하다 2 서신 왕래하다
correspondence **⑱** 통신 일치, 부합
The two halves of the document did not correspond.
반씩 나뉜 서류의 두 부분이 서로 일치하지 않았다.
For the next seven years they corresponded regularly.
다음 7년 동안 그들은 정기적으로 편지를 주고받았다.

dependent
[dipéndənt]

⑲ 의존하는, 의존적인
dependence **⑱** 의존 dependability **⑱** 의존성
plans that are dependent on the weather
날씨에 따라 달라질 수 있는 계획
Norway's economy is heavily dependent on natural resources.
노르웨이의 경제는 천연 자원에 매우 의존적이다.

depression
[dipréʃən]

⑱ 우울증
depressive **⑲** 우울증의
undergo treatment for severe depression
심각한 우울증 치료를 받다
Sally's mood was one of deep depression.
Sally의 기분은 매우 심한 우울증이었다.

description
[diskrípʃən]

⑱ 기술, 묘사
descriptive **⑲** 서술하는, 묘사하는
a writer with a gift of description 묘사에 재능이 있는 작가
The police have issued a detailed description of the missing boy.
경찰은 실종 남아에 대한 상세한 설명을 발표했다.

어근 scrib, script '쓰다'의 의미를 갖는다.
subscribe 정기 구독하다 / describe 묘사하다 / prescription 처방전

---

deserve
[dizə́:rv]

⑤ 받을 가치가 있다
deserve another chance 기회를 한 번 더 줄 가치가 있다
It deserves to be preserved at all costs.
어떤 비용이 들더라도 그것은 보존될 가치가 있다.

desirable
[dizáiərəbl]

⑲ 바람직한 ↔ undesirable 바람직하지 않은
desire **⑱** 욕망
a desirable neighborhood 바람직한 이웃
The house is in a highly desirable location.
그 집은 매우 바람직한 위치에 있다.

expectation
[èkspektéiʃən]

몡 기대, 예상 = anticipation
expect 동 예상하다, 기대하다
raise expectations 기대감을 높이다
The crowd waited in expectation of his arrival.
군중은 그가 도착하기를 기대하며 기다렸다.

expedition
[èkspədíʃən]

몡 원정, 탐험, 탐험대 = journey
expeditionary 혱 탐험의
a scientific expedition to Antarctica 남극 과학 탐험
another Everest expedition 또 한 번의 에베레스트 원정

expend
[ikspénd]

동 소비하다, 소모하다
expenditure 몡 지출
expend energy/effort/time 에너지/노력/시간을 쓰다
He expended a lot of energy.
그는 많은 에너지를 써버렸다.

Quiz 2 Nobles and church leaders, who were already members of the wealthiest classes, <expended / reduced> their fortunes. Newly rich merchants also found themselves with money to spend. 2011 고3학평

---

grant
[grænt]

동 1 수여하다, 주다 2 승인하다, 들어주다
take for granted 받는 것을 당연하게 여기다
luggage allowances granted to passengers
승객에게 허용 수화물 양
I cannot grant you that wish.
너의 그 소원은 들어줄 수 없다.

grasp
[græsp]

동 잡다, 이해하다
grasp the significance of what happened
발생한 일의 중요성을 이해하다
I grasped the rope by its end.
나는 밧줄 끝을 꽉 잡았다.

혼동어휘 **gasp** 동 숨이 차다, 헐떡거리다
He gasped as he waded into the icy water.
그는 찬 물로 첨벙첨벙 걸으며 숨을 헐떡였다.

---

inventive
[invéntiv]

혱 창의적인, 독창적인 = creative
invention 몡 발명
inventive ways to use leftovers 남은 음식을 이용할 창의적인 방법
an inventive writer 창의적인 작가

---

inventory
[ínvəntɔ̀:ri]

명 재고   = reservoir
keep a large inventory of used cars
다량의 중고 자동차 재고를 유지하다
Inventories at both stores were low.
창고 두 곳 모두 재고가 적었다.

invest
[invést]

동 투자하다
investment 명 투자   investor 명 투자자
invest one's time wisely 시간 투자를 현명하게 하다
He invested heavily in the stock market.
그는 주식 시장에 많은 돈을 투자했다.

invisible
[invízəbl]

형 보이지 않는   ↔ visible 보이는
invisibility 명 눈에 보이지 않음
be invisible to the naked eye 육안으로 안 보이다
The plane is meant to be invisible to radar.
그 비행기는 레이더에 안 보이도록 설계되었다.

involve
[inválv]

동 포함하다, 관련시키다   ↔ exclude 배제하다
involvement 명 개입, 참가
She told us a story involving life on a farm.
그녀는 농장에서의 삶을 포함한 이야기를 들려주었다.
She became deeply involved in a plot to overthrow the king.
그녀는 왕을 타도하려는 음모에 깊이 연루되었다.

Quiz 3 Learning Korean may be difficult for English speakers because in Korean, unlike in English, considerable differences exist in both grammar and vocabulary depending on the relationship between the two people <evolved / involved>. 2006 모평

molecule
[máləkjù:l]

명 분자
molecular 형 분자의
air molecule 공기 분자
The molecules of oxygen gas contain just two atoms.
산소 기체 분자는 원자 두 개만을 가진다.

momentarily
[mòuməntérəli]

부 일시적으로, 잠깐   = shortly
momentary 형 순간의
The wind let up momentarily.
바람이 일시적으로 멈췄다.
He paused momentarily before finishing his speech.
그는 연설을 마치기 전 잠깐 멈췄다.

monarch
[mánərk]

명 군주 = ruler
a constitutional monarch 입헌 군주
the reigning monarch 현 군주

monetary
[mánətèri]

형 통화의, 금전의 = financial
a crime committed for monetary gain
금전적 이득을 위해 자행된 범죄
the world-wide monetary crisis 전 세계적 통화 위기

monitor
[mánitər]

동 감시하다, 지켜보다 = keep an eye on
monitor the patient's heart rate 환자의 심박수를 지켜보다
The government is monitoring the situation closely.
정부는 사태를 예의주시하고 있다.

periodic
[pìəriádik]

형 주기적인, 정기의
periodically 부 주기적으로
make periodic inspections 주기적인 검사를 하다
She takes the car in for periodic oil changes.
그녀는 주기적인 오일 교환을 위해 차를 가져온다.

permanent
[pə́:rmənənt]

형 영구적인 ↔ temporary 일시적인
permanence 명 영구성, 영속성   permanently 형 영구적으로
permanent relationship 지속되는 관계
She gave up a permanent job in order to freelance.
그녀는 프리랜스 일을 하기 위해 정규직 일을 포기했다.

permit
[pə:rmít]

명 허가증 동 허락하다
permission 명 허가
a gun permit 총기 허가
Smoking is not permitted in this building.
이 건물에서 흡연은 허용되지 않는다.

personality
[pə̀:rsənǽləti]

명 성격
We all have different personalities.
우리는 모두 성격이 다르다.
She has a very pleasant personality.
그녀는 매우 쾌활한 성격이다.

perspective
[pə:rspéktiv]

명 관점, 시각 = viewpoint
maintain one's perspective 자신의 관점을 유지하다
It gave him a whole new perspective on life.
그것은 그에게 완전히 다른 인생관을 가져다주었다.

어근 spect   '보다'의 의미를 갖는다.
aspect 국면, 양상 / inspect 조사하다 / retrospect 회상

regular
[régjələr]

형 정기적인, 보통의
regularity 명 규칙성　regularly 부 규칙적으로
hold regular meetings 정기 회의를 열다
There is rarely quiet time during regular business hours to sit and concentrate.
정상 업무 시간 중에는 앉아서 집중할 조용한 시간이 거의 없다.

regulation
[règjəléiʃən]

명 규정, 규제
regularize 동 합법화하다, 규칙화하다
safety regulations 안전 규칙
Builders must comply with the regulations.
건축업자들은 규칙을 준수해야 한다.

reject
[ridʒékt]

동 거부하다, 버리다　= decline
rejection 명 거절
reject universally accepted values
세계적으로 받아들여지는 가치를 거부하다
The committee rejected my proposal.
위원회는 나의 제안을 받아들이지 않았다.

Quiz 4　Indeed, the Swedish government has outlawed television advertising of products aimed at children under 12, and recently in the United States, 50 psychologists <rejected / signed> a petition calling for a ban on the advertising of children's goods.　2015 모평

---

sort
[sɔːrt]

동 분류하다, 정리하다
sort mail 편지를 분류하다
The apples are sorted according to size.
사과가 크기에 따라 분류되었다.

sow
[sou]

동 (씨를) 뿌리다 (sowed, sown)　= scatter
sower 명 씨뿌리는 사람
Farmers sowed the fields with corn.
농부들은 밭에 옥수수 씨앗을 뿌렸다.

Sow the seeds in late April.
그 씨앗들은 4월 말에 뿌려라.

undervalue
[ʌndərvǽljuː]

동 과소평가하다　= underestimate
↔ overestimate 과대평가하다
undervalue stock 주식을 낮게 평가하다
You shouldn't undervalue your talent—you are a very gifted writer.
자신을 과소평가하지 마. 넌 재능 있는 작가야.

underway
[ʌ́ndərwéi]

형 진행 중인

get underway 시작하다

The project is already well underway.
그 프로젝트는 이미 잘 진행 되고 있다.

undo
[ʌndúː]

동 원상태로 돌리다 (undid, undone)

We can't undo the past.
우리는 과거를 돌이킬 수 없다.

The damage cannot be undone.
그 손상은 복구될 수 없다.

Quiz 정답

1 correct, 나는 아들과의 싸움을 피하기 위해 그들이 그 순간에 듣고 싶어 하는 말을 하고 약속을 하는 습관을 갖고 있었다. 그런 다음 내가 다른 말을 하고 약속을 어길 때 훨씬 더 큰 싸움이 벌어졌다. 그들은 나에 대한 신뢰를 잃었다. 이제 나는 이 습관을 고치려 노력한다.

2 expended, 이미 최고 부유층이었던 귀족과 교회 지도자들이 그들의 부를 소비했다. 신흥 부유 상인들 또한 그들이 써야 할 돈이 많음을 알았다.

3 involved, 한국어를 배우는 것은 영어를 사용하는 사람들에게 어려울 수 있는데, 왜냐하면 한국어는 영어와 달리 관련된 두 사람의 관계에 따라 문법과 어휘 모두에 있어 상당한 차이가 있기 때문이다.

4 signed, 실제로, 스웨덴 정부는 12세 미만 아이들을 겨냥하는 제품의 텔레비전 광고를 금지했고, 최근 미국에서는 50명의 심리학자가 아동 상품의 광고에 대한 금지를 요구하는 청원서에 서명했다.

A 우리말은 영어로, 영어는 우리말로 쓰시오.

1. 맞추다, 조절하다 _____
2. 우울증 _____
3. 기대, 예상 _____
4. 부산물 _____
5. 분자 _____
6. 과소평가하다 _____
7. 잡다, 이해하다 _____
8. 보이지 않는 _____
9. 묻다 _____
10. 부가적인, 추가적인 _____

11. undo _____
12. sort _____
13. personality _____
14. expend _____
15. description _____
16. permanent _____
17. administer _____
18. underway _____
19. monarch _____
20. deserve _____

B 빈칸에 알맞은 말을 고르시오.

invested   corrects   momentarily   grant

1. I cannot _____ you that wish.
2. I hate when she _____ my grammar.
3. The wind let up _____.
4. He _____ heavily in the stock market.

C 괄호 안에서 문맥에 맞는 말을 고르시오.

1. She <adjusted / applied> the car seat so she could reach the pedals.
2. It <deserves / reserves> to be preserved at all costs.
3. Exercise has become a <rectangular / regular> part of my lifestyle.
4. She became deeply <excluded / involved> in a plot to overthrow the king.

DAY 09

admission
[ædmíʃən]

명 1 인정 2 입장(료)
admit 동 입장을 허락하다
admission **of guilt/defeat/failure** 죄/패배/실패의 인정
The school's standards of admission are high.
그 학교의 입학 기준은 높다.

adopt
[ədápt]

동 1 채택하다 2 입양하다
Did they adopt your point of view?
그들이 너의 관점을 받아들였니?
The couple decided to adopt a child.
그 부부는 아이를 입양하기로 결정했다.

> **Quiz 1** It is difficult to determine the shape of fire. There is a simplified design, <adopted / adopting> for use in posters and signs. It resembles three upright tongues or a lotus flower. 2011 고3학평

advance
[ædvǽns]

동 나아가다 형 사전의
advanced 형 고급의, 상급의
advance **slowly down the street** 거리를 따라 서서히 나아가다
advance **registration** 사전 등록

cabin
[kǽbin]

명 객실, 선실, 오두막
a cabin **in the woods** 숲속의 오두막
the First Class cabin 1등석 객실

calculate
[kǽlkjəlèit]

동 계산하다 = figure
calculation 명 계산 calculator 명 계산기
calculate **the likelihood of success** 성공 가능성을 계산해보다
We need to calculate how long it will take us to drive to Seoul.
우리가 서울까지 운전해서 가면 얼마나 걸릴지 계산해봐야 한다.

calm
[kɑ:m]

동 진정시키다
calming 형 진정시키는
calm **one's passions** 격정을 가라앉히다
The medicine helped calm his breathing.
그 약은 그의 호흡을 안정시키는 데 도움이 됐다.

cosmic
[kázmik]

형 1 우주의 2 무한한
cosmic **dust** 우주진
damage reaching cosmic **proportions** 엄청난 규모의 피해

cost
[kɔ:st]

명 비용 동 ~의 비용이 들다
costly 형 값비싼
at all costs 어떤 대가를[희생]을 치르고서라도
the cost of accommodation 숙박비용
The trip will cost you about $100.
그 여행에는 100달러 정도가 들 것이다.

despair
[dispéər]

명 절망 = desperation
despairing 형 절망적인
give up in despair 절망에 빠져 포기하다
His despair nearly drove him mad.
절망에 빠지자 그는 미친듯했다.

desperate
[déspərit]

형 절망적인, 필사적인
desperately 부 몹시, 필사적으로 = despairing
make a desperate leap for the rope
밧줄을 잡으려 필사적으로 뛰어 오르다
We could hear their desperate cries for help.
우리는 그들의 도와달라는 필사적인 외침을 들을 수 있었다.

Quiz 2 <Desperate / Unwilling> to have her ball back, the princess agrees, but when the frog appears at her door the next day she is disgusted by the prospect of being truthful and fulfilling her promise.

2014 고3학평

despite
[dispáit]

전 ~에도 불구하고
play despite an injury 부상에도 불구하고 경기를 하다
We went to the party despite the bad weather outside.
우리는 바깥의 날씨가 좋지 않음에도 불구하고 파티에 갔다.

destiny
[déstəni]

명 운명 = fate
destination 명 목적지
The gods control a man's destiny, and one cannot fight the gods.
신들은 인간의 운명을 조정하고 사람은 신들에 대항할 수 없다.
They believed it was their destiny to be together.
그들은 서로 함께할 운명이라고 믿었다.

detached
[ditǽʧt]

형 떨어진, 분리된 = distant
a detached house 외딴 집
Looking through the camera lens made him detached from the scene.
카메라 렌즈를 통해서 보는 것은 그를 그 장면에서 분리되게 만들어줬다.

'제거하다,' '감소시키다'의 의미를 갖는다.
descend 내려가다 / **de**grade 비하하다 / **de**crease 감소시키다

expense
[ikspéns]

명 **비용, 지출** = cost
at the expense of ~를 희생으로 하여
expend 동 소비하다
Conference rooms were equipped at great expense.
회의실이 큰돈을 들여 갖춰졌다.
Everyone had a good laugh at my expense.
나 하나 희생해서 모두들 크게 웃었다.

혼동어휘 **expand** 동 확대하다
Water expand when it freezes.
물은 얼 때 팽창한다

experiment
[ikspérəmənt]

명 **실험**
experimenter 명 실험자
experiments on sleep deprivation 수면 박탈 실험
carry out simple laboratory experiments
간단한 실험실 실험을 실시하다

expert
[ékspə:rt]

명 **전문가** = authority ↔ amateur 아마추어
medical/financial expert 의료/금융 전문가
She's a world expert on marine mammals.
그녀는 해양 포유류에 관한 세계적인 전문가이다.

gratify
[grǽtəfài]

동 **만족시키다** = indulge ↔ displease 불쾌하게 하다
grateful 형 고맙게 여기는
gratify one's curiosity 호기심을 충족하다
She's only concerned with gratifying her own desires.
그녀는 자신의 열망을 채우는 것에만 관심이 있다.

grave
[greiv]

형 **중대한, 진지한**
gravely 부 진지하게
a grave mistake 중대한 실수
a grave and thoughtful look 진지하고 생각에 잠긴 표정

gravity
[grǽvəti]

명 **1 중력 2 심각성**
the force of gravity 중력의 힘
I could not hide from him the gravity of the situation.
나는 그에게 상황의 심각성을 숨길 수 없었다.

ironic
[airánik]

형 역설적인, 아이러니한
ironically 부 역설적으로 irony 명 아이러니, 역설적인 상황
ironic comments 역설적인 코멘트
It is ironic that the robber's car crashed into a police station.
아이러니하게도 강도의 차가 경찰서를 들이받았다.

irrational
[iráʃətnəl]

형 비합리적인 = illogical ↔ rational 이성적인, 합리적인
irrationally 부 불합리하게
irrational fears 근거 없는 공포
He had an irrational fear of cats.
그는 이유도 없이 고양이를 두려워했다.

접두어 ir- 'not'의 의미를 갖는다.
irrelevant 무관한 / irreplaceable 대체할 수 없는 / irregular 불규칙적인

monumental
[mànjəméntl]

형 기념비적인, 대단한 = magnificent, massive
monument 명 기념비
a monumental misunderstanding 엄청난 오해
Repairing the damage will be a monumental task.
피해 복구는 대공사가 될 것이다.

moral
[mɔ́:rəl]

명 교훈, 도덕 형 도덕적인
morality 명 도덕성
the moral of the story 그 이야기의 교훈
Their behavior was not moral.
그의 행동은 도덕적이지 못했다.

motion
[móuʃən]

동 몸짓을 해 보이다 = gesture, signal
motional 형 운동을 일으키는
The guard motioned us through the gate.
경비가 우리에게 문을 통과해 가라고 몸짓했다.
The pitcher motioned to the catcher.
투수가 포수에게 몸짓을 해 보였다.

persuasion
[pərswéiʒən]

명 설득 = convincing
persuasive 형 설득력 있는
use one's powers of persuasion 설득 능력을 발휘하다
It took a great deal of persuasion to get her to accept.
그녀가 수락하게 하는 데 엄청난 설득이 필요했다.

pest
[pest]

명 해충 = plague
pesticide 명 살충제
mice and other household pests 쥐 그리고 가정의 다른 해충들
These insects are pests for farmers.
이런 곤충들이 농부에게는 해충이다.

petal
[pétəl]

명 꽃잎
flowers with pink and white petals
분홍 그리고 흰 꽃잎을 가진 꽃들
The flower has seven petals.
그 꽃은 꽃잎이 7장이다.

phase
[feiz]

명 모양, 상, 단계
phases of the moon 달의 변화 단계
She's in the final phase of treatment now.
그녀는 지금 치료의 마지막 단계에 있다.

relative
[rélətiv]

형 상대적인 명 친척
relatively 부 상대적으로
the relative value of two houses 두 집의 상대적 가치
The donkey is a relative of the horse.
당나귀는 말의 친척이다.

relaxed
[rilǽkst]

형 편한, 긴장을 푼
relaxation 명 휴식
feel more relaxed 보다 편안하게 느끼다
The restaurant had a relaxed atmosphere.
그 레스토랑은 편안한 분위기를 가지고 있었다.

release
[rilíːs]

동 해방시키다, 방출하다, 배출하다
be released into the wild 야생으로 방생되다
The factory released dangerous chemicals into the river.
그 공장은 강으로 위험한 화학약품을 내보냈다.

relevant
[réləvənt]

형 관련된
relevance 명 타당성, 관련성
relevant documents 관련 서류
Make sure your comments during the interview are short and relevant.
면접 동안 당신이 하는 말을 반드시 간결하고 관련성 있도록 하라.

Quiz 3 The Agta of the Philippines have thirty-one different verbs that refer to particular types of fishing. Yet they lack a generic word meaning "to fish." In fact, they have no need to refer to fishing as a general activity for their living. Linguists realize that the failure of a language to have a general word is <relevant / irrelevant> to its evolutionary standing. 2011 고3학평

spare
[spɛər]

동 시간 · 돈 · 노력을 내어주다 형 여분의
I'm sorry but I can't spare the time.
미안하지만 시간이 없다.
I keep a spare set of keys in my desk.
나는 여분의 열쇠를 내 책상에 보관하고 있다.

spark
[spɑːrk]

동 촉발하다, 유발하다 명 불꽃
the question sparked a lively discussion
그 질문이 활발한 토론을 촉발했다
Sparks flew from a fire.
불에서 불꽃이 튀었다.

specialize
[spéʃəlàiz]

동 전문화(특수화)하다
specialized 형 전문화된
less specialized knowledge 덜 전문화된 지식
The front legs of a mole are specialized for digging.
두더지 앞발은 땅을 파는 데 특화되어 있다.

Quiz 4 One person can't do all of those things alone. Instead, each person performs one highly <specialized / urgent> job such as growing vegetables, designing a building or composing music. 2012 고2학평

species
[spíːʃiːz]

명 (생물) 종 = classification, family
There are approximately 8,000 species of ants.
거의 8,000 종의 개미가 있다.
Many species of tree are now endangered.
현재 많은 나무 종이 멸종 위기에 있다.

specifically
[spisífikəli]

부 특별히
advertising that specifically targets children
특별히 어린이를 타깃으로 하는 광고
a magazine aimed specifically at working women
직장 여성들을 특별히 겨냥한 잡지

tongue
[tʌŋ]

명 말, 언어 = language
mother tongue 모국어
He spoke in a foreign tongue.
그녀는 외국어로 말했다.

uneasy
[ʌníːzi]

형 어색한, 거북한
give an uneasy laugh 거북하게 웃어 보이다
She has an uneasy relationship with her father.
그녀는 그녀의 아버지와 어색한 사이이다.

unedited
[ʌnéditid]

형 편집되지 않은, 미검열의

unedited **books** 편집되지 않은 책들

The Internet is a global conveyer of unfiltered, unedited information.

인터넷은 걸러지지 않고 편집되지 않은 세계적 정보 전달 매체이다.

unemployment
[ʌnemplɔ́imənt]

명 실업

the current unemployment **rate** 현재 실업률

The level of unemployment is rising.

실업의 정도가 올라가고 있다.

A 우리말은 영어로, 영어는 우리말로 쓰시오.

1. 계산하다 _____
2. ~에도 불구하고 _____
3. 비용, 지출 _____
4. 실업 _____
5. 우주의, 무한한 _____
6. 해충 _____
7. 실험 _____
8. 절망 _____
9. 운명 _____
10. 진정시키다 _____

11. uneasy _____
12. relaxed _____
13. persuasion _____
14. expert _____
15. grave _____
16. motion _____
17. adopt _____
18. desperate _____
19. gratify _____
20. monumental _____

B 빈칸에 알맞은 말을 고르시오.

| cost | irrational | phase | admission |

1. The trip will _____ you about $100.
2. He had an _____ fear of cats.
3. The school's standards of _____ are high.
4. She's in the final _____ of treatment now.

C 괄호 안에서 문맥에 맞는 말을 고르시오.

1. Looking through the camera lens made him <detached / detected> from the scene.
2. The factory <delivered / released> dangerous chemicals into the river.
3. The front legs of a mole are <isolated / specialized> for digging.
4. The couple are unable to have children of their own, but hope to <adapt / adopt>.

DAY 10

---

adventurous
[ædvéntʃərəs]

형 모험심이 있는
adventure 명 모험
an adventurous explorer 모험심이 넘치는 탐험가
Neil isn't a very adventurous cook.
Neil은 그렇게 모험심 강한 요리사가 아니다.

---

advertise
[ǽdvərtàiz]

동 광고하다
advertisement 명 광고
advertising spending 광고비지출
They stopped advertising alcohol or cigarettes at sporting events.
그들은 스포츠 이벤트에 주류와 담배를 광고하는 것을 멈췄다.

---

advocate
[ǽdvəkit]

명 지지자 동 [ǽdvəkèit] 지지하다, 옹호하다
a passionate advocate of natural childbirth
열렬한 자연 분만 지지자
She advocates traditional teaching methods.
그녀는 전통 교수법을 지지한다.

어근 voc, vok　'말하다,' '부르다'의 의미를 갖는다.
e**voc**ate 일깨우다 / pro**vok**e 자극하다 / in**vok**e 부르다

---

affect
[əfékt]

동 1 ~인 체하다 2 영향을 끼치다
affect indifference, though deeply hurt
깊이 상처 받았지만 무관심한 척 하다
Increased size affects group life in a number of ways.
증가한 규모는 단체 생활에 여러 가지로 영향을 끼친다.

---

affection
[əfékʃən]

명 애정, 애착　= attachment, fondness
affectionate 형 애정어린
feelings of love and affection 사랑과 애착의 감정
She had a deep affection for her parents.
그녀는 부모님에 대해 깊은 애착을 느꼈다.

---

cancel
[kǽnsəl]

동 취소하다　= call off
cancellation 명 취소
cancel a magazine subscription 잡지 구독을 취소하다
Our flight was canceled because of bad weather.
우리의 비행은 악천후 때문에 취소되었다.

---

candid
[kǽndid]

형 솔직한 = frank
candidacy 명 솔직함
a candid discussion 솔직한 토론
She was quite candid about her past.
그녀는 그녀의 과거에 대해 매우 솔직했다.

candidate
[kǽndidèit]

명 후보자 = applicant
candidacy 명 입후보, 출마
three candidates for the job 그 일자리에 지원한 세 명의 지원자
Candidates can apply in person or send a resume.
후보자는 직접 지원해도 되고 이력서를 보내도 된다.

court
[kɔ:rt]

동 궁전, 법원
a court of justice 법정
bring a prisoner to court for trial 재판을 위해 죄수를 출정시키다

detect
[ditékt]

동 감지하다 = discover
detective 명 탐정, 형사
detect the location of unpredictable thunderstorms
예상치 못한 폭풍우의 위치를 감지하다

This type of cancer is difficult to detect in its early stages.
이런 종류의 암은 초기에 감지하기 어렵다.

> **Quiz 1** The food receiving area should be kept extremely clean, since you do not want to contaminate incoming food. A clean receiving area makes it easier to <detect / present> this type of problem. 2010 고3학평

determine
[ditə́:rmin]

동 결정하다 = decide
determination 명 투지, 결단력   determined 형 단호한
determine what treatment to use 어떤 치료법을 쓸지 정하다
The demand for a product determines its price.
상품에 대한 수요가 그 가격을 결정한다.

develop
[divéləp]

동 1 개발하다, 발달시키다 2 현상하다
develop new drugs to treat arthritis
관절염 치료를 위해 새 약을 개발하다
develop film 필름을 현상하다

devise
[diváiz]

동 고안하다, 연구하다 = invent
device 명 장치, 기기
devise a new strategy 새 전략을 짜다
devise a new idea 새로운 아이디어를 생각해 내다

explode
[iksplóud]

동 폭발하다　= burst

explosion 명 폭발　explosive 형 폭발하기 쉬운 명 폭발물

The building exploded in flames.
그 건물은 화염 속에 폭발했다.

One of the shells failed to explode.
포탄 중 하나가 폭발하지 못했다.

explore
[iksplɔ́:r]

동 탐사하다

exploration 명 탐사

explore a number of controversial issues
수많은 논란의 문제들을 탐사하다

I decided to go out and explore the town.
나는 밖으로 나가 마을을 탐사하기로 결정했다.

expose
[ikspóuz]

동 노출시키다

exposure 명 노출, 폭로

Potatoes turn green when exposed to light.
감자는 빛에 노출되면 초록색으로 변한다.

Deforestation left the soil exposed to harsh weather.
사막화는 토양을 거친 기후에 노출되도록 했다.

> **Quiz 2**　Failing to keep adequately warm can <adapt / expose> older people to the threat of cold-related illnesses, which contribute to thousands of excess winter deaths each year.　2011 고3학평

graze
[greiz]

동 풀을 뜯어 먹다, 방목하다

graze livestock 가축을 방목하다

The cattle were grazing on the rich grass.
소들이 무성한 풀을 뜯고 있었다.

greed
[gri:d]

명 탐욕

greedy 형 탐욕스러운　greedily 부 게걸스레

be motivated by ambition and greed 야심과 탐욕에 휩싸이다

Don't let greed for riches control you.
부를 향한 탐욕이 당신을 조정하도록 하지 마라.

ground
[graund]

동 근거를 두다

grounded 형 근거를 두는, 근거하는

arguments grounded on experience 경험에 근거한 주장

Our fears about technological change may be well grounded.
우리가 과학기술의 변화를 두려워하는 것은 어쩌면 그 근거가 충분한 것이다.

irresponsible
[ìrispánsəbəl]

형 **무책임한** ↔ responsible 책임감 있는
made irresponsible comments 무책임한 언급을 하다
It would be irresponsible to ignore the threats.
그 위협을 무시하는 것은 무책임한 것일 것이다.

isolate
[áisəlèit]

동 **분리하다, 떼어내다**
isolated 형 고립된 isolation 명 고립
be isolated in a separate ward 각각의 병동에 격리되다
The town was isolated by the floods.
그 마을은 홍수에 고립되었다.

Quiz 3 Virtual personalities online and characters on television fulfill our natural emotional-needs artificially, and hence occupy the blurry margins in which our brains have difficulty distinguishing real from unreal. The more we rely on these personalities and characters to get a sense of "<isolation / connectedness>," the more our brains encode them as "relevant." 2014 고2학평

---

issue
[íʃuː]

명 **문제** 동 **1 발효하다, 발표하다 2 발급하다**
a variety of social issues 다양한 사회 문제들
issue a new credit card 새 신용카드를 발급하다
A severe storm warning has been issued.
긴급 폭풍 경보가 발효되었다.

jam
[dʒæm]

동 **끼어서 움직이지 않게 되다** = crowd
The front roller has jammed on the photocopier.
앞쪽 롤러가 복사기에 끼었다.
Thousands of people jammed into the hall.
수천 명의 사람들이 복도에 꽉 차 있다.

motivate
[móutəvèit]

동 **동기를 부여하다**
motivational 형 동기를 부여하는 motivator 명 동기요인
motive 명 동기, 이유
His lie was motivated by fear.
그의 거짓말은 공포심에서 나온 것이다.
I have no idea what motivated him to act in such a violent way.
그가 무엇 때문에 저렇게 과격하게 행동하는 지를 나는 모르겠다.

move
[muːv]

명 **행동, 조처** = step
Retiring early was a smart move.
조기 은퇴는 영리한 행동이었다.
This move is expected to help ease unemployment.
이 조처는 실업을 낮추는 데 도움이 될 것으로 기대된다.

phenomenon
[finámənàn]

명 현상　pl. phenomena
natural phenomena like lightning and earthquakes
번개나 지진과 같은 자연 현상들
The phenomenon can be observed in all aspects of our daily lives.
그 현상은 우리의 일상생활의 모든 면에서 관찰될 수 있다.

philosophical
[filəsáfikəl]

형 철학적인
philosophy 명 철학
got into a philosophical debate 철학적 논쟁에 들어가다
the philosophical problem of whether there is free will
'자유 의지가 있는 지'라는 철학적 문제

physical
[fízikəl]

형 물리적인, 신체적인　= bodily
physically 부 물리적으로
physical toughness 신체적 강인함
He was obsessed with physical fitness.
그는 신체적 건강에 지나치게 빠져있었다.

relieve
[rilí:v]

동 경감하다, 덜다　= alleviate
relieved 형 안도한　relief 명 안심, 안도
relieve stress 스트레스를 덜다
I took a pill to relieve my headache.
두통을 진정시키려고 약을 먹었다.

reluctant
[rilΛktənt]

형 마지못해 하는, 망설이는　= disinclined
reluctantly 부 마지못해서
be reluctant to get involved 합류를 망설이다
He gave a reluctant smile.
그는 마지못해 웃었다.

Quiz 4 Others argue that early exposure to computers is helpful in adapting to our digital world. They believe the earlier kids start to use computers, the more <familiarity / reluctance> they will have when using other digital devices.　2016 고1학평

---

rely
[rilái]

동 의존하다　= depend, count
reliable 형 믿을 만한　reliance 명 의존
rely on the Internet for news 뉴스를 인터넷에 의존하다
someone we can rely on 우리가 믿을 수 있는 사람

remain
[riméin]

동 남아 있다
remaining 형 남은, 남아 있는　remainder 명 나머지
It remains to be seen.
지켜볼 일이다
Little remained after the fire.
화재 후 남은 것이 거의 없다.

spectator
[spékteitər]

명 구경꾼, 관객　= bystander, observer
spectacular 형 장관의
attract a large crowd of spectators
수많은 구경꾼들의 이목을 끌다
The match attracted over 30,000 spectators.
그 경기는 3만 명이 넘는 관람객을 끌어 모았다.

Quiz 5　So, be sure to get in some practice before attending a soccer match, or the sound you produce may cause some amusement among the <inspectors / spectators> who are around you!　2010 고2학평

spectrum
[spéktrəm]

명 범위　= scale, range
a wide spectrum of interests 넓은 관심사의 범위
the ethnic spectrum of America 미국의 인종의 범위

spell
[spel]

동 (어떤 결과를) 의미하다
Another drought would spell famine.
또 가뭄이 들면 굶어 죽게 될 것이다.
The lack of rain could spell disaster for farmers.
비의 부족은 농부들에게 재앙을 의미할 수 있다.

spineless
[spáinlis]

형 1 가시가 없는, 등뼈가 없는 2 줏대 없는
a bunch of spineless politicians 줏대 없는 정친인들 무리
These spineless plants survive by blending into their native habitat.
이 가시가 없는 식물들은 그들의 자연 서식지에 융화됨으로써 생존한다.

suckle
[sʌ́kəl]

동 젖을 먹이다　= breast-feed
Sicker 명 포유동물
a mother suckling her child 아기에게 젖을 먹이는 엄마
a cat suckling her kittens 새끼에게 젖을 먹이는 고양이

suffer
[sʌ́fər]

동 고통을 겪다　= undergo
Sufferer 명 이재민
suffer a lot of pain 많이 아프다
He suffered a heart attack and died instantly.
그는 심장마비에 걸려 즉사했다.

sufficient
[səfíʃənt]

[형] 충분한
sufficiency [명] 충분
sufficient **provisions for a month** 한 단간 충분한 식량
We need sufficient time to deal with the problem.
우리는 그 문제에 대처하는 데 충분한 시간이 필요하다.

suitable
[súːtəbəl]

[형] 적절한, 적합한 = fit
suitability [명] 적합성
a suitable **candidate for the job** 그 일자리에 적합한 후보
The house is not suitable for a large family.
그 집은 대가족에 적합하지 않다.

A 우리말은 영어로, 영어는 우리말로 쓰시오.

1. 행동, 조치 _____
2. 경감하다, 덜다 _____
3. 적절한, 적합한 _____
4. 남아 있다 _____
5. 광고하다 _____
6. 궁전, 법원 _____
7. 고통을 겪다 _____
8. 애정, 애착 _____
9. 철학적인 _____
10. 모험심이 있는 _____

11. sufficient _____
12. rely _____
13. physical _____
14. cancel _____
15. candidate _____
16. motivate _____
17. explode _____
18. candid _____
19. detect _____
20. spectrum _____

B 빈칸에 알맞은 말을 고르시오.

| determines | advocates | greed | grazing |

1. Don't let _____ for the riches control you.
2. She _____ traditional teaching methods.
3. The demand for a product _____ its price.
4. The cattle were _____ on the rich grass.

C 괄호 안에서 문맥에 맞는 말을 고르시오.

1. These <spineless / stainless> plants survive by blending into their native habitat.
2. He might agree but seems <reluctant / willing> to admit it.
3. It would be <responsible / irresponsible> to ignore the threats.
4. Increased size <affects / effects> group life in a number of ways.

affirm
[əfə́:rm]

동 확인하다, 확언하다 = claim, assert ↔ deny 부정하다
affirmative 형 확언적인
We cannot affirm that this painting is genuine.
우리는 이 그림이 진품인지 확언할 수 없다.
In much of social science, evidence is used only to affirm a particular theory.
대부분의 사회과학에서 증거는 특정 이론의 확인만을 위해 사용된다.

agenda
[ədʒéndə]

명 의제 (목록) = schedule, timetable
↔ agendaless 의미가 없는
agendas of faculty meetings 임직원 회의 의제목록
the next item on the agenda 식순 중 다음 항목

agent
[éidʒənt]

명 매개물, 요인, 대리인
the chief agents of change 변화의 주요 요인들
an intelligence agent 정보원
Seeds are dispersed by many agents.
씨앗은 여러 매개체에 의해 퍼진다.

aggressively
[əgrésivli]

부 적극적으로
aggressive 형 적극적인   aggression 명 공격적인 행동
act aggressively 적극적으로 행동하다
aggressively promote 적극적으로 홍보하다

capability
[kèipəbíləti]

명 능력, 수용 능력 = qualification
capable 형 능숙한
nuclear capability 핵보유 능력
Simultaneous translation is beyond my capabilities.
동시통역은 내 능력 밖의 일이다.

capture
[kǽptʃər]

동 체포하다, 잡다 ↔ lose 놓치다
capture the rebel leader 폭동의 주동자를 체포하다
capture the attention of teenagers 청소년들의 관심을 끌다

career
[kəríər]

명 성공, 출세, 경력
a career in medicine 의료 관련 경력
My career as a waitress lasted one day.
웨이트리스로서의 나의 경력은 하루 만에 끝났다.

courtesy
[kə́ːrtəsi]

명 정중함, 예의바름 ↔ impoliteness 공손하지 못함
courtly 부 정중한, 우아한, 품위 있는
a matter of common courtesy 상호간의 예의 문제
They treated me with courtesy and kindness.
그들은 나를 예의바르고 친절하게 대해줬다.

crack
[kræk]

명 갈라진 틈 동 문제를 해결하다 = crevice, solve
a crack between two rocks 두 바위 사이의 틈
The new evidence helped detectives to crack the case.
새 증거는 탐정들이 그 사건을 해결하는 데 도움을 줬다.

craft
[kræft]

명 기술 동 공들여 만들다
the craft of cabinetmaking 오두막 만드는 기술
The furniture is crafted from bamboo.
그 가구는 대나무로 만들어진다.

devote
[divóut]

동 (노력 · 돈 · 시간 등을) 바치다 = dedicate
devoted 형 헌신적인 devotion 명 헌신
devote one's life to music 인생을 음악에 바치다
I devote several hours every weekend to playing with my dog.
나는 주말마다 몇 시간씩 내 개와 노는 데 바친다.

diagnose
[dáiəgnòus]

동 진단하다
diagnosis 명 진단
diagnose a patient 환자를 진단하다
The doctor was unable to diagnose the skin condition.
그 의사는 피부 상태를 진단할 수 없었다.

dialect
[dáiəlèkt]

명 방언 = jargon, slang
dialectly 부 방언으로
the local dialect 지방의 사투리
They speak a southern dialect of French.
그들은 프랑스어의 남부 방언을 쓴다.

discourage
[diskə́ːridʒ]

동 낙담시키다, 억제하다 = chill, daunt
↔ encourage 부추기다
digcouraged 명 낙담한
be discouraged by repeated failure 계속되는 실패에 낙담하다
The area's dry climate discourages agriculture.
그 지역의 건조한 기후가 농업을 억제한다.

접두어 dis- '멀어짐.' '부정'의 의미를 갖는다.
disperse 흩어지게 하다 / disorder 무질서 / discard 버리다

Quiz 1 Olympic rules say people can transfer a ticket to somebody else, but not for financial gain. Anyone caught faces a huge fine, but this has not <encouraged / discouraged> selling their seats openly on the Internet.

2008 고3학평

extend
[iksténd]

통 확장하다　= outstretch　↔ shorten 줄이다
extended 형 연장된, 장기간에 걸친　extent 명 정도, 범위
extended free time 늘어난 자유 시간
He extended a hand in greeting.
그녀는 인사를 하려고 한 쪽 팔을 뻗었다.

external
[ikstə́:rnl]

형 외부의, 외적인　= extrinsic　↔ intrinsic 내적인
externally 부 외부적으로
the external signs of a disease 질병의 외부적 증세
the external features of the building 그 건물의 외부적 특징

접두어 ex-　'외부,' '바깥'의 의미를 갖는다.
expand 팽창하다 / expose 노출하다 / explosion 폭발

guarantee
[gærəntí:]

통 보장하다　= warrant, guaranty
I guarantee that you'll be satisfied.
당신의 만족을 보장합니다.
Money doesn't guarantee a happy life.
돈이 행복한 인생을 보장하지는 않는다.

guard
[ga:rd]

통 지키다　= fence
guardian 명 보호자
police guarding our cities 우리의 도시를 지키는 경찰
Two policemen were assigned to guard the prisoner.
두 명의 경찰이 죄수를 지키라는 임무를 받았다.

혼동어휘　guide 통 안내하다
She guided us around the city.
그녀는 우리에게 그 도시 여기저기를 안내했다.

guilt
[gilt]

명 죄책감, 죄의식
guiltless 형 죄책감 없는　guilty 형 죄책감을 느끼는
feel an enormous sense of guilt 엄청난 죄의식을 느끼다
His guilt in the matter was indisputable.
그 건에 대한 그의 죄는 반론의 여지가 없었다.

jot
[dʒat]

동 메모하다, 적어두다

Jot down notes and carry them around in your pants pocket.
메모를 한 다음에 그것을 바지 주머니에 넣고 다녀라.

She paused to jot a few notes on a slip of paper.
그녀는 종잇조각에 몇 가지 적으려고 멈췄다.

journal
[dʒə́:rnl]

명 일기

journalism 명 저널리즘, 신문 잡지업
keep a journal 일기를 쓰다
I've been keeping a journal for several years.
나는 수년간 일기를 써오고 있다.

journey
[dʒə́:rni]

명 여행 = expedition

a long journey **across the country** 국토 횡단의 긴 여행
We are going on a journey to European countries.
우리는 유럽 국가들로 여행을 떠날 것이다.

multiply
[mʌ́ltəplài]

동 곱하다, 증가하다

multiplier 명 승수, 곱하는 수
multiply **7 and 8** 7과 8을 곱하다
multiply **7 by 8** 7을 8로 곱하다
His responsibilities multiplied when he was promoted.
그가 승진하자 책임이 증가했다.

municipal
[mjuːnísəpəl]

형 시(市)의, 도시의

municipal **election** 시의회 의원 선거
a municipal **office** 시청

physician
[fizíʃən]

명 (내과) 의사

see a physician 의사의 진찰을 받다
You should consult a physician if you develop a high fever.
체온이 높아지면 의사의 진찰을 받아야 한다.

physicist
[fízisist]

명 물리학자

physics 명 물리학
nuclear physicist 핵물리학자
the world-famous physicist **Stephen Hawking**
세계적으로 유명한 물리학자 스티븐 호킹

physiology
[fiziálədʒi]

명 생리학

physiological 형 생리적인
plant physiology 식물 생리학
He took a course in anatomy and physiology.
그는 해부학과 생리학 과정을 들었다.

pierce
[piərs]

동 뚫다   = penetrate
piercing 형 날카로운
The needle pierced her skin.
바늘이 그녀의 피부를 뚫었다.
A scream pierced the silence.
비명이 고요를 뚫고 지나갔다.

remain
[riméin]

동 그대로 남아 있다
remains 명 유물, 유적
only a few ruins remain 몇 점의 유물만 남아 있다
I remained behind after the class had ended.
나는 수업이 끝나고 남아 있었다.

Quiz 2 Spending lots of free time glued to the TV or computer screen can hurt your heart, a new study suggests. The link between screen time and heart problems <remained / changed> when the researchers considered the amount of moderate-to-vigorous exercise the study participants did. 2011 고2학평

---

remark
[rimá:rk]

동 언급하다 명 말, 발언
remarkable 형 주목할 만한, 훌륭한
remark with surprise 깜짝 놀라 언급하다
I was offended by his remark.
나는 그의 말에 언짢았다.

remedy
[rémədi]

명 치료약, 치료법 동 치유하다
The problem was beyond remedy.
그 문제는 치료할 수 없었다.
Something must be done to remedy the problem.
그 문제를 치유하기 위해서는 뭔가가 반드시 행해져야 한다.

requirement
[rikwáiərmənt]

명 필요조건   = requisite
require 동 필요로 하다
fail to meet the school's requirements for graduation
학교의 졸업 요건을 충족하지 못하다
He has fulfilled the general requirements of the course.
그는 그 과정의 전체적 요건을 충족했다.

Quiz 3 Up close it sounds like an elephant but the sound is more like a massive swarm of very angry bees. Getting that sound out <inquires / requires> lip flexibility and lung strength, in short, a fair amount of technique. 2010 고2학평

---

spiral
[spáiərəl]

명 나선, 소용돌이 형 나선형의
spirally 부 나선형으로
get into an inflationary spiral 인플레이션의 소용돌이에 빠지다
a spiral staircase 나선형의 계단

split
[split]

동 분리하다, 분리되다　= break up　↔ unite 합치다
splitting 형 쪼개지는 듯한
The river splits the town in two.
강은 그 마을을 두 개로 나눈다.
The board split in two.
판자가 둘로 쪼개졌다.

sponsor
[spánsər]

명 후원사 동 후원하다, 지지하다
Our company is a sponsor of the race.
우리 회사는 그 경주의 후원사이다.
The radio station sponsored the concert.
그 라디오 방송국은 그 콘서트를 후원했다.

spot
[spat]

명 장소 동 발견하다, 알아채다
spotless 형 티끌하나 없는
a nice quiet spot on the beach 해변의 멋지고 조용한 장소
He spotted a squirrel in the woods.
그가 숲에서 다람쥐 한 마리를 발견했다.

spouse
[spaus]

명 배우자　= partner
spousal 형 결혼의
employees and their spouses are covered by the health plan
직원과 직원의 배우자가 그 의료보험의 혜택을 받을 수 있다
Spouses were invited to the company picnic.
회사 야유회에 부부동반으로 초대가 되었다.

sprain
[sprein]

동 접질리다　= twist
sprain one's ankle 발목을 삐다
He fell and sprained his ankle.
그는 넘어져 발목을 삐었다.

stable
[stéibl]

형 안정적인　↔ unstable 불안정한
stability 명 안정성
be in a stable condition in hospital 병원에서 안정된 상태에 있다
Children need to be raised in a stable environment.
아이들은 안정된 환경에서 길러야 한다.

Quiz 4 Some species of whales are already extinct. Others are being reduced in number faster than they can reproduce. When whales are gone, the whole chain of life in the sea, as we know it, will be <upset / stable>.

2008 모평

unencumbered
[ʌ̀ninkʌ́mbərd]

형 방해받지 않는

discover new unencumbered perceptions of old problems 낡은 문제들에 대해 방해받지 않는 새로운 지각을 찾다

be unencumbered 몸이 홀가분하다

Quiz 정답

1 discouraged, 올림픽 규칙은 다른 사람에게 입장권을 양도할 수는 있지만, 경제적인 이득을 위해 그렇게 하는 것은 안 된다고 정해져 있다. 누구라도 잡히는 사람은 엄청난 벌금에 처해지지만, 이것이 인터넷에서 공개적으로 입장권을 파는 행위를 막지는 못하고 있다.

2 remained, 한 새로운 연구가 TV나 컴퓨터 화면 앞에서 떠날 줄 모르며 많은 시간을 보내는 것은 당신의 심장에 해를 줄 수 있음을 시사했다. 연구원들이 연구 참가자들의 운동량을 적정한 정도부터 심한 정도까지 고려했을 때, 시청 시간과 심장 문제 간의 연관성은 변함이 없었다.

3 requires, 바로 가까이 들으면 코끼리 같은 소리가 나지만 그 소리는 매우 화가 난 벌떼들의 소리에 좀 더 가깝다. 그 소리를 내는 것은 입술의 유연성과 폐의 힘, 즉 간단히 말하면, 어느 정도의 기술을 필요로 한다.

4 upset, 몇몇 고래의 종은 이미 멸종했다. 다른 것들은 그것들이 번식하는 것보다 빠르게 개체수가 줄고 있다. 고래가 사라지면 우리가 알고 있는 것처럼 바다의 먹이 사슬은 붕괴될 것이다.

A 우리말은 영어로, 영어는 우리말로 쓰시오.

1. 방언	_____	11. pierce	_____
2. 보장하다	_____	12. split	_____
3. 체포하다, 잡다	_____	13. requirement	_____
4. 진단하다	_____	14. discourage	_____
5. 죄책감, 죄의식	_____	15. aggressively	_____
6. 물리학자	_____	16. remain	_____
7. 접질리다	_____	17. journal	_____
8. 지키다	_____	18. external	_____
9. 확장하다	_____	19. capability	_____
10. 확인하다, 확언하다	_____	20. stable	_____

B 빈칸에 알맞은 말을 고르시오.

spotted	career	crafted	remark

1. The furniture is _____ from bamboo.
2. My _____ as a waitress lasted one day.
3. I was offended by his _____.
4. He _____ a squirrel in the woods.

C 괄호 안에서 문맥에 맞는 말을 고르시오.

1. Something must be done to <redeem / remedy> the problem.
2. The new evidence helped detectives to <crack / create> the case.
3. His responsibilities <maintained / multiplied> when he was promoted.
4. I conscientiously <devote / neglect> several hours every weekend to playing with my dog.

DAY 12

agreement
[əgríːmənt]

명 합의, 계약
disagreement 명 불일치
arrive at an agreement 합의에 이르다
Their agreement expires next year.
그들의 계약은 내년에 만료된다.

Quiz 1 Gandhi started fasting on January 13, 1948, to protest the fighting between Hindu and Muslims. Five days later, the leaders of India and Pakistan <agreed / disagreed> to have peace and Gandhi stopped fasting. 2011 고1학평

agricultural
[ægrikʌ́ltʃərəl]

형 농업의   = farming
agriculture 명 농업
grow up in an agricultural **community**
농사를 짓는 마을에서 자라다
agricultural **products** 농산물

aimless
[éimlis]

형 목적 없는
aimlessly 부 목적 없이
drift through life in an aimless **way**
목적 없이 인생을 허송세월하다
I was so aimless and dispirited.
나는 너무 허무하고 사기가 바닥에 떨어졌다.

carry
[kǽri]

동 나르다   = ferry
carry out 실행하다, 실시하다
a ship carrying **thousands of gallons of oil**
수천 갤런의 원유를 수송하는 배
I'll carry your luggage to your room.
제가 선생님의 짐을 방으로 옮겨드리겠습니다.

carton
[káːrtn]

명 상자
a carton **of orange juice** 오렌지주스 한 상자
He bought a carton of cigarettes.
그는 담배 한 상자를 샀다.

carve
[kaːrv]

동 1 조각하다 2 개척해나가다
carve **out a career** 경력을 쌓아나가다
He carved an ice sculpture.
얼음 조각품을 조각했다.

cast
[kæst]

동 던지다, 향하다 명 깁스
cast one's mind back 이전의 일을 상기하다
wear a cast 깁스를 하다

cowardly
[káuərdli]

형 비겁한
coward 명 겁쟁이
a cowardly lie 비겁한 거짓말
a cowardly attack on a defenceless man
무방비인 사람에 대한 비겁한 공격

dictate
[díkteit]

동 지시하다, 명령하다　= command
dictation 명 받아쓰기
dictate a letter to someone ~에게 편지를 쓰도록 불러주다
There is nothing inherent in knowledge that dictates any
specific social or moral application.
지식에는 사회적 또는 도덕적 적용을 지시하는 내재적인 그 어떤 것도 없다.

dictatorship
[diktéitərʃìp]

명 독재　= tyranny
dictator 명 독재자
a military dictatorship 군사 독재 정권
The country suffered for many years under his
dictatorship.
그 나라는 그의 독재 하에 수년간 고생했다.

differentiate
[dìfərénʃièit]

동 구분 짓다　= distinguish
differentiate the twins 쌍둥이를 구분 짓다
It's hard at first to differentiate between the two styles of
music.
그 두 음악을 처음에 구분 짓는 것은 어렵다.

extraordinary
[ikstrɔ́:rdənèri]

형 엄청난, 대단한　= abnormal　↔ common 평범한
extraordinary efforts 엄청난 노력
The researchers made an extraordinary discovery.
과학자들은 엄청난 발견을 해냈다.

접두어 extra-　'바깥의,' '남는'의 의미를 갖는다.
extragalactic 은하계 바깥의 / extracurricular 과외의 /
extravagant 터무니없는

---

extreme
[ikstrí:m]

형 최고의, 극단의　= utmost
extremely 부 극도로
extreme poverty 극도의 빈곤
She went on an extreme diet.
그녀는 극한의 다이어트를 했다.

---

extrovert
[ékstrəvə̀ːrt]

명 외향적인사람 형 외향적인 ↔ introvert 내향적인
extroverted 형 외향적인
a friendly, extrovert girl 상냥하고 활발한 소녀
a natural extrovert 천성적으로 외향적인 사람

mutual
[mjúːtʃuəl]

형 상호의 = collaborative
mutually 부 서로, 상호간에
It was a mutual effort.
그것은 상호간의 노력이었다.
We had a mutual agreement not to tell our secret.
우리는 상호간에 우리의 비밀을 누설하지 않기로 합의했다.

naive
[naːíːv]

형 천진난만한 ↔ worldly 세속적인
naivety 명 순진
a naive view of the world 세상을 보는 순진한 관점
She asked a lot of naive questions.
그녀는 천진난만한 질문을 많이 했다.

naked
[néikid]

형 발가벗은, 육안의 = bare, nude
nakedly 부 벌거숭이로
naked shoulders 드러낸 어깨
be invisible to the naked eye 육안으로는 보이지 않다

nap
[næp]

명 낮잠 동 낮잠을 자다
an afternoon nap
The average cat naps for 13-18 hours every day.
보통의 고양이는 매일 13~18시간 낮잠을 잔다.

pile
[pail]

명 더미, 쌓은 것 동 ~을 쌓아올리다
shuffle through a pile of magazines 잡지 더미를 뒤적이다
She piled bread and milk into his basket.
그녀는 바구니에 빵과 우유를 가득 담았다.

pillar
[pílər]

명 기둥 = column, post
pillared 형 기둥이 있는
massive stone pillars 거대한 석재 기둥들
A dog was hiding behind the pillar.
개 한 마리가 기둥 뒤에 숨어 있었다.

pioneer
[pàiəníər]

명 개척자 동 개척하다
pioneering 형 선도적인
a pioneer of computer animation 컴퓨터 애니메이션의 개척자
The new cancer treatment was pioneered in the early eighties.
그 새로운 암 치료법은 80년대 초기에 개척되었다.

pirate
[páiərət]

명 1 해적 2 불법 복제
piracy 명 해적질
the famous pirate Jean Lafitte 유명한 해적 Jean Lafitte
pirate videos/software 불법 복제 비디오/소프트웨어

pitch
[pitʃ]

명 1 음높이 2 권유, 홍보
an aggressive salesman with a fast-talking sales pitch
빠르게 말하며 판매 권유를 하는 공격적인 영업사원
Ultrasonic waves are at a higher pitch than the human ear can hear.
초음파는 사람의 귀로 들을 수 있는 것보다 높은 음높이를 하고 있다.

remind
[rimáind]

동 생각나게 하다
reminder 명 생각나게 하는 것
That photo always reminds me of our first date.
저 사진은 늘 우리의 첫 데이트를 생각나게 한다.
Remind me to buy some bread tonight.
오늘 밤에 나한테 빵을 좀 사라고 상기시켜줘.

remote
[rimóut]

형 외딴   = isolated
remotely 부 원격으로
a fire in a remote mountain area 외진 산악 지역의 화재
comments remote from the truth 진실과는 거리가 먼 코멘트

remove
[rimú:v]

동 1 옮기다 2 제거하다   = take off
remove soldiers to the front 군인들을 전진배치하다
remove social inequality 사회적 불평등을 없애다

Quiz 2 There are plenty of wipes, creams, and sprays on store shelves that promise to <remove / reproduce> germs without the addition of running water.   2010 고2학평

renew
[rinjú:]

동 다시 새롭게 하다   = revive
renewal 명 갱신
renew a license 면허를 갱신하다
I need to renew my passport this year.
나는 올해 여권을 갱신해야 한다.

renowned
[rináund]

형 유명한   = prominent
a restaurant renowned for its wine list
와인 목록으로 유명한 레스토랑
lectures by renowned industry figures
산업의 저명한 인사가 하는 강연

sprint
[sprint]

동 전속력으로 달리다 명 단거리 경주
sprinter 명 단거리 주자
the 100 metre sprint 100미터 전력질주
The bicycle racers sprinted for the finish line.
자전거 주자들은 결승선으로 전속력으로 달렸다.

혼동어휘 splinter 동 쪼개지다
The board splintered under their weight.
판자가 그들의 무게에 눌려 쪼개졌다.

sprout
[spraut]

동 발아하다, 발육하다
seeds sprouting in the spring 봄에 발아하는 씨앗들
The tree is already sprouting leaves.
그 나무는 벌써 잎을 틔우고 있다.

spur
[spə:r]

동 자극하다 명 박차 = prod, boost
spur the horse 말에 박차를 가하다
The reward spurred him to work harder.
그 상은 그가 더 열심히 일하도록 자극했다.

squad
[skwad]

명 팀, 분대 = army
squad car 경찰순찰차
The cleaning squad usually arrives after regular business hours.
청소 팀은 보통 정규 업무 시간 후에 도착한다.

squash
[skwaʃ]

동 1 짓누르다 2 (의견을) 묵살하다
He squashed his nose against the window.
그는 창문에 자기의 코를 밀착시켰다.
The boss squashed my idea immediately.
사장은 내 아이디어를 곧바로 묵살했다.

stack
[stæk]

명 많음 = abundance
a stack of papers 쌓아 올린 종이
He had arranged the letters in stacks.
그는 편지를 뭉치로 정리했다.

stain
[stein]

명 얼룩 동 얼룩지게 하다
stained 형 얼룩진
a conscience stained with guilt 죄로 얼룩진 양심
There's a juice stain on the floor.
바닥에 주스 얼룩이 있다.

subdivide
[sÀbdiváid]

동 다시 나누다, 세분하다
be subdivided into types on the basis of texture
결에 따른 유형으로 다시 나뉘다
The house is being subdivided into several apartments.
그 집은 여러 방으로 세분화되고 있다.

Quiz 3 Direct involvement of citizens was what had made the American Revolution possible and given the new republic vitality and hope for the future. Without that involvement, the republic would die. Eventually, he saw a need for the nation to be <blended / subdivided> into "ward"-political units so small that everyone living there could participate directly in the political process. 2017 모평

unfit
[Ànfít]

형 부적당한, 어울리지 않는
be unfit for human consumption 인간이 섭취하기에는 부적합하다
He is unfit for the job.
그는 그 일에 적임자가 아니다.

unfold
[Ànfóuld]

동 전개되다, 진행되다 = unfurl
as the story unfolds 이야기가 전개됨에 따라
We'll have more news as events unfold.
사건이 진행 됨에 따라 우리는 더 많은 소식을 접할 것이다.

unforgettable
[Ànfərgétəbəl]

형 잊을 수 없는 = memorable
unforgettable adventure 잊을 수 없는 모험
a truly unforgettable experience 정말 잊을 수 없는 경험

unhindered
[Ànhíndərd]

형 방해받지 않은
have unhindered access to the files
그 파일에 제약 없는 접근권이 있다
regions of Earth where natural processes are unhindered
자연의 과정이 방해를 받지 않는 지구에서의 지역

uniform
[júːnəfɔ̀ːrm]

명 제복, 유니폼 형 획일적인 = unchanging
school uniform 교복
All departments have uniform training standards.
전부서가 동일한 연수 기준을 가지고 있다.

접두어 uni- '하나의'라는 의미를 갖는다.
unique 독특한, 유일한 / union 연합, 동맹 / unidirectional 한 쪽에만 작용하는

unsustainable
[ʌnsəstéinəbəl]

형 지속가능하지 않은
unsustainable **economic growth** 지속가능하지 않은 경제 성장
This level of spending is unsustainable.
이 수준의 지출은 계속 유지할 수 없다.

upset
[ʌpsét]

동 화나게 하다 = agitate ↔ soothe 달래다, 누그러뜨리다
That remark you made really upset me.
네가 한 그 말이 나를 정말 화나게 했다.

Don't do anything that would upset her.
그녀를 화나게 할 만한 것은 아무것도 하지 마.

utensil
[juːténsəl]

명 (부엌) 용품, 기구 = device, instrument
writing utensils 필기 용품
wooden cooking utensils 나무로 된 요리기구

vertical
[vɔ́ːrtikəl]

형 수직의 = upright
a shirt with vertical **stripes** 수직 줄무늬가 있는 셔츠
the vertical **axis of a graph** 그래프의 수직 축

Quiz 정답

1　agreed, 간디는 힌두교와 이슬람교의 전쟁에 항의하기 위해 1948년 1월 13일에 단식을 시작했다. 5일 뒤에 인도와 파키스탄의 지도자들이 평화에 합의하였고, 간디는 단식을 그만 두었다.

2　remove, 수돗물을 추가로 사용하지 않고도 세균을 제거한다고 보장하는 많은 물티슈, 크림, 그리고 스프레이들이 상점의 선반에 있다.

3　subdivided, 시민의 직접 참여는 미국의 혁명을 가능하게 했고 새 공화국에 미래에 대한 활력과 희망을 줬다. 그런 참여가 없다면 그 공화국은 생존하지 못했을 것이다. 결국 그는 그 나라가 거기에 사는 사람들이 정치 과정에 직접 참여할 수 있는 '구'라는 아주 작은 정치 단위로 세분화 될 필요성을 깨달았다.

A 우리말은 영어로, 영어는 우리말로 쓰시오.

1. 기둥 _____
2. 농업의 _____
3. 외딴 _____
4. 방해받지 않은 _____
5. 잊을 수 없는 _____
6. 비겁한 _____
7. 상호의 _____
8. 팀, 분대 _____
9. 부적당한, 어울리지 않는 _____
10. 합의, 계약 _____

11. carry _____
12. dictate _____
13. dictatorship _____
14. extreme _____
15. naive _____
16. renew _____
17. differentiate _____
18. aimless _____
19. carton _____
20. renowned _____

B 빈칸에 알맞은 말을 고르시오.

| unfit | carved | sprouting | squashed |

1. The boss _____ my idea immediately.
2. The tree is already _____ leaves.
3. He _____ an ice sculpture.
4. He is _____ for the job.

C 괄호 안에서 문맥에 맞는 말을 고르시오.

1. It's hard at first to <confuse / differentiate> between the two styles of music.
2. The bicycle racers <splintered / sprinted> for the finish line.
3. Ultrasonic waves are at a higher <patch / pitch> than the human ear can hear.
4. There was a dark red <stain / strain> on the carpet.

aisle
[ail]

명 복도
walk along the aisle 복도를 따라 걷다
an aisle **seat** 통로 쪽 좌석

alert
[ələ́:rt]

동 알리다, 경보를 발하다 형 기민한
alert **the public to the dangers of pesticides**
대중에게 살충제의 위험에 대해 알리다
An alert reader noticed the error in grammar.
한 기민한 독자가 문법 오류를 알아챘다.

align
[əláin]

동 정렬하다
alignment 명 정렬, 배열
be properly aligned 제대로 정렬해 있다
The text aligns with the bottom of the picture.
글자가 그림 밑에 정렬해 있다.

allergic
[ələ́:rdʒik]

형 알레르기가 있는
allergy 명 알레르기
an allergic **reaction** 알레르기 반응
She is allergic to pollen.
그녀는 꽃가루 알레르기가 있다.

appearance
[əpíərəns]

명 1 나타남 2 외모
the appearance **of buds on the trees** 나무에 생긴 새로 생긴 싹
The general appearance of the house is quite good.
그 집의 외관은 대체로 매우 좋다.

Quiz 1 Researchers have begun to use satellite data to observe the environmental conditions that lead to disease. "We could predict conditions that would result in the <appearance / disappearance> of cholera, malaria, and even avian flu," says an expert. 2010 고3학평

catch
[kætʃ]

동 잡다, 타다, 목격하다 (caught, caught)
catch **on** 유행하다
catch **up to** ~을 따라잡다
catch **a plane to New York** 뉴욕행 비행기를 타다
I caught her reading my private letters.
나는 그녀가 내 개인 편지를 읽는 것을 목격했다.

category
[kǽtəgɔ:ri]

몡 부문, 범주　= class, division
categorize 통 분류하다
The cars belong to the same category.
그 차들은 같은 범주에 속한다.
Taxpayers fall into one of several categories.
납세자들은 여러 범주 중 하나로 분류된다.

cause
[kɔ:z]

몡 원인　= reason　↔ aftermath 여파
cause-and-effect relationship 인과관계
She is the cause of all their problems.
그녀가 그들의 모든 문제의 원인이다.

Quiz 2　I had the habit of telling my sons what they wanted to hear in the moment and making a promise in order to <avoid / cause> a fight.
2014 고1학평

---

caution
[kɔ́:ʃən]

몡 경고, 조심 통 주의를 주다
cautious 혱 조심스러운　cautiously 倖 조심스럽게
drive with extreme caution 각별히 조심해서 운전하다
They cautioned us to avoid the street at night.
그들은 우리에게 밤에는 거리에 나가지 말라고 경고했다.

crash
[kræʃ]

몡 추락[충돌]사고 통 부딪히다, 들이받다
a head-on crash between two trains 두 기차의 정면충돌 사고
She crashed the car into a tree.
그녀는 차를 나무에 들이받았다.

crawl
[krɔ:l]

몡 서행 통 (엎드려) 기다
The traffic had slowed to a crawl.
교통이 느려져 기어가듯 서행했다.
The baby crawled across the floor.
아기가 바닥에서 기어갔다.

creak
[kri:k]

통 삐걱거리다　= grind
creakingly 倖 굉장히
The old floorboards creaked under our feet.
낡은 마룻바닥이 발밑에서 삐걱거렸다.
The door creaked open.
문이 삐걱거리며 열렸다.

digestion
[didʒésʧən]

몡 소화
dgeht 통 소화하다
an enzyme that aids in the digestion of protein
단백질 소화를 돕는 효소
suffer from poor digestion 소화가 잘 안 돼서 고생하다

dignity
[dígnəti]

명 위엄, 존엄, 기품
dignitary 형 존엄한
cherish freedom and human dignity
자유와 인간의 존엄성을 소중히 여기다
The ceremony was conducted with great dignity.
그 의식은 매우 기품 있게 거행되었다.

dilemma
[dilémə]

명 진퇴양난, 딜레마 = catch-22
dilemmatic 형 진퇴양난이 된
the dilemma of "liberty versus order" '자유와 질서'라는 딜레마
This placed him in a dilemma.
이것은 그를 딜레마에 빠트렸다.

dimension
[diménʃən]

명 차원 = aspect
the moral dimension of world politics 세계 정치의 도덕적 차원
The social dimensions of the problem must also be taken into account.
그 문제의 사회적 측면도 고려되어야 한다.

fabric
[fǽbrik]

명 구조, 직물
the fabric of society 사회의 구조
The curtains are made of expensive fabric.
그 커튼은 비싼 직물로 만들어졌다.

fabulous
[fǽbjuləs]

형 매우 좋은, 멋진
fabulously 부 엄청나게
have a fabulous time 멋진 시간을 보내다
The weather has been fabulous.
날씨가 아주 좋았다.

face
[feis]

동 향하다, 마주보다 = look toward
face the biggest challenge 가장 큰 난관을 맞이하다
He turned around to face the window.
그는 창문을 마주보도록 돌아섰다.

facility
[fəsíləti]

명 시설, 설비 = establishment
All rooms have private facilities.
모든 방은 개인 설비를 갖추고 있다.
The facilities are at the end of the corridor.
그 시설은 복도 끝에 있다.

factor
[fǽktər]

명 요인
a major factor in the company's failure
그 회사가 망한 주요인
The rise in crime is mainly due to economic factors.
범죄의 증가는 주로 경제적 요인들 때문이다.

growth
[grouθ]

평 증가, 성장 ↔ regress 퇴보
grow 통 성장하다
the growth rate of labor productivity 노동 생산성 증가율
The country has undergone explosive growth in recent years.
그 나라는 최근 몇 해 동안 폭발적인 성장을 겪었다.

gymnastics
[dʒimnǽstiks]

평 체조, 체육
a gymnastics competition 체조 대회
Gymnastics is very popular in my school.
체육은 우리 학교에서 인기가 매우 많다.

narration
[næréiʃən]

평 이야기, 서술, 내레이션   = narrative
narrate 통 이야기하다
an actor who does narrations for documentaries
다큐멘터리 내레이션을 하는 배우
The novel uses first-person narration.
그 소설은 1인칭 서술을 사용한다.

native
[néitiv]

형 1 토착의 2 타고난
native plant 토착식물
He has a native ability to learn quickly.
그는 빨리 배우는 능력을 타고났다.

> **어근 nat**   '탄생'의 의미를 갖는다.
> na**t**ure 자연 / na**t**ion 국가, 민족 / inna**t**e 타고난

navigate
[nǽvəgèit]

통 길을 찾다   = pilot
navigation 평 항해, 비행
In the past, sailors navigated by the stars.
과거에 선원들은 별을 이용해 항해했다.
GPS helps you navigate while driving.
GPS는 당신이 운전할 때 길 찾는 것을 돕는다.

pity
[píti]

평 연민, 안타까움   = shame
pitiful 형 불쌍한
I felt deep pity for the lost dog.
나는 잃어버린 개에 대해 깊은 연민을 느꼈다.
It's a pity that he didn't accept the job.
그가 그 일자리 제안을 수락하지 않았다니 안타깝다.

plain
[plein]

[통] 1 쉬운, 평이한 2 명백한
plainness [명] 명백, 솔직
translate technical terms into plain English
전문 용어를 쉬운 영어로 번역하다
She has made her feelings plain enough.
그녀는 자신의 감정을 충분히 분명하게 했다.

platform
[plǽtfɔːrm]

[명] 발판, 승강장
board on platform 6 6번 승강장에서 탑승하다
He stepped off the train onto the platform.
그는 열차에서 나와 승강장으로 내려왔다.

playful
[pléifl]

[형] 명랑한, 농담의, 장난기 많은 = sportful
↔ sober 엄숙한
playfully [부] 쾌활하게
a playful kitten 장난기 많은 새끼 고양이
He had a playful expression on his face.
그는 얼굴에 장난스러운 표정을 하고 있었다.

playmate
[pléimèit]

[명] 놀이친구
an old playmate 죽마고우
He was my playmate and best friend.
그는 나의 놀이친구이자 단짝 친구였다.

reorganize
[riːɔ́ːrgənàiz]

[통] 재정비하다
reorganization [명] 개편
reorganize the files according to the new system
새 체제에 맞춰 파일들을 다시 정리하다
The company was reorganized after it went bankrupt.
그 회사는 파산 후 재정비되었다.

repair
[ripéər]

[통] 수리[수선]하다 [명] 수리
repairperson [명] 수리공
repair a shoe 구두를 수선하다
be in need of repair 수리를 해야 하는 상태이다

repertoire
[répərtwàːr]

[명] 목록, 레퍼토리 = inventory, stock
a wide repertoire of songs 광범위한 노래 목록
The band's repertoire includes both classic and modern jazz.
그 밴드의 레퍼토리는 클래식과 현대 재즈가 모두 포함한다.

replace
[ripléis]

[동] 교체하다, 대체하다
replacement [명] 교체
replace a worn carpet 낡은 카펫을 교체하다
They replaced the permanent staff with part-timers.
그들은 정규직 직원들을 시간제 직원들로 대체했다.

Quiz 3 While the eye sees the surface, the ear tends to penetrate below the surface. Joachim-Ernst Berendt points out that the ear is the only sense that <fuses / replaces> an ability to measure with an ability to judge. We can discern different colors, but we can give a precise number to different sounds. Our eyes do not let us perceive with this kind of precision. 2015 수능

represent
[rèprizént]

[동] 표현하다, 나타내다, 대표하다
representation [명] 표현, 묘사   representative [명] 대표자
represent the company at the conference
협의회에서 회사를 대표하다
Green areas represent forests on the map.
지도 위의 초록색 지역은 숲을 나타낸다.

stiffen
[stífən]

[동] 경직되다   = harden
stiff [형] 굳은
The dogs stiffened in alarm. 경보음에 개가 경직되었다.
Her legs started to shake and she felt her body stiffen.
그녀의 다리는 후들거리기 시작했고 그녀는 자신의 몸이 경직되는 것을 느꼈다.

still
[stil]

[형] 잔잔한, 움직이지 않는   = calm, tranquil
stillness [명] 평온함
the still waters of the lake 호수의 잔잔한 물
The cat twitched slightly, and then was still.
고양이가 약간 실룩거리더니 다시 가만히 있었다.

stimulate
[stímjulèit]

[동] 자극하다, 촉진하다
stimulus [명] 자극   pl. stimuli
stimulate the growth of muscle tissue 근섬유 발달을 자극하다
A raise in employee wages stimulated production.
직원 급여 인상이 생산을 촉진했다.

Quiz 4 Other vitamins, especially Vitamins A and D, <accumulate / stimulate> in the body and can cause damage if taken in extremely high amounts over a period of time. 2011 고2학평

stink
[stiŋk]

§ 심한[역한] 냄새가 나다 (stank, stunk)

Her breath stank of alcohol.
그녀의 입에서 술 냄새가 났다.

The garbage stinks.
쓰레기가 악취를 풍긴다.

vacuum
[vǽkjuəm]

® 진공, 공백

the vacuum of outer space 바깥 우주의 진공
a political vacuum 정치적 공백

A 우리말은 영어로, 영어는 우리말로 쓰시오.

1. 소화	_____	11. replace	_____
2. 정렬하다	_____	12. stiffen	_____
3. 원인	_____	13. creak	_____
4. 구조, 직물	_____	14. stimulate	_____
5. 증가, 성장	_____	15. playmate	_____
6. 길을 찾다	_____	16. facility	_____
7. 연민, 안타까움	_____	17. dignity	_____
8. 향하다, 마주보다	_____	18. dimension	_____
9. 알레르기가 있는	_____	19. narration	_____
10. 복도	_____	20. factor	_____

B 빈칸에 알맞은 말을 고르시오.

alert   fabulous   crawl   caught

1. The traffic had slowed to a _____.
2. An _____ reader noticed the error in grammar.
3. I _____ her reading my private letters.
4. The weather has been _____.

C 괄호 안에서 문맥에 맞는 말을 고르시오.

1. He has a <artificial / native> ability to learn quickly.
2. He <cautioned / offered> them to avoid the forest at night.
3. This picture <reorganizes / represents> a country scene.
4. The general <appearance / appreciation> of the house is quite good.

DAY 14

allow
[əláu]

동 허락하다　= permit　↔ ban 금하다
allow an hour for lunch 점심시간으로 1시간을 허락하다
They don't allow smoking in this hotel.
이 호텔은 흡연을 허용하지 않는다.

> **Quiz 1** At work you may \<allow / forbid\> a complaining coworker to keep
> stealing your energy to avoid conflict—ending up hating your job.
> 2015 고2학평

alongside
[əlɔ́ːŋsáid]

형 ~ 옆에, ~와 나란히
a guard with a prisoner alongside 죄수와 나란히 있는 간수
We waited for the other boat to come alongside.
우리는 다른 보트가 옆으로 오기를 기다렸다.

alter
[ɔ́ːltər]

동 바꾸다, 변하다　= change　↔ fix 고정하다
altered 형 변경된　alteration 명 변화, 개조
alter the course of history 역사의 흐름을 바꿔놓다
Alcohol can alter a person's mood.
술은 사람의 기분을 바꿀 수 있다.

altitude
[ǽltətjùːd]

명 고도　= height
the air temperature at different altitudes 다른 고도에서의 기온
Their knowledge of the deadly effects of extreme altitude
was limited and their equipment was poor.
극한의 고도가 가지는 영향력에 대한 그들의 지식은 제한적이었고 그들의 장비는
부족했다.

altogether
[ɔ́ːltəgéðər]

부 완전히, 전적으로　= by and large
an old custom that has vanished altogether
완전히 사라진 낡은 관습
In Korea, the situation is altogether different.
한국에서 그 상황은 완전히 다르다.

cavern
[kǽvərn]

명 동굴　= cave
explore a cavern 동굴을 탐험하다
There is a deep cavern on the island.
그 섬에는 깊숙한 동굴이 하나 있다.

cellular
[séljulər]

형 1 세포의 2 셀 방식의
cellular structure 세포 조직
cellular phone (셀 방식의) 휴대 전화

central
[séntrəl]

형 중심의
centrality 명 중요성, 중심임
central **heating** 중앙난방
He lives in central Seoul.
그는 서울 중심부에 살고 있다.

creation
[kriéiʃən]

명 창조, 창조물
creative 형 창조적인   creator 명 창조자
creature 명 생물, 창조물
the creation **of 800 new jobs** 800개의 새 일자리 창출
How are humans different from the rest of creation?
인간은 다른 창조물들과 어떻게 다른가?

credible
[krédəbl]

형 믿을 수 있는
credibility 명 신뢰성
give a credible explanation 믿을 만한 설명을 하다
His excuse was barely credible.
그의 변명은 거의 믿을 수 없었다.

credit
[krédit]

명 1 융자금 2 자랑거리 3 학점
banks that extend credit **to the public**
대중들에게 융자금을 늘리는 은행들
You are a credit to your school.
여러분은 여러분 학교의 자랑거리입니다.
I don't have enough credits to graduate.
나는 졸업 학점이 부족하다.

dip
[dip]

동 1 적시다 2 가라앉다   = submerge   ↔ arise 올라오다
He dipped his hand in the water.
그는 물에 손을 적셨다.
The sun dipped below the horizon.
태양이 수평선 아래로 떨어졌다.

diploma
[diplóumə]

명 졸업장, 수료증
high school diploma 고등학교 졸업장
I'm hoping to get my teaching diploma this year.
나는 올해 교직 수료증을 받기를 희망하고 있다.

direct
[dirékt]

동 1 가리키다 2 지시하다, 감독하다
direction 명 방향   directly 부 직접적으로
signs directing **us to the entrance**
우리에게 입구를 가리키는 신호들
direct **a movie** 영화를 감독하다

factual
[fǽktʃuəl]

형 사실에 입각한, 사실의 = objective ↔ fictional 허구의
fact 명 사실
a report filled with factual errors 실제와 다른 오류로 가득한 보고서
That statement is not factual.
그 진술은 사실과 다르다.

faculty
[fǽkəlti]

명 교직원, 교수진
a meeting with students and faculty 학생과 교수진 간의 회의
The school hired more faculty.
그 학교는 교직원들을 더 채용했다.

fade
[feid]

동 희미해지다, 시들다
faded 형 색이바랜
fading flowers 시들어가는 꽃
The smile faded from his face.
그의 얼굴에서 미소가 희미해졌다.

fail
[feil]

동 실패하다, 낙제시키다
failure 명 실패
He failed the test.
그는 그 시험에 낙방했다.
My teacher failed me.
선생님은 나를 낙제시켰다.

Quiz 2 If you place in a bottle half a dozen bees and the same number of flies, and lay the bottle down horizontally, with its base to the window, you will find that the bees will continue their endeavor to look for an exit through the glass till they die of exhaustion; while the flies will soon escape the bottle through the neck on the opposite side. It is the bees' love of light, it is their very intelligence, that causes their <success / failure> in this experiment. 2013 고2학평

---

habitat
[hǽbitæt]

명 서식지
an important habitat for many wild flowers
많은 야생화들의 중요 서식지
reproduce the natural habitats 자연 서식지를 복제하다

hand
[hænd]

동 건네다 = deliver ↔ withhold 쥐고 있다
hand in ~을 제출하다 hand out 나눠주다
This form must be handed to all employees.
이 문서는 직원 모두에게 전달되어야 한다.
The clerk handed her the receipt.
점원이 그녀에게 영수증을 건넸다.

---

handy
[hǽndi]

형 유용한, 편리한
a handy tool 유용한 도구
Film is not handy to study.
영화는 연구하기에 편리하지가 않다.

knowledgeable
[nάlidʒəbl]

형 학식이 있는, 지식이 있는
knowledgeable historians 학식이 있는 역사학자들
He's fairly knowledgeable about wine.
그는 와인에 대해 매우 박식하다.

necessarily
[nèsəsérəli]

부 반드시　= inevitably
necessarily result in 반드시 ~로 끝나다
That is not necessarily true.
그것이 반드시 사실은 아니다.

needy
[ní:di]

형 가난한　= broke　↔ affluent 풍족한
emotionally needy 정서적으로 가난한
As a child, he was extremely needy and had no self-confidence.
어릴 때 그는 매우 가난했고 자신감도 없었다.

negative
[négətiv]

형 부정적인　= adversary　↔ hospitable 호의적인
receive a negative answer 부정적인 대답을 듣다
The feedback about the new product was all negative.
새 상품에 대한 답변은 모두 부정적이었다.

please
[pli:z]

동 기쁘게 하다, 기뻐하다　= satisfy
pleasurable 형 즐거운, 유쾌한
They're very hard to please.
그들은 기분 맞춰주기가 힘들다.
Do as you please.
당신 좋을 대로 하시오.

plentiful
[pléntifəl]

형 풍부한　= abundant
a plentiful source of vitamins 풍부한 비타민의 원천
Natural gas is a plentiful resource.
천연가스는 풍부한 자원이다.

plot
[plat]

명 1 음모, 계략 2 줄거리, 구성 3 작은 구획의 땅
plotter 명 음모자
a vegetable plot 채소 텃밭
The movie has a weak plot.
그 영화는 구성이 부실하다.

Quiz 3 There are plenty of wipes, creams, and sprays on store shelves that promise to <remove / reproduce> germs without the addition of running water. 2010 고2학평

reproduce
[rì:prədjú:s]

동 다시 만들다
reproduction 명 재생산
Salmon return to the stream to reproduce offspring.
연어는 자손을 번식하려고 여울로 돌아온다.
Sound-effects can reproduce the sound of thunder.
음향 효과로 천둥소리를 되살릴 수 있다.

reputation
[rèpjutéiʃən]

명 명성, 평판   = fame
have the reputation of being clever 똑똑하다는 평판을 가지고 있다
Poor customer service has ruined the company's reputation.
불친절한 고객 응대가 그 회사의 명성을 손상했다.

request
[rikwést]

동 요청하다 명 요청   = inquire
require 동 요구하다
request a letter of reference 추천서를 요청하다]
He filed a formal request for more information.
그는 정식으로 추가 정보 요청서를 제출했다.

rescue
[réskju:]

동 구조하다 명 구조   = save
rescue a beached whale 해변으로 밀려온 고래를 구조하다
Rescue workers arrived at the scene four hours later.
구조대원들이 현장에 4시간 늦게 도착했다.

Quiz 4 An impractical white scarf might be pulled out of a donation bag at the last minute because of the promise of elegance it once held for its owner. And a ripped T-shirt might be <rescued / forgotten> from the dust rag bin long after the name of the rock band once written across it has faded. 2012 수능

stalk
[stɔ:k]

명 줄기 동 살금살금 먹잇감을 쫓다
flowers on long stalks 긴 줄기에 핀 꽃
A cat stalked the bird.
고양이가 새에게 몰래 접근해갔다.

stance
[stæns]

명 태도, 입장   = attitude
take an antiwar stance 전쟁에 반대하는 입장을 취하다
What is your stance on environmental issues?
환경 문제에 관한 당신은 입장은 무엇인가?

standpoint
[stǽndpɔ̀int]

명 관점, 입장 = viewpoint, perspective
from an economic standpoint 경제적 관점에서 보면
I never thought about it from that standpoint before.
나는 그것을 그 관점에서 바라본 적이 없었다.

starve
[sta:rv]

동 굶주리다
starvation 명 굶주림
provide food for starving **children**
굶주리는 아이들에게 음식을 제공하다
Without food they would starve.
음식이 없으면 그들은 굶어죽을 것이다.

state
[steit]

동 진술하다
statement 명 주장, 발언
state **the facts of the case** 그 사건의 진실을 진술하다
Please state the purpose of your visit.
당신의 방문 목적을 진술해 주세요.

stationary
[stéiʃənèri]

형 정지된 = immobile, static
a stationary **population** 비유동적 인구
The weather front has remained stationary over the Southeast.
기후 전선이 남동부 쪽에 머물러 있었다.

혼동어휘 **stationery** 명 문구류
We ordered some office stationery from the Internet.
우리는 인터넷으로 사무용품을 좀 주문했다.

status
[stéitəs]

명 지위, 신분 = posture
people of different social and economic statuses
사회적 경제적 지위가 다른 사람들
He wants to improve his status in the company.
그는 회사에서 자신의 지위를 향상시키고 싶어 한다.

steady
[stédi]

형 꾸준한, 견고한 = constant
steadiness 명 불변
a steady **increase** 꾸준한 증가
He used a tripod to keep the camera steady.
그는 카메라를 견고하게 유지시키려고 삼각대를 사용했다.

tasty
[téisti]

형 맛있는 = delicious
a tasty **dessert** 맛있는 디저트
cheap and tasty **food** 싸고 맛있는 음식

temperature
[témpərətʃər]

명 온도

the normal body temperature **of 36.5°C** 정상 체온 섭씨 36.5도

Water boils at a temperature of 100 °C.
물은 섭씨 100도에 끓는다.

variation
[vὲəriéiʃən]

명 변화, 차이

vary 동 다양하다

variation **of weather** 날씨의 변화

There was a great deal of variation among the responses.
반응들 중에는 큰 차이가 있었다.

A 우리말은 영어로, 영어는 우리말로 쓰시오.

1. 믿을 수 있는	_____	11. cavern	_____
2. 졸업장, 수료증	_____	12. plentiful	_____
3. 서식지	_____	13. reputation	_____
4. 부정적인	_____	14. necessarily	_____
5. 바꾸다, 변하다	_____	15. stance	_____
6. 건네다	_____	16. altitude	_____
7. 관점, 입장	_____	17. needy	_____
8. 지위, 신분	_____	18. starve	_____
9. 희미해지다, 시들다	_____	19. handy	_____
10. 허락하다	_____	20. central	_____

B 빈칸에 알맞은 말을 고르시오.

factual	credit	dipped	failed

1. The sun _____ below the horizon.
2. The school hired more _____.
3. You are a _____ to your school.
4. I _____ the test.

C 괄호 안에서 문맥에 맞는 말을 고르시오.

1. The weather front has remained <stationary / stationery> over the Southeast.
2. <Escape / Rescue> workers arrived at the scene four hours later.
3. He's fairly <acknowledgeable / knowledgeable> about wine.
4. If we don't do something now, the forests may disappear <altogether / together>.

DAY 15

ambitious
[æmbíʃəs]

형 야심 있는　= aspiring
ambition 명 야망
ambitious **for power** 권력에 야심이 있는
Your plans for the future are very ambitious.
미래에 대한 너의 계획은 매우 야심차다.

amplify
[æmpləfài]

동 증폭하다　= expand
amplifier 명 증폭기
amplify **a weak radio signal** 약한 전파 신호를 증폭하다
amplify **the volume** 음량을 증폭시키다

amusing
[əmjúːziŋ]

형 재미있는　= entertaining
amusement 명 즐거움
a highly amusing **film** 매우 재미있는 영화
It was amusing to hear her tell the story.
그녀가 이야기 하는 것을 듣는 것은 재미있었다.

analyze
[ǽnəlàiz]

동 분석하다　= anatomize
analysis 명 분석
analyze **the results of the study** 연구 결과를 분석하다
The data was recorded and analyzed by computer.
데이터는 저장된 후 컴퓨터로 분석된다.

Quiz 1 Finding good prices for travel is so complicated. That is because airlines have complex formulas for inventory management so they can <maximize / analyze> profits by filling planes. 2008 고3학평

---

anchor
[ǽŋkər]

명 닻 동 정박하다
be anchored in ~ 에 단단히 기반을 두다
drop anchor 닻을 내리다
The ship anchored in the bay.
그 배는 만에 정박했다.

ceremony
[sérəmòuni]

명 격식, 의식　= rite, ritual
ceremonial 명 의례상의
the marriage ceremony 결혼식
a graduation ceremony 졸업식

---

certainty
[sə́:rtnti]

명 확실성 = assurance ↔ doubt 의심
certain 형 확신하는
know with absolute certainty 완전한 확신을 가지고 알다
We cannot predict the outcome with absolute certainty.
우리는 완전한 확실성을 가지고 그 결과를 예측할 수는 없다.

challenge
[ʧǽlindʒ]

명 문제, 난관 동 의문을 제기하다
challenging 형 도전적인, 어려운
Teaching adolescents can be quite a challenge.
청소년을 가르치는 것은 매우 어려운 일일 수 있다.

A number of scientists are challenging the study's claims.
많은 과학자들이 그 연구의 주장에 의문을 제기하고 있다.

chance
[ʧæns]

명 기회, 가능성
by chance 우연히
This is the chance of a lifetime!
이것은 일생의 기회이다!

There is little chance of his being found alive.
그가 생존한 채로 발견될 가능성은 희박하다.

creep
[kri:p]

동 기다 (−crept −crept) = inch, worm
creepy 형 섬뜩한, 기는
a caterpillar creeping **down my arm** 내 팔뚝에 기어가는 애벌레
I saw him creeping down the stairs.
나는 그가 계단을 기어 내려가는 것을 봤다.

critical
[krítikəl]

형 1 비판적인 2 중요한
critically 부 결정적으로   criticism 명 비난   critique 명 비평
critical thinking 비판적인 사고
Foreign trade is of critical importance to the economy.
해외 무역은 그 나라에 매우 중요하다.

disadvantage
[dìsədvǽntidʒ]

명 불리, 약점 = downside ↔ advantage 유리한 점
disadvantageous 형 불리한
be at a disadvantage 불리한 여건에 있다
There are advantages and disadvantages to the new system.
새 시스템에는 장점과 단점이 있다.

Quiz 2 Another good way of relieving tension is a row! The sea is ever so much calmer after a storm. A row has another <advantage / disadvantage>. When tempers are raised, unspoken truths usually come out. They may hurt a bit, especially at the time. Yet, at the end, you know each other a bit better. 2016 고2학평

disagree
[dìsəgríː]

图 일치하지 않다, 반대하다

The two accounts disagree.
두 개의 설명이 상충한다.

She is tolerant of those who disagree with her.
그녀는 자신에게 반대하는 사람들에게 참을성이 있다.

disappear
[dìsəpíər]

图 사라지다

disappearance 圆 사라짐

Her hope quickly disappeared.
그녀의 희망은 빠르게 사라졌다.

The two men disappeared around the corner.
두 남자가 모퉁이 쪽에서 사라졌다.

faint
[feint]

圈 희미한, 약한   = dim, foggy

faintly 團 희미하게

the faint glow of a distant light 멀리서 비치는 희미한 불빛

We heard a faint noise.
우리는 작게 들리는 소음을 들었다.

fair
[fɛər]

圆 전시회, 박람회

an agricultural fair 농산물 전시회

a book fair 책 박람회

fairly
[fέərli]

團 1 공정하게, 적절하게 2 상당히, 꽤

I told the story as fairly as possible.
나는 그 이야기를 가능한 한 공정하게 말했다.

It's a fairly common disease.
그것은 상당히 일반적인 질병이다.

fake
[feik]

圈 가짜의, 위조의 图 조작하다, 속이다

a fake ID card 위조 신분증

The researcher faked the lab results.
그 과학자는 실험실 연구 결과를 조작했다.

hardly
[háːrdli]

團 거의 ~않다

can hardly believe 거의 믿을 수 없다

It hardly matters what you think.
너의 생각은 전혀 중요치 않다.

hardship
[háːrdʃip]

圆 고난, 역경   = adversity

endure the hardships of life 인생의 역경을 견뎌내다

achieve remarkable feats in spite of many hardships
많은 역경에도 불구하고 뛰어난 업적을 달성하다

Quiz 3 The great <hardness / hardship> of a diamond makes it one of the most important industrial materials known. **2007 수능**

harsh
[haːrʃ]

형 모진, 혹독한 = bitter
harshly 부 혹독하게
be exposed to the harsh realities of life 혹독한 인생에 노출되다
The climate there is very harsh.
그곳의 기후는 매우 혹독하다

harvest
[háːrvist]

명 수확, 추수 = crop
good/poor harvest 풍작/흉작
They prayed for a bountiful harvest.
그들은 풍성한 수확을 기원했다.

label
[léibəl]

명 표시, 라벨 동 ~ 에 표시를 하다
read the warning label 경고 라벨을 읽다
She labels her photographs with the date and place they were taken.
그녀는 그녀의 사진들에 사진이 찍힌 날짜와 장소를 표시한다.

labor
[léibər]

명 노동 = chore ↔ fun 놀이
laborious 형 고된
The cost of repairing the car includes parts and labor.
그 차의 수리비용에는 부품과 노동이 포함된다.
A day's labor should get the job done.
하루 노동이면 그 일은 끝날 것이다.

laboratory
[lǽbərətɔ̀ːri]

명 실험실
a laboratory filled with glassware and sophisticated equipment
유리로 된 그릇들과 정교한 장비로 가득한 실험실
experiments conducted in a modern laboratory
현대식 실험실에서 실시된 실험

lack
[læk]

명 부족 동 부족하다
lacking 형 부족한
Her problem is lack of sleep.
그녀의 문제는 수면부족이다.
They lack the basic necessities of life.
그들은 생필품이 부족하다.

Quiz 4 Then what makes it possible for so many people to reach the summit? One important factor is improved weather forecasting. In the past, <lack / presence> of information led expeditions to attempt the summit whenever their team members were ready.

2014 고2학평

neglect
[niglékt]

동 무시하다, 소홀이하다
negligence 명 부주의
a neglected garden 방치된 정원
The building has been neglected for years.
그 건물은 몇 년 동안이나 방치되었다.

negotiate
[nigóuʃièit]

동 협상하다 = bargain
negotiation 명 협상
refuse to negotiate with terrorists
테러리스트들과의 협상을 거부하다
She has good negotiating skills.
그녀는 협상 기술이 좋다.

nerve
[nəːrv]

명 신경
nervous 형 신경의
nerve damage 신경손상
She drank a can of beer to calm her nerves.
그녀는 신경을 진정시키려고 맥주 한 캔을 마셨다.

pointed
[pɔ́intid]

형 예리한, 날카로운, 톡 쏘는
a pointed beard 끝이 뾰족한 턱수염
a pointed remark about my being late
내가 늦은 것에 대해 쏘아붙이는 말

poisonous
[pɔ́izənəs]

형 독이 있는 = venomous
poison 명 독
poisonous substances 독성 물질
Chocolate is poisonous to dogs.
초콜릿은 개에게는 독성이 있다.

pole
[poul]

명 1 막대기, 기둥 2 극
polar 형 극지의
a telephone pole 전봇대
the North/South Pole 북극/남극

policy
[pάləsi]

명 정책, 제도, 방침
government policy on higher education 정부의 고등 교육 정책
What is the store's return policy?
가게의 반품 제도가 어떻게 되죠?

reserve
[rizə́ːrv]

통 예약하다 명 매장량
reservation 명 예약
oil reserves 원유 매장량
We reserved a hotel room.
우리는 호텔방을 예약했다.

Quiz 5 Decades ago, my high school chemistry teacher slowly <reserved / released> hydrogen sulfide from a hidden container he opened just before we entered his classroom. A few minutes after we took our seats and he began his lecture, a foul odor filled the classroom, grabbing our attention. 2010 고3학평

resident
[rézədnt]

명 거주자, 거주민 = dweller
residential 형 주거의
Free admission for Virginia residents!
버지니아 주민은 입장료 무료!
I'm a long-time resident of Pinewood.
저는 Pinewood에 오래 거주했습니다.

resign
[rizáin]

통 체념하다, 사임하다, 물러나다
resignation 명 사임
resign oneself to fate 운명을 체념하다
The magazine's editor resigned after the scandal.
그 잡지사의 편집장은 스캔들 이후 사임했다.

stealthy
[stélθi]

형 비밀의, 살금살금 하는 = shady, sneaky
↔ overt 공공연한
stealth 명 몰래하기, 비밀
hear a stealthy step 살금살금 걷는 발걸음 소리를 듣다
the stealthy movements of the crocodile
살금살금 움직이는 악어의 움직임

steep
[stiːp]

형 가파른, 급격한 = abrupt
steepen 통 가파르게 되다
a steep drop in prices 가격의 급락
The stairs were very steep.
그 계단은 매우 가팔랐다.

steer
[stiər]

통 이끌다, 몰고 가다 = lead, usher
steering 명 조타, 조종
He steered his car carefully into the parking space.
그는 차를 주차 공간으로 조심스럽게 몰고 갔다.

She was steering with only one hand.
그녀는 한손으로만 운전하고 있었다.

stern
[stiər]

〖형〗 **굳센, 엄격한** = harsh ↔ indulgent 너그러운
a stern resolve 굳은 결심
Her mother was stern and meticulous about house cleaning.
그녀의 어머니는 집 청소에 관해 엄격하고 꼼꼼하셨다.

unrelated
[Àriléitid]

〖형〗 **관련 없는**
unrelated incidents 관련 없는 사건들
His illness is unrelated to the accident.
그가 아픈 것은 그 사고와 관련이 없다.

A 우리말은 영어로, 영어는 우리말로 쓰시오.

1. 격식, 의식	_____	11. negotiate	_____
2. 기회, 가능성	_____	12. resident	_____
3. 모진, 혹독한	_____	13. nerve	_____
4. 노동	_____	14. disappear	_____
5. 증폭하다	_____	15. stern	_____
6. 수확, 추수	_____	16. hardly	_____
7. 전시회, 박람회	_____	17. resign	_____
8. 실험실	_____	18. certainty	_____
9. 기다	_____	19. poisonous	_____
10. 야심 있는	_____	20. analyze	_____

B 빈칸에 알맞은 말을 고르시오.

faint	fairly	steep	anchored

1. It's a _____ common disease.
2. We heard a _____ noise.
3. The stairs were very _____.
4. The ship _____ in the bay.

C 괄호 안에서 문맥에 맞는 말을 고르시오.

1. The prison guard <inspected / neglected> his duty.
2. Foreign trade is of <criminal / critical> importance to the economy.
3. He <stared / steered> his car carefully into the parking space.
4. The data was recorded and <analyzed / polarized> by computer.

DAY 16

announce
[ənáuns]

图 알리다, 공표하다, 발표하다 = publicize
announcement 图 공표
announce one's retirement 은퇴를 발표하다
The government announced a cut in taxes.
정부는 세금 감면을 발표했다.

annoyance
[ənɔ́iəns]

图 골칫거리, 짜증스러움
annoying 图 성가신   annoy 图 성가시게 하다
The delay was a minor annoyance.
늦어져서 조금 짜증이 났다.
He expressed annoyance at the slow service.
서비스가 늦는 것에 대해 그가 짜증을 표현했다.

annual
[ǽnjuəl]

图 1년의, 연간의
annually 图 해마다
the average annual air temperature 연간 평균 대기 온도
The annual meeting is in September.
연간 회의는 9월에 있다.

anticipate
[æntísəpèit]

图 기대하다, 예상하다 = expect
anticipation 图 기대, 예상
Jason was eagerly anticipating her arrival.
Jason은 그녀의 도착을 목이 빠지게 기대하고 있었다.
The organizers of the fair anticipate a large crowd.
박람회 주최자들은 대단한 군중을 예상하고 있다.

channel
[tʃǽnl]

图 경로, 통로
open channels of communication 소통의 통로를 열다
existing distribution channels 기존의 유통 경로

chaos
[kéiɑs]

图 혼란 = confusion, disarray ↔ order 질서
be in total chaos 완전히 혼돈상태에 있다
The blackout caused chaos throughout the city.
정전이 도시 전체에 혼돈을 야기했다.

chapel
[tʃǽpəl]

图 예배당
chaplain 图 사제
a college chapel 대학 부속 예배당
They go to chapel every Sunday.
그들은 일요일마다 예배당에 간다.

disapprove
[dìsəprúːv]

동 못마땅해 하다, 반대하다 = decline
↔ allow 허용하다, 찬성하다
disapproval 명 반대
disapprove of diets 다이어트에 반대하다
He married her even though his parents disapproved.
부모님이 반대했는데도 그는 그녀와 결혼했다.

접두어 dis- '반대로 하다,' '~이 없는,' '반대의,' '~이 아닌' 등의 의미를 갖는다.
disbelief 불신 / discomfort 불편 / disconnection 단절

disaster
[dizǽstər]

명 재해, 재난
disastrous 형 비참한, 파괴적인
find a way to avoid disaster 재난을 피할 방법을 찾다
The party was a complete disaster.
파티는 완전히 엉망이었다.

Quiz 1 Anxiety has a damaging effect on mental performance of all kinds. It is in one sense a useful response gone awry - an overly zealous mental preparation for an anticipated threat. But such mental rehearsal is <disastrous / constructive> cognitive static when it becomes trapped in a stale routine that captures attention, intruding on all other attempts to focus elsewhere. 2013 수능

false
[fɔːls]

동 가짜의, 위조의, 틀린
false documents 위조 서류
He registered at the hotel under a false name.
그는 거짓 이름으로 호텔에 등록했다.

fame
[feim]

명 명성 = renown
famous 명 유명한
seek fame and fortune 명성과 부를 추구하다
He gained fame as an actor.
그는 배우로서 명성을 얻었다.

familiarity
[fəmiljǽrəti]

명 친숙함 = intimacy ↔ distance 거리감
familiar 형 친숙한
the easy familiarity of an old friend 오랜 친구의 편안한 친숙함
I miss the familiarity of home.
고향의 친숙함이 그립다.

famine
[fǽmin]

명 기아, 굶주림
The famine affected half the continent.
대륙의 절반이 기아에 허덕였다.

A million people are facing famine.
백만 명의 사람들이 굶주림에 맞닥뜨리고 있다.

haste
[heist]

명 서두름, 급함
hasty 형 성급한
Haste makes waste.
서두르면 망친다.
She left in haste.
그녀는 서둘러 떠났다.

hatch
[hætʃ]

동 부화하다
Seven chicks hatched out.
병아리가 7마리 부화했다.
The eggs take three days to hatch.
이 알들은 부화하는 데 3일 걸린다.

head
[hed]

동 ~로 향하다
head back to the office 사무실로 돌아가다
He headed out early this morning.
그는 오늘 아침 일찍 나갔다.

headquarters
[hédkwɔ̀ːrtərz]

명 본부, 사령부
campaign headquarters 캠페인 본부
the headquarters of the United Nations UN 본부

lag
[læg]

동 뒤처지다
laggard 명 느림보
lag behind the fellow 동료들보다 뒤처지다
Work lagged behind schedule.
일이 일정보다 뒤처졌다.

landfill
[lǽndfil]

명 (쓰레기) 매립지
use landfill to dispose of trash
쓰레기를 처리하기 위해 매립지를 활용하다
Part of the city was built on landfill.
도시의 일부가 매립지 위에 세워졌다.

landslide
[lǽndslaid]

명 산사태
be buried under the landslide 산사태에 묻히다
The earthquake triggered a landslide.
지진이 산사태를 유발했다.

net
[net]

형 궁극적인, 최종적인
net earnings 순 수익
The net profit was up 25% last month.
지난 달 최종 이윤은 25% 상승했다.

nibble
[níbəl]

동 조금씩 물어뜯다, 야금야금 먹다 = peck

waves nibbling the shore 해안을 조금씩 침식하는 파도

They nibbled cheese and crackers.
그들은 치즈와 크래커를 야금야금 뜯어 먹었다.

noble
[nóubəl]

형 귀한, 고귀한, 귀족의 = aristocratic

↔ lower-class 미천한

nobleman 명 귀족

noble blood 귀족 혈통

He was a man of noble character.
그는 고귀한 성품의 남자였다.

혼동어휘 novel 형 새로운, 기발한 명 소설

What a novel idea!
정말 기발한 생각이야!

I like science fiction novels.
나는 공상과학 소설을 좋아한다.

polish
[póuliʃ]

동 다듬다, 손질하다 = buff, burnish

polisher 명 닦는 사람, 광택제

Polish the lenses with a piece of tissue.
휴지 조각으로 렌즈를 닦아라.

He spent the summer polishing his math skills.
그는 여름을 그의 수학 능력을 갈고닦는 데 보냈다.

pollen
[pálən]

명 꽃가루

pollinate 동 수분하다   pollination 명 꽃가루받이, 수분

blow away the pollen 꽃가루를 날리다

Mustard gives tiny yellow flowers full of nectar and pollen.
겨자는 꿀과 꽃가루가 가득한 작고 노란 꽃을 피운다.

pollutant
[pəlúːtənt]

명 오염 물질

pollute 동 오염시키다

industrial pollutants in the lake 호수에 있는 산업 오염 물질

filter the pollutants out of the water 물에서 오염 물질을 걸러내다

pore
[pɔːr]

명 (피부의) 구멍 동 몰두하다

sweat from every pore 찌는 듯이 덥다

I pored over my book.
나는 책을 아주 열심히 읽었다.

resist
[rizíst]

동 저항하다
resistant 형 저항하는   resistance 명 저항
resist temptation 유혹에 저항하다
The offer was hard to resist.
그 제안은 거절하기 어려웠다.

Quiz 2 Over and over the burglar tried to unlock the door, and over and over the owner relocked it. The burglar finally put up his hands in <surrender / resistance> and waited for the police to arrive.   2012 고3학평

resolve
[rizálv]

동 1 다짐하다 2 해결하다
resolution 명 해결
resolve to quit smoking 금연하기로 다짐하다
The brothers finally resolved their conflict.
그 형제들은 마침내 갈등을 해결했다.

resort
[rizɔ́:rt]

동 자주가다, 의지하다 명 휴양지, 자주 가는 곳
last resort 최후의 수단
resort to ~ 에 의지하다
resort to violence 폭력에 의지하다
a ski resort 스키 휴양지

resource
[rí:sɔ:rs]

명 지략, 자원
resourceful 형 자원이 풍부한, 재치 있는
a country rich in natural resources 천연자원이 풍부한 나라
He has considerable inner resources
그는 내적으로 상당한 지략을 가지고 있다

stir
[stə:r]

동 휘젓다, 자극하다
stirless 형 움직이지 않는
stir up mud from the lake bottom 호수 바닥의 진흙을 휘젓다
A good book can stir the imagination.
좋은 책은 상상력을 자극할 수 있다.

stock
[stɑk]

명 재고 동 채우다
stockholder 명 주주
be out of stock 재고가 없다
Our store stocks only the finest goods.
우리 가게에는 최상의 상품만 있습니다.

stomach
[stʌ́mək]

명 위, 복부, 배 = gut, belly
stomachache 명 복통
He has problems with his stomach.
그는 배에 문제가 있다.
He was lying on his stomach.
그는 배를 깔고 엎드려 있었다.

straighten
[stréitn]

동 바로잡다 = unbend
straighten the bent antenna 구부러진 안테나를 펴다
The drooping flowers straightened in the rain.
늘어져있던 꽃들이 비에 빳빳해졌다.

straightforward
[strèitfɔ́:rwərd]

형 바른, 솔직한, 간단한 = direct, plain
straightforwards 부 똑바로
a straightforward account 단도직입적인 설명
He gave a straightforward account of what happened.
그는 무슨 일이 있었는지 솔직하게 말했다.

strategic
[strətí:dʒik]

형 전략적인
strategy 명 전략, 계획
a strategic retreat 전략적 후퇴
Persuasion is the strategic use of language to move an audience.
설득이란 듣는 이들을 감동시키기 위한 언어의 전략적 사용이다.

stream
[stri:m]

명 하천, 시냇물, 흐름
streamline 명 유선형의
a stream of traffic 교통의 흐름
A stream flows through the field.
들에 하천이 하나 흐른다.

strength
[streŋkθ]

명 강점, 힘 = vigor ↔ impotence 무능력
strenghen 동 강화하다
increase upper body strength 상체 힘을 키우다
The strengths and the weaknesses of the book are evident.
그 책의 강점과 약점은 뚜렷하다.

unimpeded
[ʌ̀nimpí:did]

형 방해받지 않는
unimpeded progress 막힘없는 진전
an unimpeded view of the bay 막힘없이 탁 트인 만의 전망

unintentional
[ʌnɪntɛ́nʃənəl]

형 고의가 아닌, 무심코 한

unintentionally 부 무심코
an unintentional omission 무심코 저지른 누락
I'm sure it was unintentional.
그건 분명 고의가 아니었을 것이다.

Quiz 3 Sometimes the giving is <conscious / unintentional>. You give information to Google when you have a public website, whether you intend to or not, and you give aluminum cans to the homeless guy who collects them from the recycling bin, even if that is not what you meant to do. 2012 모평

Quiz 정답

1 disastrous, 걱정은 모든 종류의 정신적인 활동에 해로운 영향을 준다. 그것은 어떤 면에서 실패로 돌아간 유용한 반응 – 예상된 위협에 대한 지나치게 열성적인 정신적 준비이다. 그러나 그러한 정신적 예행연습이 주의력을 빼앗아 다른 곳에 집중하려는 온갖 시도를 방해하는 진부한 일상에 사로잡힐 때, 그것은 파멸적인 인지적 정지상태가 된다

2 surrender, 계속해서 도둑은 문을 열려고 했고, 주인은 계속해서 그것을 다시 잠갔다. 도둑은 마침내 항복하여 두 손을 들고 경찰이 오기를 기다렸다.

3 unintentional, 때때로 주는 것은 무심코 하는 것이다. 여러분이 공공 웹사이트를 가지고 있을 때, 여러분이 의도하든 그렇지 않은 그것은 구글에 정보를 주고 있고, 여러분이 의도하지 않은 일이라 할지라도 재활용품 함에서 알루미늄 깡통을 수집하는 노숙자에게 그것들을 준다.

A 우리말은 영어로, 영어는 우리말로 쓰시오.

1. 서두름, 급함	_____	11. fame	_____
2. 재해, 재난	_____	12. famine	_____
3. ~로 향하다	_____	13. lag	_____
4. 꽃가루	_____	14. polish	_____
5. 골칫거리, 짜증스러움	_____	15. stir	_____
6. 지략, 자원	_____	16. anticipate	_____
7. 방해받지 않는	_____	17. chaos	_____
8. 경로, 통로	_____	18. resist	_____
9. 오염물질	_____	19. hatch	_____
10. 알리다, 공표하다	_____	20. familiarity	_____

B 빈칸에 알맞은 말을 고르시오.

resolved	pored	stocks	landfill

1. I _____ over my book.
2. Part of the city was built on _____.
3. Our store _____ only the finest goods.
4. The brothers finally _____ their conflict.

C 괄호 안에서 문맥에 맞는 말을 고르시오.

1. They <dribbled / nibbled> cheese and crackers.
2. The drooping flowers <softened / straightened> in the rain.
3. He was wearing a <fake / flake> mustache.
4. He married her even though his parents <approved / disapproved>.

antisocial
[æntisóuʃəl]

형 반사회적인, 반사교적인 = detached
↔ friendly 우호적인
antisocial behaviour 반항적인 행동
He's not antisocial, he's just extremely shy.
그는 반사회적인 것이 아니라 심하게 수줍음이 많은 것이다.

anxiety
[æŋzáiəti]

명 불안 = fear, nervousness
anxious 형 걱정스러워하는
growing public anxiety 커져가는 대중의 불안
feel a lot of anxiety 엄청난 불안감을 느끼다

apart
[əpá:rt]

부 따로따로, 떨어져 ↔ together 함께
tell the twins apart 쌍둥이를 따로 구분하다
Their children were born two years apart.
그들의 아이들은 2년 터울이다.

apparatus
[æpəréitəs]

명 도구 = equipment
latest medical apparatus 최신 의료 장비
He fell off a gymnastics apparatus and broke his leg.
그는 체조 도구에서 떨어져 다리가 부러졌다.

character
[kǽriktər]

명 1 등장인물 2 특징
characterize 통 특징짓다 characteristic 명 특징 형 특징적인
the unique character of the town 그 마을을 독특한 특징
Cindy is the most interesting character in the play.
연극에서 Cindy가 가장 흥미로운 등장인물이다.

charge
[tʃɑ:rdʒ]

명 비용, 청구 금액 통 청구하다
be free of charge 무료이다
charge for the engineer's labor
기술자의 노동력에 대해 비용을 청구하다

charity
[tʃǽrəti]

명 자선, 자선 단체
charitable 형 자비로운
accept charity 자선을 받아들이다
raise funds for several charities 여러 자선 단체에 기금을 모으다

discover
[diskʌ́vər]

동 **발견하다** = find out
discovery 명 발견
discover **the solution** 해결책을 발견하다
Several new species of plants have recently been
discovered. 최근에 몇 가지 새로운 식물 종들이 발견되었다.

Quiz 1 It is not always easy to understand just how large or small
something is. For example, can you really imagine how small the
state of Rhode Island is if you are told that it <covers / discovers>
twelve hundred square miles? 2013 고2학평

---

discredit
[diskrédit]

동 **불신하다**
discreditable 형 신용을 떨어뜨리는
discredit **the witness** 증인을 불신하다
No one can really discredit leaders who are the hardest-
working individuals in their organizations.
어느 누구도 조직 내에서 가장 열심히 일하는 지도자를 정말로 불신할 수는 없다.

---

discussion
[diskʌ́ʃən]

명 **토론** = argument
discuss 동 ~에 대해 토론하다
the discussion **of important issues** 중요한 사안들에 대한 토론
I want to have a discussion with him about the matter
soon.
나는 그 문제에 대해 빨리 그와 토론하고 싶다.

---

disengage
[dìsengéidʒ]

동 **자유롭게 하다, 떼다, 풀다** = disentangle, free
slowly disengage **the clutch** 서서히 클러치를 떼다
Disengage the gears when you park the car.
차를 주차할 때는 기어를 풀어라.

---

fancy
[fǽnsi]

형 **값비싼, 고급의** = elaborate
a big, fancy car 크고 멋진 차
She took me to a fancy restaurant.
그녀는 나를 고급 레스토랑으로 데려갔다.

---

fantasize
[fǽntəsàiz]

동 **환상을 가지다** = imagine
fantasize **about buying a boat and sailing around the
world** 보트를 사서 세계를 향해하는 환상을 가지다
He fantasized that he had won ten million dollars.
그는 자신이 천만 달러를 얻은 상상을 했다.

farsighted
[fɑ́:rsaited]

형 먼 데를 잘 보는, 현명한 = farseeing
farsighted **investments** 현명한 투자
plans made by farsighted **city leaders**
멀리 볼 줄 아는 도시 지도자들이 세운 계획

fascinate
[fǽsənèit]

동 매료시키다
fascinating 형 매력적인
be fascinated **by the simple geometric grace**
단순한 기하학적 우아함에 매료되다
His paintings never fail to fascinate.
그의 그림은 언제나 매력적이다.

heartily
[hɑ́:rtili]

부 실컷, 진심으로
She laughed heartily at the joke.
그녀는 그 농담에 실컷 웃었다.
I heartily recommend the movie.
나는 진심으로 그 영화를 추천한다.

heartland
[hɑ́:rtlænd]

명 핵심 지역, 중심 지역
the heartland **of high technology** 첨단 기술의 중심 지역
a politician who is popular in the American heartland
미국의 중심 지역에서 인기 있는 정치인

hemisphere
[hémisfiər]

명 반구, 뇌반구
the Northern hemisphere 북반구
a tumor in the right cerebral hemisphere 오른쪽 대뇌의 종양

lasting
[lǽstiŋ]

형 지속적인 = continuing
make a lasting **impression** 오래 지속되는 인상을 남기다
The trip had a lasting effect on her.
그 여행은 그에게 계속 여운을 남기는 효과를 가졌다.

lately
[léitli]

부 최근에 = recently
feel better lately 최근에 몸 상태가 좋아졌다
What have you been doing lately? 최근에 어떻게 지냈니?

latitude
[lǽtətjù:d]

명 1 (위도상의) 지방, 지대 2 허용 범위
the cold latitudes 한대 지방
Students are allowed considerable latitude in choosing courses.
학생들은 과정을 선택하는 데 있어 상당한 범위가 허용된다.

latter
[lǽtər]

형 나중의, 후반의　↔ initial 처음의, 초기의
the latter stages of growth 성장의 후반기
In her latter years she became blind.
그녀는 말년에 눈이 멀었다.

nonverbal
[nɑnvə́:rbəl]

형 비언어적인
interpret the nonverbal message 비언어적인 메시지를 해석하다
Facial expressions are very important for nonverbal
communication.
비언어적 의사소통에서 얼굴 표정은 매우 중요하다.

normality
[nɔ:rmǽləti]

명 정상상태
normal 형 정상적인　normally 부 정상적으로, 평소에
restore normality immediately 정상상태를 즉시 회복하다
We're hoping for a return to normality as soon as possible.
우리는 가능한 한 빨리 정상상태로 돌아가기를 바라고 있다.

Quiz 2　We take our cars to the mechanic for regular checkups. Why do we
expect our computers to run <normally / abnormally> without the
same care?　2012 고1학평

notable
[nóutəbəl]

형 눈에 띄는, 주목할 만한　= noteworthy
notable feature 눈에 띄는 특징
There are a few notable exceptions.
주목 할 만한 예외사항들이 있다.

note
[nout]

명 1 곡조, 음, 음표 2 주목
high/low note 고음/저음
His voice is nice but he has trouble hitting the high notes.
그는 목소리가 좋지만 고음을 내는 데 어려움이 있다.
Her recent novels are worthy of note.
그녀의 최신 소설들은 주목할 가치가 있다.

portray
[pɔ:rtréi]

동 묘사하다, 그리다, 표현하다
portrayal 명 묘사　portrait 명 초상화
The painting portrays the queen in a purple robe.
그 그림은 보라색 가운을 입은 여왕을 묘사하고 있다.
He portrayed himself as a victim.
그는 자신을 희생자로 묘사했다.

pose
[pouz]

동 1 (문제 등을) 제기하다 2 포즈를 취하다

Let me pose a question!
제가 질문을 하나 제기하겠습니다!

She posed for photographs.
그녀는 사진을 위해 포즈를 취했다.

positive
[pázətiv]

형 긍정적인 ↔ negative 부정적인
positively 부 긍정적으로　positivity 명 적극성
the power of positive thinking 긍정적인 사고의 힘

Try to be more positive about the whole situation.
모든 상황에 대해 보다 긍정적으로 임해라.

Quiz 3 He traveled around the US with some colleagues from China. At the time, many people in the US had a <positive / negative> opinion of Chinese people. LaPiere wrote to hotels and restaurants along the route, asking whether they would accommodate him and his Chinese guests. Of the 128 who wrote back, 92 percent told him that they would refuse to serve Chinese customers.

2016 고2학평

---

respect
[rispékt]

명 1 존경, 존중 2 관점, 측면
respectable 형 존경할만한　respective 형 각각의

She has earned their respect.
그녀는 그들에게서 존경을 받았다.

His theory makes sense in one respect.
그의 이론은 한 가지 관점에서는 합당하다.

respond
[rispánd]

동 응답하다
respondent 명 응답자　responsive 형 반응하는
respond to the call for help 도움 요청의 전화에 응답하다

He hasn't yet responded to my letter.
그는 아직 내 편지에 응답하지 않았다.

stress
[stres]

동 ~을 강조하다
stress he importance of a balanced diet
균형 잡힌 식사의 중요성을 강조하다

He stressed the need to save energy.
그는 에너지 절약을 필요성을 강조했다.

stretch
[stretʃ]

동 늘리다, 뻗다
stretchy 형 탄력성 있는

She stretched her neck to see what was going on.
그녀는 무슨 일인지 보려고 목을 쭉 뺐다.

It's important to stretch before you exercise.
운동 전에 스트레칭을 하는 것이 중요하다.

strict
[strikt]

형 엄격한
strictly 부 엄밀히
a strict teacher 엄격한 선생님
My parents aren't very strict.
나의 부모님은 매우 엄격하지 않다.

stride
[straid]

동 큰 걸음으로 걷다 (strode, stridden) 명 한걸음
hit one's stride 본래의 컨디션을 되찾다
She strode toward them.
그녀는 그들에게 성큼성큼 다가갔다.
She has a distinctive bouncy stride.
그녀는 톡톡 튀는 듯한 독특한 걸음걸이를 가졌다.

striking
[stráikiŋ]

형 현저한, 놀랄만한
strikingly 부 두드러지게
a striking contrast between wealth and poverty
부와 빈곤의 극명한 대조
There is a striking resemblance between the boys.
두 남자아이가 놀랍도록 닮았다.

strip
[strip]

동 옷을 벗다 = undress
strip off one's sweater 스웨터를 벗다
Jason stripped and jumped into the shower.
Jason은 옷을 벗고 샤워장으로 뛰어 들어갔다.

strive
[straiv]

동 노력하다, 분투하다
strivingly 부 분투해서
strive for perfection 완벽을 위해 애쓰다
They continue to strive toward their goals.
그들은 계속 그들의 목표를 향해 애쓰고 있다.

structure
[strʌ́ktʃər]

동 구조화하다, 조직하다 명 구조
The exhibition is structured around three topics.
전시회는 세 개의 주제에 따라 조직되었다.
Top predators determine ecosystem structure by their eating habits.
상위 포식자들이 그들의 포식 형태에 따라 생태계 구조를 결정한다.

struggle
[strʌ́gəl]

동 발버둥 치다, 분투하다 명 분투 = battle
a struggle for survival 생존을 위한 몸부림
Hannah struggled with the endless assignments, and the exams.
Hannah는 끝없는 과제와 시험들로 분투했다.

terrific
[tərífik]

형 아주 멋진, 훌륭한 = awesome

terrific **weather** 끝내주는 날씨

She's given me some terrific ideas.
그녀는 내게 아주 훌륭한 아이디어를 줬다.

1 covers, 어떤 물체가 얼마나 크거나 작은지를 이해하기가 항상 쉬운 것은 아니다. 예를 들어, 당신은 만일 Rhode Island 주가 1,200 평방미터에 이른다는 말을 들으면 그 주가 얼마나 작은지를 상상할 수 있는가?

2 normally, 우리는 차를 정기적으로 점검하기 위해 정비사에게 가져간다. 우리는 왜 그와 같은 정성 없이 컴퓨터가 정상으로 작동하기를 바라는가?

3 negative, 그는 중국인 동료들과 미국 여기저기를 여행했다. 그 당시 미국의 많은 사람들은 중국인들에 대해 부정적인 생각을 가졌었다. LaPiere는 여행 중에 호텔과 음식점들에 편지를 써 그들이 그와 중국인 손님을 받을 것인지 물었다. 답장을 준 128 명 중에서 92 퍼센트가 중국인 고객을 받는 것을 거부하겠다고 말했다.

A 우리말은 영어로, 영어는 우리말로 쓰시오.

1. 비언어적인 _____
2. 실컷, 진심으로 _____
3. 발견하다 _____
4. 긍정적인 _____
5. 토론 _____
6. 늘리다, 뻗다 _____
7. 응답하다 _____
8. 불신하다 _____
9. 자선, 자선 단체 _____
10. 불안 _____

11. antisocial _____
12. lasting _____
13. strict _____
14. apart _____
15. fancy _____
16. normality _____
17. striking _____
18. fantasize _____
19. strive _____
20. apparatus _____

B 빈칸에 알맞은 말을 고르시오.

| pose | stressed | lately | character |

1. He _____ the need to save energy.
2. Let me _____ a question!
3. What have you been doing _____?
4. Cindy is the most interesting _____ in the play.

C 괄호 안에서 문맥에 맞는 말을 고르시오.

1. She has a distinctive bouncy <stride / stripe>.
2. His theory makes sense in one <prospect / respect>.
3. Students are allowed considerable <attitude / latitude> in choosing course.
4. The lawyer <portrayed / positioned> his client as a victim of child abuse.

apparent
[əpǽrənt]

혱 **명백한** = evident
apparently 튀 명백히, 외관상으로
the apparent **cause of the accident** 그 사고의 명백한 원인
She started throwing things for no apparent reason.
그녀는 뚜렷한 이유도 없이 물건을 던지기 시작했다.

appeal
[əpíːl]

명 **1 요청 2 매력** 동 **호소하다**
appealing 혱 호소력 있는
issue a new appeal **for information** 새롭게 정보 요청을 하다
The film has great appeal for young audiences.
그 영화는 젊은 관객에게 대단한 매력을 가지고 있다.
The idea of studying abroad really appeals to me.
해외에서 공부한다는 생각은 나에게 정말 매력적으로 느껴진다.

> **Quiz 1** This suggests that activities like walking the dog and playing with the cat only arise when time can be spared from the human owner's other commitment. Therefore, if one views activity as a global concept — involving instigation, performance, and termination — labeling certain forms of human-pet interaction as shared activities may be <appealing / misleading>. 2013 모평

appetite
[ǽpitàit]

명 **식욕, 욕구** = hunger
appetizer 명 식욕을 돋우는 음식
lose one's appetite 식욕을 잃다
an insatiable appetite **for work** 충족할 수 없는 일 욕심

applicable
[ǽplikəbəl]

혱 **적용될 수 있는**
application 명 적용, 지원
comply with all applicable **laws** 적용될 수 있는 모든 법에 따르다
Is that information applicable in this case?
그 정보가 이 경우에 적용 가능한가?

charm
[tʃɑːrm]

명 **매력**
charming 혱 매력적인
The new curtains add charm to the room.
새 커튼이 방에 매력을 더한다.
The island possessed great charm.
그 섬은 대단한 매력을 가지고 있었다.

chase
[tʃeis]

동 쫓다, 추격하다
chaser 명 추적자
chase mice 생쥐를 쫓다
detectives chasing down clues 단서를 추적하는 탐정들

dismiss
[dismís]

동 묵살하다, 해고하다
dismissal 명 해고
dismiss the matter lightly 그 문제를 가볍게 여겨 묵살하다
Several employees were recently dismissed.
최근에 여러 명의 직원들이 해고되었다.

disregard
[dìsrigάːrd]

동 무시하다 = despise
disregard the rules of the school 학교의 규칙을 무시하다
Please disregard what I said before.
내가 전에 한 말은 무시해주세요.

distance
[dístəns]

명 거리
distant 형 먼
be within walking distance 걸어서 갈 수 있는 거리에 있다
The gas station is a short distance away.
주유소는 가까운 거리 내에 있다.

distinguish
[distíŋgwiʃ]

동 구별하다, 식별하다 = differentiate
distinguished 형 유명한
distinguish real understanding from familiarity
진짜 이해하는 것과 친숙한 것을 구별하다
I have trouble distinguishing between the two of them.
나는 저 두 사람 중에서 누가 누군지 구별하는 것이 어렵다.

fashion
[fǽʃən]

명 방식 동 만들다
assemble in an orderly fashion 질서 정연한 방식으로 조립되다
Students fashioned the clay into small figures.
학생들이 회반죽으로 작은 모양들을 만들었다.

fasten
[fǽsn]

동 고정시키다 = fix ↔ undo 풀다
fasten clothes on a clothesline 빨랫줄에 옷을 고정시키다
She fastened the dog's leash to a post.
그녀는 개의 끈을 기둥에 묶었다.

fate
[feit]

명 운명
fatality 명 참사 fatal 형 치명적인
a surprising turn of fate 놀라운 운명의 반전
Fate plays cruel tricks sometimes.
운명은 가끔 잔인한 장난을 한다.

herd
[hə:rd]

명 (가축의) 떼, 무리　= flock
herder 명 목동
a herd of tourists 관광객 무리
The herd grazed peacefully in the pasture.
소 떼가 초원에서 한가로이 풀을 뜯었다.

heritage
[héritidʒ]

명 유산
This farm is my heritage from my father.
이 농장은 내가 아버지로부터 받은 유산이다.

The child acquires the heritage of his culture by observing and imitating adults.
아이는 어른들의 행동을 관찰하고 흉내 냄으로써 자신의 문화유산을 획득한다.

launch
[lɔ:ntʃ]

동 발사하다, 출시하다
launch a rocket 로켓을 발사하다
The company plans to launch several new products next year.
그 회사는 내년에 여러 가지 신제품을 출시할 계획이다.

layer
[léiər]

명 층
outer layer 외층
The cake has three layers.
그 케이크는 3층으로 되어있다.

leak
[li:k]

동 새다, 누설하다
leakage 명 유출량　leaky 형 물이 새는
Confidential information leaked out.
기밀 정보가 새어나갔다.

Air leaked out of the tire.
공기가 타이어에서 샜다.

혼동어휘　lick 동 핥다
The dog jumped up and licked his face.
그 개는 뛰어올라 그의 얼굴을 핥았다.

---

notice
[nóutis]

명 공지사항, 통지
noticeable 형 눈에 두드러지는
Notices were sent to parents about the field trip.
견학에 대한 공지가 부모님들께 발송되었다.

Did you see the notice about the meeting?
그 회의에 관한 공지사항 봤니?

Quiz 2　Too little light may cause product defects to go <noticed / unnoticed>; therefore, the receiving area should be well lit.　2010 고3학평

---

notify
[nóutəfài]

동 알리다, 통지하다 = inform
notification 명 알림
He was notified that he did not get the job.
그는 그 자리에 채용되지 않았음을 통보받았다.
He notified his intention to sue.
그는 고소하겠다는 자신의 뜻을 알렸다.

notorious
[noutɔ́:riəs]

형 악명 높은 = dishonorable, infamous
notoriously 부 악명 높게
a notorious computer hacker 악명 높은 컴퓨터 해커
The Rust Belt is notorious for its poor air quality.
Rust Belt는 공기가 좋지 않은 것으로 악명 높다.

nourishment
[nə́:riʃmənt]

명 음식물, 영양(분) = food
lack proper nourishment 적절한 영양분이 부족하다
Soil provides nourishment to plants.
토양은 화초에 영양분을 제공한다.

possession
[pəzéʃən]

명 소유물, 재산
possess 동 소유하다
one's most precious possession 가장 소중한 재산
The family lost all of its possessions in the fire.
그 가족은 화재로 전 재산을 잃었다.

post
[poust]

명 1 기둥, 말뚝 2 지위 동 게시하다
a fence post 담장 기둥
apply for the post 그 자리에 지원하다
The exam results were posted on the bulletin board this morning.
시험결과가 오늘 아침 게시판에 게시되었다.

postpone
[poustpóun]

동 연기하다
postponement 명 유예, 연기
postpone a decision 결정을 연기하다
The soccer game was postponed until tomorrow because of rain.
그 축구 경기는 비 때문에 내일로 미뤄졌다.

Quiz 3   For most people, it's saying "no" that's really hard. We don't like to say "no"—and people don't like to hear it. However, we should not <continue / postpone> delivering bad news.   2011 고2학평

postwar
[póustwɔ́ː]

[형] 전후의
postwar baby boom 전후 베이비 붐
food rationing in the immediate postwar years
종전 직후의 식량 배급

접두어 post- '이후의,' 또는 '나중의'라는 의미를 갖는다. ↔ pre-
postElizabethan 엘리자베스 왕조 이후 / postscript 추신 /
post war 전후의

rest
[rest]

[동] 1 쉬다, 멈추다 2 달려있다, 의지하다
We will not rest until we discover the truth.
우리는 진실을 발견할 때까지 멈추지 않겠다.
Success rests on your abilities.
성공은 당신의 능력에 달려있다.

restless
[réstlis]

[형] 가만히 있지 못하는, 안절부절못하는 = restive
↔ restful 평화로운
restless children who can't sit still
차분히 앉아 있지 못하는 부산한 아이들
get bored and restless 지루하고 안절부절 못하게 되다

restore
[ristɔ́ːr]

[동] 반환하다, 회복시키다 = refresh
restoration [명] 복구
restore confidence in the economy 경제에 자신감을 회복시키다
restore peace in the Middle East 중동에 평화를 회복시키다

Quiz 4 Reading has always been envied by those who rarely give
themselves that advantage. The man who is not in the habit of
reading is <restricted / restored> in his immediate world. 2009 고3학평

result
[rizʌ́lt]

[동] (결과로서) 생기다, 일어나다 [명] 결과
resultant [형] 결과로서 생기는
a direct result of the recession 불황의 직접적인 결과
If you take this drug, side effects may result.
이약을 복용하면 결과적으로 부작용이 생길 수 있습니다.

resume
[rèzuméi]

[명] 이력서 [동] [rizúːm] 재개하다
applicant's resume 지원자의 이력서
The game resumed after the rain stopped.
비가 멎은 후 게임은 재개했다.

stubborn
[stʌ́bərn]

형 완고한, 고집불통의
stubbornness 명 완고함
She is as stubborn as a mule.
그녀는 노새처럼 완고하다.
He's wrong, but he's too stubborn to admit it.
그가 틀렸지만 그는 너무 고집불통이어서 그걸 인정하지 않는다.

stuck
[stʌk]

형 옴짝달싹못하는
get stuck in a traffic jam 교통체증에 꼼짝 못하다
The boat was stuck in the mud.
배가 진흙에 걸려 옴짝달싹 못했다.

studious
[stjú:diəs]

형 열심인, 노고를 아끼지 않는
studiously 부 열심히
make a studious effort 열심히 노력하다
a quiet, studious young man 조용하고 열심히 노력하는 청년

stuff
[stʌf]

명 물질, 물건 동 채우다, 쑤셔 넣다
I need a place to store my stuff.
내 물건들을 넣어 둘 장소가 필요하다.
The girl stuffed her pockets with candy.
그 소녀는 주머니를 사탕으로 채웠다.

stumble
[stʌ́mbəl]

동 비틀거리다, 넘어지다   = slip, fall
stumble on the uneven pavement
울퉁불퉁한 길에서 비틀거리며 걷다
He stumbled over to the table.
그는 비틀거리며 탁자로 넘어졌다.

stun
[stʌn]

동 깜짝 놀라게 하다
stunning 형 기절할 만큼의
a stunned expression 깜짝 놀란 표정
Tottenham stunned the crowd with a last-minute goal.
Tottenham은 마지막 순간의 골로 관중을 깜짝 놀라게 했다.

subconscious
[sʌbkɑ́nʃəs]

형 잠재의식의 명 잠재의식
subconsciously 부 무의식적으로
a subconscious motive 잠재의식 속의 동기
Those feelings had been hidden in his subconscious.
그런 감정들은 그의 잠재의식 속에 숨겨져 있었다.

subject
[sʌ́bdʒikt]

명 실험 대상자, 주제

the subject of an article in today's paper 오늘 신문 기사의 주제

The subjects of this experiment were all women aged 20-30.
이 실험의 실험 대상자들은 모두 20~30세의 여자였다.

submit
[səbmít]

동 제출하다

submission 명 제출, 출품작

submit one's resignation 사직서를 제출하다

Requests must be submitted in writing.
요청은 반드시 서류로 제출해야 합니다.

접두어 sub- '아래'라는 의미를 갖는다.

submarine 잠수함 / subcontract 하청 계약을 하다 / subtitle 부제목

Quiz 정답

1 misleading, 이는 개 산책시키기나 고양이와 놀아주기와 같은 활동들은 인간 주인이 다른 할 일로부터 시간이 남을 때에만 일어난다는 것을 시사한다. 그러므로 활동이란 것을 선동, 수행, 그리고 종료를 포함한 보편적인 개념으로 본다면 어떤 인간과 동물의 상호작용 형태를 공유된 활동으로 이름 짓는 것은 잘못된 것일 수 있다.

2 unnoticed, 너무 약한 조명은 상품의 훼손이 눈에 띄지 않고 지나치게 만들 수 있다. 그러므로 반입 지역은 조명이 잘 되어야 한다.

3 postpone, 대부분의 사람들에게 정말로 어려운 것은 거절하는 것이다. 우리는 거절의 말을 하고 싶어 하지 않고 사람들은 거절의 말을 듣고 싶어 하지 않는다. 그러나 나쁜 소식을 전달하는 것을 미루어서는 안 된다.

4 restricted, 독서는 좀처럼 책을 읽지 않는 사람들의 선망의 대상이 되어왔다. 독서하는 습관을 들이지 않는 사람은 자신만의 눈앞의 현실 세계에 갇혀 산다.

Review Test

A 우리말은 영어로, 영어는 우리말로 쓰시오.

1. 쫓다, 추격하다 _____
2. 구별하다, 식별하다 _____
3. 식욕, 욕구 _____
4. 유산 _____
5. 새다, 누설하다 _____
6. 알리다, 통지하다 _____
7. 소유물, 재산 _____
8. 제출하다 _____
9. 완고한, 고집불통의 _____
10. 명백한 _____

11. disregard _____
12. fasten _____
13. layer _____
14. notorious _____
15. restore _____
16. postpone _____
17. stun _____
18. fate _____
19. charm _____
20. applicable _____

B 빈칸에 알맞은 말을 고르시오.

| distance | herd | rests | stuffed |

1. The _____ grazed peacefully in the pasture.
2. Success _____ on your abilities.
3. The gas station is a short _____ away.
4. The girl _____ her pockets with candy.

C 괄호 안에서 문맥에 맞는 말을 고르시오.

1. The company plans to <dispatch / launch> several new products next year.
2. He was <certified / notified> that he did not get the job.
3. The exam results were <posed / posted> on the bulletin board this morning.
4. A person's behavior can be influenced by urges that exist only in the <subculture / subconscious>.

apply
[əplái]

동 1 지원하다 2 적용하다, (연고 등을) 바르다
applicant 명 지원자　application 명 적용, 지원
apply for a job 일자리에 지원하다
apply a law 법을 적용하다
She applied the ointment to the cut.
그녀는 상처에 연고를 발랐다.

appoint
[əpɔ́int]

동 임명하다, 지정하다
appointee 명 임명된 자
be appointed as chairman 회장으로 임명되다
appoint a trial date 재판 날짜를 지정하다

appreciate
[əprí:ʃièit]

동 이해하다, 인정하다
appreciation 명 이해, 감상
appreciate the differences between people
사람들 사이의 차이를 이해하다
I don't think you appreciate the complexity of the situation.
나는 네가 상황의 복잡성을 이해하지 못하는 것 같다.

cheat
[tʃiːt]

동 속이다
cheat in the test 시험에서 부정행위를 하다
The players were accused of cheating.
그 선수들은 속임수를 써서 징계를 받았다.

> **Quiz 1** Here was a player with everything officially in his favor, with victory in his grasp, who <cheats / disqualifies> himself at match point and loses. When asked why he did it, Gonzolas replied, "It was the only thing I could do to maintain my integrity." **2010 고2학평**

chemical
[kémikəl]

명 화학약품, 화학물질 형 화학약품의
chemistry 명 화학
chemical engineering 화학공학
They studied the compound's chemical structure.
그들은 그 화합물의 화학 구조를 연구했다.

crooked
[krúkid]

형 구부러진　= bending　↔ straight 똑바른
narrow crooked streets 좁고 구불구불한 길
a long, crooked line of people
길고 구불구불하게 늘어선 사람들의 줄

crop
[krɑp]

명 작물

crops **grown for market** 시장에 팔려고 재배하는 작물

Tobacco is their main crop.
담배가 그들의 주요 작물이다.

distract
[distrǽkt]

동 집중이 안 되게 하다 = divert

distraction 명 주의산만, 기분전환

distract **attention from other matters**
다른 문제들로 주위를 산만하게 만들다

They were distracted by a loud noise.
그들은 시끄러운 소음으로 주위가 산만해졌다.

distribute
[distríbjuːt]

동 나누어주다, 분배하다

distribution 명 분배

a woman distributing **leaflets to passers-by**
행인들에게 전단지를 나눠주고 있는 여자

He distributed a math test.
그는 수학 시험지를 돌렸다.

disturb
[distə́ːrb]

동 방해하다 = bother

disturbance 명 방해

disturb **the flow of traffic** 교통의 흐름을 방해하다

The noise disturbed my concentration.
그 소음이 나의 집중을 방해했다.

Quiz 2 On the contrary, when your desk is a mess, numerous rearrangements of the newspapers, articles, and junk mail will leave it a mess and therefore will not <disturb / maintain> its overall look.

2014 고3학평

diverse
[divə́ːrs]

형 다른, 다양한 = distinctive ↔ identical 동일한

diversify 동 다양화하다 diversity 명 다양성

people with diverse **interests** 다양한 관심사를 가진 사람들

His message appealed to a diverse audience.
그의 메시지는 다양한 청중들의 호응을 얻었다.

fatigue
[fətíːg]

명 피로 = burnout ↔ refreshment 원기 회복

suffer from physical and mental fatigue
육체적 정신적 피로로 고생하다

The drug's side effects include headache and fatigue.
그 약의 부작용으로는 두통과 피로가 포함된다.

fault
[fɔːlt]

명 잘못, 과실, 결점
faulty 형 결함이 있는
Lack of confidence is his worst fault.
자신감 부족은 그의 최악의 결점이다.
The accident was the driver's fault.
그 사고는 운전자의 과실이었다.

favor
[féivər]

동 편애하다
favorably 부 우호적으로
favor **Bush over Gore** 고어보다 부시를 더 좋아하다
The teacher clearly favors you.
그 선생님은 너를 확실히 편애한다.

hesitate
[hézətèit]

동 주저하다
hesitant 형 주저하는   **hesitancy** 명 망설임
hesitate **over whether to leave or not**
떠나야 할지 말아야 할지 망설이다
He hesitated to tell his friend about the news.
그는 그의 친구에게 그 소식을 전해야 할지 망설였다.

Quiz 3 The first experiments in television broadcasting began in France in the 1930s, but the French were slow to employ the new technology. There were several reasons for this <hesitancy / consistency>.

2009 수능

---

hidden
[hídn]

형 감춰진   = covert
hide 동 숨기다
a hidden **flaw in the airplane's design**
비행기 설계에서 감춰진 결점
She didn't get the hidden meaning behind his words.
그녀는 그의 말 속에 숨겨진 의미를 이해하지 못했다.

hierarchy
[háiərὰːrki]

명 서열, 계층
hierachical 형 계급 조직의
bottom of the corporate hierarchy 기업 서열의 밑바닥
a rigid social hierarchy 견고한 사회 서열

lean
[liːn]

형 날씬한, 깡마른   = thin
a tall, lean athlete 키가 크고 날씬한 운동선수
He has a lean, athletic body.
그는 깡마른 운동선수 같은 몸을 가졌다.

leap
[li:p]

동 뛰어넘다 명 도약
by leaps and bounds 급속히
leap **over a fence** 담장을 뛰어 넘다
He made a graceful leap into the air.
그는 멋지게 공중으로 도약했다.

leftover
[léftòuvər]

명 잔여물, 나머지   = remnant
leftovers 명 먹고 남은 음식
Give the leftovers to the dog.
남은 음식은 개한테 줘라.
The law is a leftover from earlier times.
그 법은 구시대의 유물이다.

novelty
[návəlti]

명 신선함, 새로움
norel 형 새로운, 기발한
the novelty of the ideas 그 아이디어의 신선함
Eating shark meat is a novelty to many people.
상어 고기를 먹는 것은 많은 사람들에게 특이한 일이다.

numerous
[njú:mərəs]

형 많은   = multiple
numerously 부 수없이
numerous colorful butterflies 수많은 형형색색의 나비들
He decided to leave for numerous reasons.
그는 수많은 이유로 떠나기로 결정했다.

nursery
[nə́:rsəri]

명 1 아기방, 탁아소 2 묘목장
decorate the nursery before the baby comes
아기가 오기 전에 아기방을 장식하다
We get our flowers from a local nursery.
우리는 화초를 지역 묘목장에서 구입한다.

pour
[pɔ:r]

동 붓다, 쏟아 붓다
pour the water into a glass 유리잔에 물을 붓다
It's pouring rain outside.
바깥은 비가 퍼붓고 있다.

혼동어휘 pore 명 작은 구멍, 모공 동 몰입해서 ~하다
He emits charm from every pore. 그는 매력이 넘친다.
He was poring over a novel. 그는 소설책에 몰입해 있었다.

poverty
[pávərti]

몡 빈곤, 부족   ↔ affluence 풍족함
poverty-stricken 휑 가난에 시달린
a poverty of information about the disease
그 질병에 대한 정보의 부족
Millions of people live in poverty.
수백만 명의 사람들이 빈곤 속에 살고 있다.

practical
[prǽktikəl]

휑 실제적인
practically 휙 사실상   practicality 몡 실용적인 것
the practical benefits of science 과학의 실제적인 혜택
The bags are nice, but they're not very practical.
그 가방들은 멋있기는 하지만 그리 실용적이지는 못하다.

practice
[prǽktis]

몡 연습, 시행, 관습
get better with practice 연습해서 향상되다
Burial practices vary around the world.
매장 관습은 세계의 지역마다 다르다.

retail
[rí:teil]

몡 소매 동 소매하다
retailer 몡 소매상인
retail price 소매가격
We retail sneakers at the best possible prices.
우리는 운동화를 가능한 최적의 가격에 소매한다.

retirement
[ritáiərmənt]

몡 정년, 은퇴
retire 동 은퇴하다
reach retirement in February 2월에 정년이 되다
He decided to take an early retirement.
그는 조기 은퇴를 결심했다.

return
[ritə́:rn]

몡 복귀   = comeback
returnable 휑 되돌릴 수 있는
a return to the old ways of farming 과거 농경 방식으로의 회귀
They await his return home.
그들은 그가 집으로 돌아오기를 기다린다.

subordinate
[səbɔ́:rdənit]

몡 부하   = underling
subordination 몡 종속시킴
the relationship between subordinates and superiors
부하와 상사의 관계
He left the day-to-day running of the firm to his
subordinates.
그는 회사의 하루하루 업무 처리를 그의 부하 직원들에게 맡겼다.

subsequent
[sʌ́bsikwənt]

형 잇따라 일어나는   = ensuing
subsequently 부 결과로서 일어나는
subsequent events 잇따라 일어나는 사건들
subsequent pages of the book 그 책의 다음 페이지들

substance
[sʌ́bstəns]

명 물질, 본질   = material, stuff
substantial 형 실질적인, 꽤 많은
the substance of my argument 내 주장의 본질
be covered with a white, powdery substance
하얀 가루 물질로 뒤덮이다

subtle
[sʌ́tl]

형 미묘한, 감지하기 어려운
subtly 부 미묘하게   subtlety 명 미묘함
a subtle difference in meaning between the words
그 단어들 사이의 미묘한 의미 차이

She didn't understand his subtle hints.
그녀는 그의 미세한 힌트를 이해하지 못했다.

subtract
[səbtrǽkt]

동 빼다   = deduct   ↔ add
subtraction 명 뺄셈
subtract 5 from 9 9에서 5를 빼다
If you subtract 5 from 23, you get 18.
23에서 5를 빼면 18이 된다.

suburb
[sʌ́bəːrb]

명 교외
suburban 형 교외의
a London suburb 런던 교외
have a house in a New York suburb
뉴욕 교외에 집을 가지고 있다

success
[səksés]

명 성공   ↔ failure 실패
successful 형 성공한
the rules for success 성공을 위한 법칙
What's the secret of your success?
당신의 성공 비결은 무엇인가요?

successive
[səksésiv]

형 잇따른, 연속하는   = back-to-back
their fourth successive victory 그들의 4연승
The team has had seven successive victories.
그 팀은 7연승을 했다.

suck
[sʌk]

동 빨아들이다
sucker 명 젖먹이
a baby sucking his thumb 자기 엄지를 빨고 있는 아기
These plants suck moisture from the soil.
이 식물들은 토양으로부터 수분을 빨아들인다.

terrifying
[térəfàiŋ]

형 무서운　= fearsome

terrifying **screams** 무서운 비명소리

The thought of dying alone was terrifying.
혼자 죽는다는 생각은 무서웠다.

A 우리말은 영어로, 영어는 우리말로 쓰시오.

1. 다른, 다양한	_____	11. lean	_____
2. 나누어 주다, 분배하다	_____	12. numerous	_____
3. 주저하다	_____	13. novelty	_____
4. 잔여물, 나머지	_____	14. crooked	_____
5. 이해하다, 인정하다	_____	15. distract	_____
6. 작물	_____	16. fatigue	_____
7. 편애하다	_____	17. hidden	_____
8. 복귀	_____	18. hierarchy	_____
9. 정년, 은퇴	_____	19. disturb	_____
10. 임명하다, 지정하다	_____	20. cheat	_____

B 빈칸에 알맞은 말을 고르시오.

leap	subtle	retirement	applied

1. He made a graceful _____ into the air.
2. She _____ the ointment to the cut.
3. She didn't understand his _____ hints.
4. He decided to take an early _____.

C 괄호 안에서 문맥에 맞는 말을 고르시오.

1. The team has had seven <sufficient / successive> victories.
2. We need an effective strategy to fight <affluence / poverty>.
3. The shoes are nice, but they're not very <practical / useless>.
4. Lack of courage is his worst <fault / virtue>.

DAY 20

approach
[əpróutʃ]

동 접근하다 명 (문제 따위의) 다루는 방법, 접근법
approach **a potential client** 잠재 고객에게 접근하다
The cat made a cautious approach.
고양이가 조심스럽게 접근했다.

appropriate
[əpróuprièit]

형 적절한
appropriately 부 적절하게
remarks appropriate **to the occasion** 상황에 적절한 발언
The movie is appropriate for small children.
그 영화는 어린 아이들이 보기에 적절하다.

approve
[əprú:v]

동 ~을 인정하다, 승인하다 ↔ disapprove 반대하다
approval 명 승인, 찬성
approve **a proposal** 제안을 승인하다
Your supervisor must approve the report before it can be sent.
보고서를 전송하기 전에 당신의 상사의 승인이 있어야만 한다.

approximate
[əpráksəmèit]

형 대강의, 가까운
approximately 부 대략
the approximate **number of students** 대략적인 학생 수
This rate is only approximate.
이 비율은 대략적인 것일 뿐이다.

chick
[tʃik]

명 새끼, 병아리 = cub
a mother hen with her chicks 어미 닭과 병아리들
a newly-hatched chick 갓 부화한 새끼 새

childlike
[tʃáildlàik]

형 어린애 같은
childlike **innocence** 어린애 같은 순수함
She gazed at it in childlike wonder.
그녀는 그것을 어린애 같이 놀라워하며 바라봤다.

혼동어휘 childish 형 유치한, 어리석은
Don't be so childish!
유치하게 굴지 좀 마!

chill
[tʃil]

동 식히다, 오싹하게 하다 명 한기
be chilled by a cold wind 찬바람에 식다
Here's a ghost story that will chill you.
당신을 오싹하게 할 유령 이야기가 있다.
There was a slight chill in the air.
공기 중에는 약간의 한기가 있었다.

chop
[tʃɑp]

동 썰다, 다지다
chop down 베어 넘어뜨리다
Can you chop up some onions for me?
내 대신 양파 좀 썰어줄래?
Next, add the chopped carrots.
다음으로, 썬 당근을 넣어주세요.

choral
[kɔ́ːrəl]

형 합창의
choir 명 합창
a choral group 합창단
an evening of choral music 합창 음악의 밤

compliment
[kámpləmənt]

명 칭찬, 찬사 동 칭찬하다
complimentary 형 칭찬의
take as a compliment 칭찬으로 받아들이다
She complimented me on my new hair style.
그녀는 내 머리 모양에 대해 칭찬했다.

Quiz 1 Back in the 1870's, Sholes & Co., a leading manufacturer of typewriters at the time, received many <complaints / compliments> from users about typewriter keys sticking together if the operator went too fast. 2012 모평

---

divide
[diváid]

동 나누다 = break up
division 명 구분, 분류
be divided into eight sections 8개의 구획으로 나뉘다
She divided the pie into six pieces.
그녀는 파이를 여섯 조각으로 나눴다.

dock
[dɑk]

명 부두 동 정박하다
People are waiting at the dock to greet them.
사람들이 그들을 맞이하려고 부두에서 기다리고 있다.
We docked at Rangoon the next morning.
우리는 다음날 아침 Rangoon에 정박했다.

doctorate
[dάktərit]

명 박사학위
doctoral 형 박사 학위가 있는
a doctorate in literature 문학 박사 학위
He received his doctorate in history in 2016.
그는 2016년에 역사 박사학위를 받았다.

document
[dάkjəmənt]

명 서류 동 기록하다
documentary 명 기록물
sign the documents 서류에 서명하다
His research documents how the crisis occurred.
그의 연구는 그 위기가 어떻게 발생했는지 기록하고 있다.

dog
[dɔːg]

동 따라다니다, 괴롭히다 = chase, hound
dogged 형 끈질긴, 집요한
He has been dogged by injury all season.
그는 시즌 내내 부상에 발목이 잡혔다.
He dogged her every move.
그는 그녀가 가는 곳마다 따라다녔다.

fearsome
[fíərsəm]

형 무시무시한 = dreadful, frightening
fearsomely 부 무시무시하게
a fearsome weapon 무시무시한 무기
a fearsome monster 무시무시한 괴물

feast
[fiːst]

명 축제, 잔치 = banquet
feasftul 부 잔치의
give the annual Thanksgiving feast 연례 추수감사제를 열다
hold a great feast 큰 잔치를 열다

feat
[fiːt]

명 위업, 업적
an incredible feat of engineering 믿기 어려운 공학 업적
Writing that whole report in a couple of hours was quite a feat.
그 보고서 전부를 한 두 시간 만에 쓴 것은 대단한 일이었다.

feature
[fíːtʃər]

명 특징, 특성 동 ~을 특색 있게 다루다
The car has some interesting new design features.
그 차는 몇 가지 흥미로운 새 디자인 특징들을 가지고 있다.
The exhibition features paintings by Picasso.
그 전시회는 피카소의 그림을 특집으로 다루고 있다.

harm
[hɑːrm]

명 해, 손상 동 피해를 입히다
harmful 형 해로운   harmless 형 해롭지 않은
chemicals that harm the environment 환경을 해치는 화학물질
She'll do anything to protect her children from harm.
그녀는 자기 자식들을 위험으로부터 보호하기 위해 무슨 일이든 할 것이다.

Quiz 2 It's no surprise that labels are becoming the "go to" place when people have questions about how food is produced. But new Cornell University research finds that consumers crave more information, especially for the potentially <harmful / harmless> ingredients that aren't included in the product.

2014 고1학평

higher-up
[háiərʌp]

명 상사, 상관
orders from higher-ups 상사로부터의 지시 사항
The higher-ups want to push the schedule forward.
상사들은 일정을 앞당기고 싶어 한다.

highlight
[háilait]

명 가장 중요한 부분 동 강조하다
highlighted 형 강조 표시된
see the highlights on the evening news
하이라이트를 저녁뉴스에서 보다
Highlight your skills and achievements in your resume.
이력서에서 너의 능력과 성과를 강조해라.

legend
[lédʒənd]

명 전설
legendary 형 전설적인
Greek myths and legends 그리스 신화와 전설
He has become a soccer legend.
그는 축구의 전설이 되었다.

length
[leŋkθ]

명 길이, 기간
lengthen 동 늘리다   lengthy 형 긴
at length 결국
cut the length of a book by one third
책의 길이를 3분의 1로 줄이다
We measured the length and width of the bedroom.
우리는 침실의 길이와 너비를 쟀다.

lessen
[lésn]

동 줄이다 = reduce, abate

lessen **the risk of heart disease** 심장병의 위험을 줄이다

Medication helped lessen the severity of the symptoms.
약이 그 증상의 심각한 상태를 약화시키는 데 도움이 되었다.

혼동어휘 **lesson** 명 학과, 수업
He started taking piano lessons.
그는 피아노 수업을 듣기 시작했다.

nurture
[nə́:rtʃər]

동 육성하다, 양육하다 = cultivate, encourage

nurture **a secret ambition to be a singer**
가수가 되겠다는 비밀스런 야망을 키우다.

Teachers should nurture their students' creativity.
교사들은 학생들의 창의성을 키워줘야 한다.

praise
[preiz]

동 칭찬하다

praisable 형 칭찬할 만한

praise **students when they do well** 학생들이 잘 할 때 칭찬하다

His paintings were highly praised.
그의 그림들은 매우 칭송받았다.

precise
[prisáis]

형 정확한

precisely 부 바로, 정확히   **precision** 명 정확, 정밀

take precise **measurements** 정확히 수치를 재다

He is very precise in his work.
그는 일을 할 때 매우 정확하다.

Quiz 3　We can discern different colors, but we can give a precise number to different sounds. Our eyes do not let us perceive with this kind of <diversity / precision>.　2015 수능

---

predator
[prédətər]

명 포식자, 육식동물　↔ prey 먹이 동물

predatory 형 약탈하는, 포식성의

predators **like tigers and wolves** 호랑이나 늑대와 같은 포식자들

The population of rabbits is controlled by natural predators.
토끼의 개체 수는 자연의 포식자들에 의해 조절된다.

predict
[pridíkt]

동 예상하다

predictable 형 예측할 수 있는　**prediction** 명 예언

predict **future events** 미래에 벌어질 일들을 예측하다

It's hard to predict how the election will turn out.
선거 결과가 어떻게 나올지 예측하기는 어렵다.

reveal
[rivíːl]

통 드러내다, 누설하다
revelation 명 폭로, (비밀 등을) 드러냄
reveal a secret 비밀을 누설하다
The test revealed the true cause of death.
그 시험은 그 사망의 진짜 원인을 밝혀냈다.

revenue
[révənjùː]

명 수입 = income
tax revenues 세금 수입
The company is looking for another source of revenue.
그 회사는 다른 수입원을 찾고 있다.

reverse
[rivəːrs]

통 거꾸로 하다, 뒤집다 형 반대의
reversibility 명 취소가능성
reverse a decision 결정을 뒤집다
Can you say the alphabet in reverse order?
알파벳을 거꾸로 말할 수 있니?

revise
[riváiz]

통 교정하다, 수정하다 = alter ↔ fix 확정하다
revised 형 개정된
revise one's plans 계획을 수정하다
I would like to revise my estimate.
나의 예상치를 수정하고 싶다.

revitalize
[riːváitəlàiz]

통 부흥시키다 = restore
revitalization 명 활력, 활성화
revitalize the city 도시를 부흥시키다
revitalize the company 회사를 다시 활성화시키다

revive
[riváiv]

통 재상연하다, 회복시키다 = regenerate, reanimate
revival 명 되살리기
revive an old play 옛날 연극을 재상연하다
revive a centuries-old tradition 몇 백 년 된 전통을 되살리다

unique
[juːníːk]

형 유일한, 독특한 = individualized ↔ general 보편적인
unqueness 명 독특함
Each person's fingerprints are unique.
각 개인의 지문은 유일하다.
Humans are unique among mammals in several respects.
인간은 여러모로 포유류 중에서도 독특하다.

Quiz 4 Some people want to cut down the trees for lumber. Others want to keep it as it is. They believe it is <common / unique> and must be protected for coming generations. 2015 고1학평

unite
[juːnáit]

명 **통합하다, 연합하다** = associate
unity 명 통일체
unite **several neighboring villages** 여러 인접 마을을 통합하다
Students united to protest the tuition increase.
학생들이 수업료 인상에 항의하기 위해 연합했다.

universal
[jùːnəvə́ːrsəl]

형 **전 세계적인, 보편적인** = all-around
universally 부 보편적으로
the universal **language of music** 음악이라는 세계 공통어
universal **cultural patterns** 보편적인 문화적 양식들

unlike
[ʌnláik]

전 **~과는 다른**
a landscape unlike **any other** 다른 어떤 곳과도 다른 경치
He was unlike any other man I have ever known.
그는 내가 지금까지 알아온 어떤 남자와도 달랐다.

접두어 un- '~이 아닌', '반대의'라는 의미를 갖는다.

un**lock** 열다, 밝히다 / un**moved** 마음이 동요되지 않는 /
un**noticed** 남의 눈에 띄지 않은

Quiz 정답

1 complaints, 1870년대에 그 당시의 타자기의 선도기업인 Sholes & Co.는 사용자들로부터 타자를 치는
   사람이 너무 빨리 치면 타자기의 키가 서로 엉킨다는 불평을 많이 받았다.

2 harmful, 사람들이 식품이 어떻게 생산되는지 의문을 가질 때, 라벨이 "정보를 얻을 수 있는" 곳이 되고
   있다는 것은 놀랄 일이 아니다. Cornell University의 최근 연구는 소비자들이 특히 제품에 포함되어 있지
   않은 잠재적으로 유해한 성분들에 대한 더 많은 정보를 간절히 원한다는 것을 알게 되었다.

3 precision, 서로 다른 색깔은 우리가 분간할 수 있지만, 여러 다른 소리에는 정확한 '숫자'를 부여할 수
   있다. 우리 눈은 우리가 이런 종류의 정확성을 가지고 지각하도록 해 주지는 않는다.

4 unique, 어떤 사람들은 그 나무를 목재로 베어내려고 한다. 다른 사람들은 그것을 그대로 유지하고자 한
   다. 그들은 그것이 독특하며 다음 세대를 위해 보호되어야 한다고 믿는다.

A 우리말은 영어로, 영어는 우리말로 쓰시오.

1. 나누다 _____	11. fearsome _____
2. 축제, 잔치 _____	12. feat _____
3. 적절한 _____	13. higher-up _____
4. 어린애 같은 _____	14. nurture _____
5. 따라다니다, 괴롭히다 _____	15. chop _____
6. 전설 _____	16. praise _____
7. 정확한 _____	17. reveal _____
8. 줄이다 _____	18. choral _____
9. 박사학위 _____	19. predict _____
10. ~을 인정하다, 승인하다 _____	20. approximate _____

B 빈칸에 알맞은 말을 고르시오.

unlike	revise	features	cautious

1. He was _____ any other man I have ever known.
2. I would like to _____ my estimate.
3. The cat made a _____ approach.
4. The exhibition _____ paintings by Picasso.

C 괄호 안에서 문맥에 맞는 말을 고르시오.

1. She <complemented / complimented> me on my new hairstyle.
2. We measured the <length / longevity> and width of the bedroom.
3. The magazine had been losing advertising <expenditure / revenue> for months.
4. There was a slight <chill / shrill> in the air.

DAY 21

---

argument
[άːrgjəmənt]

명 논쟁, 주장
argumentative 형 논쟁적인
settle an argument 논쟁을 진정시키다
His argument did not convince his opponents.
그의 주장은 상대를 설득하지 못했다.

---

artificial
[àːrtəfíʃəl]

형 인위적인, 가식적인   = man-made
artificially 부 인위적으로
the world's first artificial heart 세계 최초의 인공 심장
an artificial smile 가식적인 미소

---

ashamed
[əʃéimd]

형 부끄러워하는   ↔ unashamed 부끄러움을 모르는
He felt ashamed of his behavior.
그는 자신의 행동을 부끄러워했다.
She was deeply ashamed of herself.
그녀는 마음속 깊이 자신을 부끄러워했다.

---

aspect
[æspekt]

명 모습, 측면   = angle, side
Finding errors is the most important aspect of my work.
오류를 잡아내는 것이 내 일의 가장 중요한 측면이다.
Her illness affects every aspect of her life.
병이 그녀 인생의 모든 면에 영향을 끼친다.

---

aspiring
[əspáiəriŋ]

형 열망을 품은
aspiring young writers 열망을 품은 젊은 작가들
Hollywood is full of aspiring young actors.
할리우드에는 열망을 품은 젊은 작가들로 넘친다.

---

assemble
[əsémbl]

동 모으다, 조립하다   = gather   ↔ disband 해산시키다
assembly 명 조립
He assembled a collection of his favorite songs.
그는 자기가 좋아하는 노래들을 모았다.
A team of scientists was assembled to study the problem.
한 팀의 과학자들이 그 문제를 연구하기 위해 모였다.

---

chore
[tʃɔːr]

명 집안일, 허드렛일   = duty, task
You can go outside after you've done your chores.
집안일을 끝낸 후에는 나가도 좋다.
We share the domestic chores.
우리는 집안일을 함께 한다.

---

chosen
[tʃóuzn]

형 선택된, 뽑힌 = favored, select
choose 동 선택하다
the chosen few 선택된 소수
This training should help you in your chosen career.
이 연수가 네가 선택한 경력에 도움이 되어야 할 텐데.

Quiz 1 In the past 50 years, pesticide use has increased ten times while crop losses from pest damage have doubled. Here lies the reason why natural control is <avoided / chosen> more than pesticide use.

2014 고1학평

circumstance
[sə́:rkəmstæns]

명 상황
circumstantial 형 상황의
a circumstance to be taken into consideration
고려해야 할 상황
I can't imagine a circumstance in which I would do that.
나는 내가 그렇게 할 상황은 상상도 할 수 없다.

classify
[klǽsəfài]

동 분류하다
classification 명 분류
In law, beer is classified as a food product.
법적으로 맥주는 식품으로 분류된다.
As a musician, Neil is hard to classify.
음악인으로서 Neil은 분류하기가 어렵다.

clearing
[klíəriŋ]

명 개간지, 빈터
cleared 형 개간된
We found a clearing in the forest.
우리는 숲속의 빈 터를 발견했다.
There was a cabin in a clearing in the forest.
숲속 빈터에 오두막이 하나 있었다.

cling
[kliŋ]

동 매달리다 (clang, clung) = adhere
clingy 형 매달리는
cling desperately onto the lifeboats
구명보트에 필사적으로 매달리다
I clung on to his hand in the dark.
나는 어둠속에서 그의 손을 꼭 잡았다.

domestic
[douméstik]

형 1 가정의 2 국내의
domesticate 동 길들이다
the domestic cat 집고양이
The company hopes to attract both foreign and domestic investors.
그 회사는 해외 및 국내의 투자자들을 끌어들이기를 희망하고 있다.

dominate
[dάmənèit]

동 ~보다 우위를 점하다
dominance 명 지배, 우월 dominant 형 지배적인
dominate **the market** 시장에서 우위를 점하다
Our team dominated throughout the game.
우리 팀이 경기 내내 우위를 점했다.

Quiz 2 The incentives to <share / dominate> can range from reputation and attention to less measurable factors such as expression, fun, satisfaction, and simply self-interest. 2012 모평

drain
[drein]

동 소진시키다 ↔ fill 채우다
drainage 명 유역, 배수구역
drain **all the water out** 물을 모두 다 빼내다
I was waiting for the bathtub to drain.
나는 욕조의 물이 빠지기를 기다리고 있었다.

drastic
[drǽstik]

형 급격한, 강렬한
drastically 부 대대적으로, 강력하게
drastic **cuts in government spending** 정부 지출의 급격한 축소
The situation calls for drastic measures.
상황이 강렬한 조치를 요구한다.

fee
[fi:]

명 요금, 수수료 = cost
charge an annual membership fee 연간 회비를 청구하다
The tuition fees went up this year.
수업료가 올해 올랐다.

hinder
[híndər]

동 방해하다 ↔ assist 협조하다
hindrance 명 방해
hinder **the investigation** 조사를 방해하다
The change will hinder our project.
그 변화는 우리의 프로젝트를 방해할 것이다.

hostile
[hάstl]

형 적대적인
hostility 명 적대감
a small town that was hostile **to outsiders**
외부인들에게 적대적인 작은 마을
He's famous for conducting hostile interviews with politicians.
그는 정치인들과 적대적인 인터뷰를 하는 것으로 유명하다.

household
[háushòuld]

명 가정
householder 명 세대주, 가장
the head of the household 가정의 가장
At that time, not many households had telephones.
그때에는 전화기가 있는 가정이 많지 않았다.

The monkeys sit in a corner and avoid any random movements; even a brief touch could be interpreted as the beginning of <generous / hostile> action. 2013 고3학평

liberal
[líbərəl]

형 자유주의적인, 넉넉한
liberate 동 자유롭게 하다
liberal society/democracy 자유로운 사회/민주주의
make a very liberal donation 넉넉한 기부를 하다

lightning
[láitniŋ]

명 번개
thunder and lightning 천둥번개
Lightning flashed overhead.
머리 위에서 번개가 번쩍했다.

likelihood
[láiklihùd]

명 가능성 = liability, probability
the likelihood of rain today 오늘 비가 올 가능성
There is a strong likelihood that he will be reelected.
그가 재당선될 것 같은 높은 가능성이 있다.

likeness
[láiknis]

명 유사성 = resemblance ↔ difference 차이
family likeness 가족으로서 닮은 점
There's some likeness between them.
그들 사이에는 뭔가 유사성이 있다.

likewise
[láikwàiz]

부 마찬가지로, 또한 = similarly
She put on a shawl and told the girls to do likewise.
그녀는 숄을 걸치더니 여자 아이들에게도 그렇게 하라고 말했다.

Water these plants once a week, and likewise the ones in the kitchen.
이 화초들은 일주일에 한 번씩 물을 주고 주방에 있는 것들도 똑같이 해라.

obey
[oubéi]

동 따르다, 복종하다 = comply with, conform to
obeyance 명 복종
obey an order 지시에 따르다
'Run!' she said, and the dog obeyed her instantly.
"달려!" 라고 그녀가 말하자, 그 강아지는 즉시 복종했다.

When there is a particular problem in following a rule, then the parents may want to implement associated consequences if the rule is <broken / obeyed>. 2011 고3학평

object
[əbdʒékt]

동 반대하다, 거부하다 명 물건, 물체
object to rewriting the report 보고서를 다시 쓰는 것을 거부하다
There are two objects in the box—a pencil and an eraser.
상자에는 연필과 지우개, 두 개의 물체가 있다.

objective
[əbdʒéktiv]

명 목적, 목표 형 객관적인
objectively 부 객관적으로   objectivity 명 객관성
an objective judgment 객관적인 판단
We've set specific objectives for each day.
우리는 하루하루의 특정한 목표를 세웠다.

odd
[ad]

형 1 이상한 2 홀수의, ~남짓의
odds 명 가능성
There was something odd about her.
그녀는 뭔가 이상한 게 있었다.

The odd numbers include 1, 3, 5, 7, etc.
홀수에는 1, 3, 5, 7 등이 있다.

The ship sank forty odd years ago.
그 배가 가라앉은 지 40년 남짓 되었다.

preferable
[préfərəbl]

형 바람직한
preference 명 선호
the preferable choice 바람직한 선택
Learning in a small group is far preferable to learn in a large, noisy classroom.
크고 시끄러운 교실에서보다 작은 그룹으로 배우는 것이 훨씬 바람직하다.

prehistoric
[prì:histó:rik]

형 선사시대의, 구시대적인
prehistoric animals 선사시대의 동물들
a prehistoric attitude towards women
여자들에 대한 구시대적인 태도

prejudice
[prédʒudis]

명 편견, 선입견   = bias
fight against racial prejudice 인종적 편견에 맞서 싸우다
She has a prejudice against fast-food restaurants.
그녀는 패스트푸드 음식점에 대한 편견이 있다.

preoccupied
[pri:ákjəpàid]

형 ~에 몰두해 있는, 멍한
preoccupation 명 몰두
Joe was too preoccupied with his own life to notice his son's problems.
Joe는 자기 인생에 너무 몰두해 있어서 자기 아들의 문제는 알아챌 수 없었다.

She is too preoccupied with her worries to enjoy the meal.
그녀는 너무 걱정에 빠져있어서 식사를 즐길 수 없다.

rid
[rid]

동 제거하다 = clear
rid the country of nuclear weapons
그 나라에서 핵무기를 제거하다
He worked two jobs to rid himself of debt.
빚을 청산하기 위해 그는 두 가지 일을 했다.

sum
[sʌm]

명 돈의 합계 동 1 합하여 ~가 되다 2 요약하다
large sums of money on advertising 광고에 들어간 큰 액수의 돈
sum figures in one's head 머릿속으로 합계를 내다
I'll sum up briefly and then we'll take questions.
제가 잠깐 요약한 다음에 질문을 받겠습니다.

summit
[sʌmit]

명 정상, 정상회담 = apex ↔ bottom 바닥
reach the summit 정상에 도달하다
Leaders of several nations attended the economic summit.
여러 나라의 지도자들이 경제 정상회담에 참석했다.

superficial
[sùːpərfíʃəl]

형 피상적인 = skin-deep ↔ profound 심오한
a superficial analysis of the results 결과에 대한 피상적인 분석
He had a superficial knowledge of the topic.
그는 그 주제에 대해 피상적인 지식만을 가지고 있었다.

Quiz 5 The outside dock area in winter, if the temperature is below freezing, is no place for an employee to conduct a <superficial / thorough> inspection of incoming products! 2010 고3학평

superior
[səpíəriər]

형 우월한 ↔ inferior 열등한
superior technique 월등한 기술력
My bike is far superior to yours.
내 오토바이가 네 것보다 훨씬 좋다.

supervision
[sùːpərvíʒən]

명 감독, 관리 = care, guidance
supervise 동 감독하다
need constant supervision 지속적으로 감독을 필요로 하다
He's responsible for the supervision of a large staff.
그는 많은 직원들의 관리 책임이 있다.

supplementary
[sʌ̀pləméntəri]

형 추가의, 보충의 = additional
supplement 명 보충물
supplementary information 추가 정보
a lot of supplementary material 많은 보충 자료

threat
[θret]

명 위협 동 위협하다
threatened 형 위협당한 threatening 형 위협적인
Your threats don't scare me.
너의 협박은 겁나지 않아.
The government will not give in to terrorist threats.
정부는 테러분자들의 위협에 굴하지 않을 것이다.

tidal
[táidl]

형 조류의
tide 명 조류
tidal erosion 조류에 의한 침식
tidal power generation 조력 발전

A 우리말은 영어로, 영어는 우리말로 쓰시오.

1. 논쟁, 주장	_____	11. drastic	_____
2. 모습, 측면	_____	12. household	_____
3. 분류하다	_____	13. prehistoric	_____
4. 요금, 수수료	_____	14. hostile	_____
5. 따르다, 복종하다	_____	15. likelihood	_____
6. 가정의, 국내의	_____	16. supplementary	_____
7. 조롱, 조롱하다	_____	17. likeness	_____
8. 매달리다	_____	18. preferable	_____
9. 집안일, 허드렛일	_____	19. superior	_____
10. 방해하다	_____	20. circumstance	_____

B 빈칸에 알맞은 말을 고르시오.

odd	superficial	dominated	clearing

1. We found a _____ in the forest.
2. Our team _____ throughout the game.
3. He had a _____ knowledge of the topic.
4. The ship sank forty _____ years ago.

C 괄호 안에서 문맥에 맞는 말을 고르시오.

1. She was too <prepared / preoccupied> with her worries to enjoy the meal.
2. He worked two jobs to <lid / rid> himself of debt.
3. His <argument / criticism> did not convince his opponents.
4. She became a CEO without sacrificing her <familarity / femininity>.

armed
[a:rmd]

형 **무장한**　= guarded　↔ unarmed 무장을 해제한
an armed **guard** 무장한 경비원
The Thistlegorm was a World War II armed merchant vessel.
Thistlegorm호는 제2차 세계대전 당시 무장한 상선이었다.

arrogant
[ǽrəgənt]

형 **거만한**
arrogance 명 오만, 거만
an arrogant **reply** 거만한 응답
She was unbearably arrogant.
그녀는 참을 수 없을 정도로 거만했다.

article
[á:rtikl]

명 **1 기사 2 물품, 물건**
read an interesting article 재미있는 기사를 읽다
chief articles of export 주요 수출품

artifact
[á:rtəfækt]

명 **(문화) 유물, 인공 유물**
artifactual 형 인공물의
ancient Egyptian artifacts 고대 이집트 유물
The caves contained many prehistoric artifacts.
그 동굴에는 선사시대 유물이 많이 있었다.

claim
[kleim]

동 **요구하다, 주장하다**　= insist　↔ deny 부정하다
claimless 형 청구권이 있는
The girl claimed to have seen the fairies.
그 소녀는 요정을 봤다고 주장했다.

Both of them claimed credit for the idea.
그들 중 두 명 모두 그 아이디어가 자기 것이라고 주장했다.

clarify
[klǽrəfài]

동 **명료하게 하다**
clarity 명 명확함
His explanation did not clarify matters much.
그의 설명으로 일이 그렇게 명료해지지는 않았다.

Can you clarify exactly what it is you're suggesting?
당신이 제안하고 있는 것이 정확히 무엇인지 밝혀주세요.

fever
[fí:vər]

명 **열, 열성, 열의**
feverish 형 열이 있는
have a slight fever 미열이 있다
We waited in a fever of anticipation.
우리는 기대에 차서 열성적으로 기다렸다.

fierce
[fiərs]

형 격렬한
fiercely 위 몹시, 맹렬히
a fierce argument 격렬한 논쟁
The proposal has faced fierce opposition.
그 제안은 격렬한 반대에 맞닥뜨렸다.

honorable
[ánərəbl]

형 훌륭한, 명예로운
honor 명 영광 honorary 형 명예의
have a long and honorable history
길고도 훌륭한 역사를 지니고 있다
find an honorable way out of this dispute
이 분쟁에서 명예롭게 빠져나가는 길을 찾다

hospitality
[hàspətǽləti]

명 후대, 환대   = warmth, friendliness
hospitable 형 우호적인
They showed me great hospitality.
그들은 나를 대단히 환대해 줬다.
Thank you for your hospitality.
환대에 감사드립니다.

> **Quiz 1** It was once considered an amazing achievement to reach the summit of Mount Everest. It was even a national <disgrace / honor> to have a climber waving a national flag there. 2014 고2학평

host
[houst]

동 주최하다   = hold, throw
hostless 형 주최자가 없는
host the next World Cup 다음 월드컵을 주최하다
host a party 파티를 열다

lift
[lift]

들어 올리다   = hoist, pick up   ↔ lower 낮추다
lift a bucket of water 한 양동이의 물을 들어 올리다
He lifted the phone before the second ring.
그는 벨소리가 두 번 울리기 전에 전화기를 들었다.

obstacle
[ábstəkl]

명 장애물, 난관   = block
avoid an obstacle in the road 길에 있는 장애물을 피하다
overcome a number of obstacles 수많은 난관을 극복하다

obvious
[ábviəs]

형 분명한   = apparent   ↔ ambiguous 모호한
obviously 위 명백히
notice the obvious signs of the disease
그 질병의 뚜렷한 증상을 알아채다
It was obvious that things were going bad.
일이 잘못되어가고 있는 것이 분명했다.

occasion
[əkéiʒən]

몡 경우, 때
occasional 혱 가끔의 occasionally 튄 때때로
special occasions 특별한 때
He never found an occasion to suggest his ideas.
그는 자신의 아이디어를 제시할 순간을 찾지 못했다.

Quiz 2 Humans tend to interact with their pets when they feel like it, rather than <consistently / occasionally> responding to the animal's demands for attention. 2013 모평

---

occupy
[ákjupài]

동 차지하다
occupant 몡 점유자, 거주자
occupy a beautiful spot next to the ocean
바닷가의 멋진 지점을 차지하다
Reading occupies most of my leisure time.
내 여가 시간은 대부분 독서가 차지한다.

---

occur
[əkə́ːr]

동 일어나다, 발생하다   = befall, happen
occurrence 몡 발생
be about to occur 막 발생하려고 하다
The disease tends to occur in children under the age of seven.
그 질병은 7세 미만의 아이들에게서 발생하는 경향이 있다.

Quiz 3 At match point in the final game of the racquetball tournament, Gonzolas made a "kill shot" to win the tournament. The referee called it a success. But after a moment's hesitation, Gonzolas declared that his shot had hit the wrong place first. As a result, the serve went to his opponent, who went on to win the match. A leading racquetball magazine called for an explanation of the first ever <preference / occurrence> on the professional racquetball circuit. 2010 고2학평

---

offend
[əfénd]

동 공격하다, 감정을 상하게 하다
offender 몡 범죄자 offense 몡 죄, 위반
be offended by a personal question
개인적인 질문에 감정이 상하다
I felt a little offended by their lack of respect.
나는 그들의 존중하는 마음이 없는 것에 기분이 좀 상했다.

preparatory
[pripǽrətɔ́ːri]

[pripǽrətɔ̀ːri] 형 예비의 = preliminary
prepare 동 준비하다
preparatory steps 예비 단계
There is a lot of preparatory work involved in teaching.
가르치는 일에는 여러 가지 예비 작업들이 있다.

prescription
[priskrípʃən]

명 처방전
prescribe 동 처방하다
be only sold with a prescription 처방전이 있어야만 팔 수 있다
I have to pick up my prescription.
내 처방전을 받아와야겠다.

Quiz 4 Some families work better together if there is a set of house rules.
These <prohibit / prescribe> the expectations for behaviors and
guidelines for the family to live together as a group. 2011 고3학평

presence
[prézns]

명 존재 ↔ absence 부재
present 형 참석해 있는
No one noticed the stranger's presence.
아무도 그 이방인의 존재를 알아채지 못했다.
He is shy in the presence of strangers.
그는 모르는 사람들이 있으면 수줍어한다.

present
[prizént]

제시하다, 제공하다 형 [préznt] 존재하는
presentation 명 발표, 표현
the gases present in the earth's atmosphere
지구의 대기에 존재하는 기체들
The scientist presented his results to the committee.
그 과학자는 그의 연구결과를 협회에 제시했다.

rip
[rip]

동 찢다, 찢어지다 = tear, shred
rip the fabric in half 천을 반으로 찢다
He ripped the poster off the wall.
그는 포스터를 벽에서 뜯어냈다.

roam
[roum]

동 배회하다 = drift, float
roamer 명 방랑자
Goats roam free on the mountain.
염소들이 산에서 자유로이 떠돌아다닌다.
Don't let your children roam the streets.
아이들이 거리를 배회하도록 두지 마라.

supply
[səplái]

동 제공하다 명 물품 supplies pl. 보급품, 공급품
a store that sells art supplies 미술 물품을 파는 가게
Paint for the project was supplied by the city.
프로젝트에 필요한 페인트는 시에서 제공한다.

suppose
[səpóuz]

동 가정하다 = guess
supposedly 부 아마도
She looked about 40, I suppose.
그녀는 아마도 40세 정도 되는 것 같았다.
Supposing a fire broke out, how would you escape?
불이 났다고 가정하자, 당신은 어떻게 탈출할 것인가?

suppress
[səprés]

동 억압하다 = contain, stifle
suppressive 형 억압하는
suppressed anger 억눌린 분노
She struggled to suppress her feelings of jealousy.
그녀는 그녀의 질투심을 억누르려고 몸부림쳤다.

supreme
[səprí:m]

형 최상위의 = primary
supremacy 명 우위, 패권
a matter of supreme importance 최고로 중요한 일
a supreme effort 최대한의 노력

surface
[sə́:rfis]

명 (사물의) 표면 = shell, skin ↔ inside 내부
The surface of wood was rough.
나무 표면이 거칠었다.
Fallen leaves floated on the surface of the water.
낙엽들이 물 위에 떠다녔다.

surge
[sə:rdʒ]

명 급증, 급등 동 급상승하다 = rush, rise
a surge in food costs 식품비의 급등
Oil prices surged.
기름 값이 솟구쳤다.

suspect
[səspékt]

동 의심하다, 생각하다
suspicion 명 의심 suspicious 형 의심하는
I suspect it will rain. 나는 비가 오리라 생각한다.
He strongly suspected she was lying to him.
그는 그녀가 자기에게 거짓말을 하고 있다고 단단히 의심했다.

Quiz 5 Once you've given your statement to the police as a <suspect / witness>, it will be used to track down the people who committed the crime. 2008 고3학평

sustain
[səstéin]

동 유지하다
sustained 형 지속된　sustainable 형 지속가능한
sustain the children's interest 아이들의 관심을 유지하다
Hope sustained us during that difficult time.
희망이 그 어려운 시기에 우리를 지탱해주었다.

swallow
[swɑ́lou]

동 삼키다, 참다　= ingest　↔ reject 거부하다
swallower 명 대식가
swallow an insult 모욕을 참다
Most snakes swallow their prey whole.
대부분의 뱀들은 먹이를 통째로 삼킨다.

sweep
[swi:p]

동 쓸다(swept, swep)　= brush
sweeping 형 휩쓰는, 압도적인
sweep the leaves 낙엽을 쓸다
A storm swept across the plains.
폭풍이 평원을 휩쓸었다.

swift
[swift]

형 신속한, 빠른　= breakneck
swiftly 부 신속히
a swift runner 빠른 주자
a swift and accurate response 빠르고 정확한 응답

switch
[switʃ]

동 바꾸다, 전환하다　= shift　↔ maintain 유지하다
switch seats 자리를 바꾸다
Why did you switch jobs?
왜 직업을 바꿨니?

unsurpassed
[ʌnsərpǽst]

형 뛰어난, 타의 추종을 불허하는
have unsurpassed physical power
누구에게도 뒤지지 않는 신체적 힘을 가지고 있다
an unsurpassed knowledge of modern art
타의 추종을 불허하는 현대 예술 지식

urban
[ə́:rbən]

형 도심의
urbanize 동 도시화하다
unemployment in urban areas 도시 지역의 실업
The speed limit is strictly enforced on urban roads.
도심의 도로에서는 속도제한이 엄격히 시행된다.

urge
[ə:rdʒ]

동 재촉하다, 몰아대다 명 욕구, 충동
the urge for something sweet 뭔가 단 것에 대한 욕구
I urge you to reconsider.
재고해 줄 것을 간곡히 부탁드립니다.

urgent
[ə́ːrdʒənt]

형 긴급한, 다급한
urgency 명 절박, 긴박
deliver an urgent message 긴급한 메시지를 전달하다
An urgent voice came over the intercom.
다급한 목소리가 인터컴에서 들려왔다.

Quiz 6 One person can't do all of those things alone. Instead, each person performs one highly <specialized / urgent> job such as growing vegetables, designing a building or composing music. 2012 고2학평

Quiz 정답

1 honor, 한 때 에베레스트 산에 오르는 것은 놀라운 성과로 여겨졌다. 거기에서 국기를 흔드는 등반가를 갖는 것은 국가적 영예이기까지 했었다.

2 consistently, 인간은 관심을 받고자 하는 애완동물의 요구에 지속적으로 응하기보다는 자신들이 그렇게 하고 싶을 때 애완동물과 상호 작용을 하는 경향이 있다.

3 occurrence, 라켓볼 토너먼트 결승전의 결승점의 순간에 Gonzolas는 토너먼트 우승을 할 수 있는 "회심의 한 방"을 날렸다. 심판은 이것을 성공으로 인정했다. 하지만 잠시 머뭇거린 Gonzolas는 그가 날린 샷은 먼저 엉뚱한 곳을 때렸다고 말했다. 그 결과 서브는 상대에게 넘어갔고 상대는 그 경기에서 이기게 되었다. 유명 라켓볼 잡지는 프로 라켓볼 리그에서 최초로 벌어진 사건에 대해 설명을 요구했다.

4 prescribe, 어떤 가족들은 일련의 가족 규칙이 있으면 더 잘 지낸다. 이 규칙들은 행동에 대한 기대와 가족들이 하나의 집단으로 함께 살도록 하는 지침을 규정한다.

5 witness, 일단 목격자로서 당신의 진술을 경찰에 제공하면 이는 범죄를 저지른 사람을 추적하는 데 사용될 것이다.

6 specialized, 한 사람이 이 모든 일을 혼자서 할 수는 없다. 대신에, 각 개인은 채소를 재배하거나, 건물을 디자인 하거나, 음악을 작곡하는 것과 같은 매우 특화된 일을 수행한다.

A 우리말은 영어로, 영어는 우리말로 쓰시오.

1. 요구하다, 주장하다	_____	11. armed	_____
2. 예비의	_____	12. hospitality	_____
3. 주최하다	_____	13. obvious	_____
4. 경우, 때	_____	14. rip	_____
5. 배회하다	_____	15. suppose	_____
6. 처방전	_____	16. arrogant	_____
7. 억압하다	_____	17. fierce	_____
8. 존재	_____	18. obstacle	_____
9. 들어 올리다	_____	19. swift	_____
10. 유지하다	_____	20. urban	_____

B 빈칸에 알맞은 말을 고르시오.

arranged	surface	suspect	occupies

1. Fallen leaves floated on the _____ of the water.
2. She _____ the flowers in the vase.
3. Reading _____ most of my leisure time.
4. I _____ it will rain.

C 괄호 안에서 문맥에 맞는 말을 고르시오.

1. I felt a little <defended / offended> by their lack of respect.
2. Paint for the project was <demanded / supplied> by the city.
3. Most snakes <follow / swallow> yheir prey whole.
4. She struggled to <impress / suppress> her feelings of jealousy.

DAY 23

---

assess
[əsés]

통 **평가하다** = judge
assessment 명 평가

Many of them were assessed as having learning difficulties.
그들 중 다수가 학습 장애를 가진 것으로 평가되었다.

Damage to the car was assessed at $2,000.
차의 피해액은 2천 달러로 산정되었다.

---

asset
[ǽset]

명 **자산, 이점** = strength ↔ **drawback** 결점

His wit is his chief asset.
그의 위트는 그의 주요 자산이다.

He'll be a great asset to the team.
그는 그 팀의 큰 자산이 될 것이다.

---

assign
[əsáin]

통 **부여하다, 할당하다** = entrust
assignment 명 할당, 임무, 과제

be assigned to the embassy in India
인도 대사관으로 발령이 나다

The teacher assigned us 30 math problems for homework!
선생님은 우리에게 수학문제 30개를 숙제로 내주셨다.

---

associate
[əsóuʃièit]

통 **관련시키다, 연합시키다**
association 명 단체, 연합

He associates himself with some strange people.
그는 약간 이상한 사람들하고 어울려 다닌다.

I don't want to be associated with people like him.
그 남자 같은 사람하고는 관련되고 싶지 않다.

---

assume
[əsú:m]

통 **1 가정하다 2 떠맡다**
assumption 명 가정, 추정

assume the role of managing director 부장의 역할을 떠맡다

You weren't there, so I assumed you were at home.
네가 거기에 없어서 나는 네가 집에 있을 것이라고 생각했다.

---

assure
[əʃúər]

통 **보증하다, 확신시키다**
assurance 명 보장, 확신

She assured me that she would be safe.
그녀는 자기가 안전할 것이라고 나에게 확신시켜줬다.

He glanced back to assure himself no one was following.
아무도 미행하지 않는지 확인하려고 그는 뒤돌아봤다.

---

clutter
[klʌtər]

图 뒤죽박죽으로 만들다 = litter, mess up
a room cluttered with toys 장난감들로 뒤죽박죽 된 방
The garage was cluttered with tools.
창고가 연장들로 뒤죽박죽이었다.

coincide
[kòuinsáid]

图 동시에 발생하다, 일치하다
coincidence 명 우연의 일치
If our schedules coincide, we'll go to Canada together.
우리 스케줄이 일치하면 우리는 함께 캐나다에 갈 것이다.
Our views coincide on a range of subjects.
우리의 관점은 여러 주제들에서 일치한다.

접두어 co- '함께', '연합하여'라는 의미를 갖는다.
co-found 공동 설립하다 / co-exist 공존하다 / co-worker 동료

---

collapse
[kəlǽps]

图 무너지다, 부서지다 = crumple
The chair she was sitting in collapsed.
그녀가 앉아 있던 의자가 부서졌다.
The roof collapsed under a heavy load of snow.
무거운 눈 더미에 지붕이 무너졌다.

collective
[kəléktiv]

혱 집단적인, 공동의 = common ↔ individual 개인의
collection 수집품, 소장품
our collective responsibility for the environment
환경에 대한 우리들 공동의 책임
The incident became part of our collective memory.
그 사건은 공동의 기억의 일부가 되었다.

dread
[dred]

图 두려워하다 = fear
dreadful 혱 두려운
He dreads going in the water.
그는 물에 들어가는 것을 두려워한다.
I dread the thought of leaving my home.
나는 고향을 떠난다는 생각이 두렵다.

Quiz 1 Generalists, on the other hand (think mice), are able to survive just about anywhere. They can <dread / withstand> heat and cold, eat your organic breakfast cereal or seeds and berries in the wild.

2014 고3학평

drive
[draiv]

图 밀어붙이다(drove, driven)
driving force 추진력
Don't drive yourself too hard.
자신을 너무 심하게 밀어붙이지 마라.

drought
[draut]

명 가뭄
a drought that lasted several years 여러 해 계속된 가뭄
The drought caused serious damage to crops.
가뭄은 작물에 심각한 피해를 가져왔다.

durable
[djúərəbl]

형 내구력이 있는, 튼튼한
durability 명 내구성 duration 명 기간
durable furniture 튼튼한 가구
Iron is a durable material.
철은 내구력이 있는 물질이다.

earthly
[ə́:rθli]

형 지상의, 세속적인   = material   ↔ heavenly 천상의
a sermon against our obsession with earthly pursuits
우리의 세속적인 목표에의 집착에 반대하는 설교
our earthly pleasures 세속적 쾌락

figure
[fígjər]

명 1 숫자 2 모형 3 인물
wax figure 밀랍 모형
prominent figure 저명인사
No precise figures are available yet.
아직 정확한 수치는 전혀 알 수 없다.

file
[fail]

동 (서류를) 제출하다, 제기하다
file for bankruptcy 파산 신청을 하다
file suit for divorce 이혼 소송을 제기하다

finance
[finǽns]

명 자금 동 자금을 대다
financial 형 재정상의
The library closed due to a lack of finances.
도서관은 자금부족으로 문을 닫았다.
She financed him to study abroad.
그녀는 그가 해외에서 공부할 수 있도록 자금을 댔다.

fine
[fain]

형 섬세한, 미세한 동 벌금을 부과하다
fine brown hair 가는 갈색 머리카락
He was fined for speeding.
그는 과속으로 벌금을 물었다.

firm
[fə:m]

형 확고한 명 회사
firmly 부 확실히
soft but firm voice 부드럽지만 확고한 목소리
a law firm 법률회사

humanity
[hju:mǽnəti]

명 1 인류 2 humanities 인문학

the college of arts and humanities 예술 및 인문학 대학

These discoveries will be of benefit to all humanity.
이런 발견들은 모든 인류에 혜택이 될 것이다.

linger
[líŋgər]

동 남아있다

lingering 형 오래 끄는

The smell of her perfume lingered.
그녀의 향수 냄새가 남아 있었다.

He lingered in bed and missed breakfast.
그는 침대에서 꾸물거리느라 아침밥을 걸렀다.

literacy
[lítərəsi]

명 읽고 쓰는 능력 ↔ illiteracy 문맹

achieve basic literacy 기초 읽고 쓰기 능력을 달성하다

The country has a literacy rate of almost 98%.
그 나라는 거의 98%가 읽고 쓰는 능력을 갖췄다.

literary
[lítərèri]

형 문학의

literature 명 문학

an essay written in a very literary style
매우 문학적인 문체로 쓰인 에세이

Mystery fiction is one of many literary forms.
미스터리 픽션은 많은 문학 형태 중의 하나이다.

loan
[loun]

동 빌려주다 명 대출

loan out ~ 을 빌려주다

pay off a loan 대출금을 갚다

She loaned him the money to buy a new car.
그녀는 그가 새 차를 살 돈을 빌려줬다.

on-the-go
[ɑn-ðə-gou]

형 끊임없이 일하는, 바쁜

be on the go 끊임없이 바쁘다

I've been on the go all day, and I'm really tired.
하루 종일 바빠서 정말 피곤하다.

prevent
[privént]

동 방해하다, 방지하다

prevention 명 방지

Bad weather prevented us from leaving.
날씨가 나빠 우리는 떠나지 못했다.

Seatbelts in cars often prevent serious injuries.
자동차의 안전벨트는 종종 심각한 부상을 방지한다.

Quiz 2 When two monkeys are trapped together in a small cage, they try everything they can to <prevent / start> a fight. Moving with caution and suppressing any behaviors that could trigger aggression are good short-term solutions to the problem. 2013 고3학평

prey
[prei]

명 먹이 ↔ predator 포식자
become the prey of fashion 유행의 프로가 되다
The bird circled above looking for prey.
그 새는 먹잇감을 찾아 위에서 빙빙 돌았다.

route
[ru:t]

명 길, 경로
en route to ~로 가는 도중에
an escape route in case of fire 화재 시 대피로
We didn't know what route to take.
우리는 어떤 길로 가야할지 몰랐다.

rub
[rʌb]

동 문지르다, 비비다 = chafe
Could you rub my shoulders?
내 어깨 좀 문질러 줄래?
The cat rubbed against my leg.
고양이가 자기 몸을 내 다리에 비볐다.

ruin
[rú:in]

명 파멸, 폐허 동 파괴하다, 망치다
ruined 형 멸망한
The castle is now a ruin.
그 성은 지금은 폐허다.
This illness has ruined my life.
병이 그의 인생을 망쳐 놨다.

tackle
[tǽkl]

동 (어려운 문제를) 처리하다, 다루다 = attack
We found new ways to tackle the problem.
우리는 그 문제를 처리하는 새로운 방법들을 발견했다.
It took ten fire engines to tackle the blaze.
화염을 진압하는데 소방차 10대가 들었다.

tactic
[tǽktik]

명 전략
use delaying tactics 시간 끌기 작전을 쓰다
We may need to change tactics.
우리는 어쩌면 전략을 바꿔야 할지도 모르겠다.

tap
[tæp]

동 1 가볍게 두드리다 2 빼내다, 이용하다
tap a pencil on the desk 연필로 책상을 톡톡 치다
I tapped the last of my savings.
나는 마지막 예금을 인출했다.

tend
[tend]

동 돌보다, 손질하다 = take care of
He tends the garden. 그는 정원을 돌본다.
Who's tending the store?
누가 가게를 돌보고 있지?

tendency
[téndənsi]

명 경향, 추세
She has a tendency to talk for too long.
그녀는 너무 길게 말하는 경향이 있다.

The economy has shown a general tendency toward inflation.
경제가 전반적으로 인플레이션으로 향하는 추세를 보였다.

valid
[vǽlid]

형 유효한, 타당한 ↔ invalid 효력이 없는
present valid identification 유효한 신분증을 제시하다
Your return ticket is valid for three months.
당신의 돌아오는 표는 3개월간 유효합니다.

Quiz 3 England's plan to establish colonies in North America, starting in the late sixteenth century, was founded on a <false / valid> idea. It was generally assumed that Virginia, the region of the North American continent to which England laid claim, would have the same climate as the Mediterranean region of Europe, since it lay at similar latitudes. As a result, the English hoped that the American colonies, once established, would be able to supply Mediterranean goods such as olives and fruit and reduce England's dependence on imports from continental Europe. 2014 모평

valueless
[vǽljuːlis]

형 가치 없는 = worthless
valueless currency 가치 없는 통화
turn out to be valueless 가치 없는 것으로 밝혀지다

Quiz 4 There are plenty of wipes, creams, and sprays on store shelves that promise to remove germs without the addition of running water. While they're not a substitute for regular hand washing, they can be a <valuable / valueless> second line of defense. 2010 고2학평

voluntary
[válǝntèri]

형 자발적인
voluntarily 부 자발적으로 volunteer 명 자원봉사자
voluntary behavior 자발적인 행동
Participation in the program is completely voluntary.
프로그램에의 참여는 완전히 자발적인 것이다.

vomit
[vάmit]

图 토하다　= throw up
vomit **blood** 피를 토하다
The dog vomited on the floor.
그 개는 바닥에 토했다.

warehouse
[wέərhàus]

명 창고　= storehouse
store goods in a warehouse 창고에 물건들을 쌓다
a freight warehouse 화물 창고

A 우리말은 영어로, 영어는 우리말로 쓰시오.

1. 가뭄 _____
2. 무너지다, 부서지다 _____
3. 경향, 추세 _____
4. 집단적인, 공동의 _____
5. 평가하다 _____
6. 문지르다, 비비다 _____
7. 자산, 이점 _____
8. 두려워하다 _____
9. 밀어붙이다 _____
10. 지상의, 세속적인 _____

11. assign _____
12. prevent _____
13. vanish _____
14. valid _____
15. on-the-go _____
16. tactic _____
17. tend _____
18. valuable _____
19. linger _____
20. literacy _____

B 빈칸에 알맞은 말을 고르시오.

assured	durable	financed	fined

1. She _____ him to study abroad.
2. She _____ me that she would be safe.
3. He was _____ for speeding.
4. Iron is a _____ material.

C 괄호 안에서 문맥에 맞는 말을 고르시오.

1. She works as a street <bandit / vendor>, selling fruit and vegetables.
3. We found new ways to <tackle / tickle> the problem.
3. These discoveries will be of benefit to all <humanity / humility>
4. She <borrowed / loaned> him the money to buy a new car.

astounding
[əstáundiŋ]

형 놀라운　= astonishing
an astounding revelation 놀라운 폭로
He ate an astounding amount of food.
그는 엄청난 양의 음식을 먹었다.

athletic
[æθlétik]

형 운동의, 경기의
athletics 명 육상, 체육
have an athletic build 운동선수의 체격을 가지고 있다
He has a great athletic ability.
그는 대단한 운동 능력을 가지고 있다.

attach
[ətǽʧ]

동 달라붙다, 첨부하다
attachment 명 애착
attach a note to the package 소포에 메모를 붙이다
I attached the file to the e-mail.
나는 이메일에 그 파일을 덧붙였다.

column
[kάləm]

명 1 기둥, 원주 2 (신문이나 잡지의) 칼럼
a column of smoke 연기 기둥
I didn't have time to read the whole article – just the first column.
나는 전체 기사를 읽을 시간이 없어서 첫 번째 칼럼만 읽었다.

combat
[kəmbǽt]

동 ~와 싸우다　= battle, fight
combatant 명 전투원
combat poverty 가난과 싸우다
The drug helps combat infection.
그 약은 병을 이겨내는 데 도움을 준다.

combine
[kəmbáin]

동 결합하다
combination 명 결합, 조합　combined 형 합친, 결합된
combine the sugar and flour 설탕과 반죽을 섞다
Diets are most effective when combined with exercise.
다이어트는 운동과 결합할 때 가장 효과적이다.

consciousness
[kάnʃəsnis]

명 의식
consciously 부 의식적으로
regain consciousness 의식을 다시 회복하다
The painful memories eventually faded from his consciousness.
고통스러운 기억이 마침내 그의 의식에서 사라졌다.

Quiz 1 Sometimes the giving is <conscious / unintentional>. You give information to Google when you have a public website, whether you intend to or not, and you give aluminum cans to the homeless guy who collects them from the recycling bin, even if that is not what you meant to do. 2012 모평

eager
[íːgər]

형 간절한 = anxious ↔ apathetic, indifferent 무심한
eagerly 부 열망하여, 열정적으로
She was eager to get back to work.
그녀는 업무로 복귀하기를 간절히 원했다.

He's a bright kid and eager to learn.
그는 총명하고 배움을 갈구하는 아이이다.

fit
[fit]

동 감정의 폭발 동 들어맞다, 어울리다
fittingly 부 적절하게
a fit of anger 분노 폭발
The suit fits him perfectly.
정장이 그에게 완벽히 어울린다.

identical
[aidéntikəl]

형 동일한, 일치하는
identity 명 동일함, 정체성
They were wearing identical coats.
그들은 똑같은 코트를 입고 있었다.

The boxes were identical in shape.
그 상자들은 모양이 같았다.

Quiz 2 Once upon a time, working with technology provided an outlet for brilliant but antisocial people who found comfort in machines by themselves. Now, technology plays the <identical / opposite> In fact, even the solitary act of listening to your own music in headphones is about to become part of a social community. The social uses of technology, with its new emphasis on connection, have far surpassed the antisocial, individual purposes that technology used to serve. Being good at technology was once socially ignored. However, now it is at the center of organizing friends, parties, and the social life of the family. 2011 고2학평

identify
[aidéntəfài]

동 식별하다, 확인하다
identification 명 동일화, 일체화 identifiable 형 확인 가능한
He was able to correctly identify the mushroom.
그는 버섯을 정확히 식별할 수 있었다.

She identified the dog as her lost pet.
그녀는 그 개가 자신이 잃어버렸던 개임을 알아챘다.

logic
[ládʒik]

图 논리, 논리학
logical 图 논리적인 logically 图 논리적으로
There's no logic in your reasoning.
너의 추론에는 논리가 없다.
If you just use a little logic, you'll see I'm right.
조금만 논리적으로 생각해보면 내가 옳다는 걸 알 거야.

longevity
[londʒévəti]

图 장수
a study of human longevity 인간 수명에 관한 연구
increase the product's longevity 제품의 수명을 늘리다

longing
[lɔ́:ŋiŋ]

图 열망, 갈망　= craving
long 图 간절히 바라다
one's secret longings 몰래 간직한 열망
She cast a look of longing at the shop window.
그녀는 가게 창문으로 갈망의 시선을 던졌다.

offensive
[əfénsiv]

图 불쾌한　= disgusting
offense 图 위반, 반칙
offensive remarks 불쾌한 말
An offensive odor was coming from the basement.
불쾌한 냄새가 지하에서 나오고 있었다.

ongoing
[áŋgòuiŋ]

图 진행 중인　= proceeding
the ongoing events at the school 학교에서 진행 중인 행사
There is an ongoing debate over the issue.
그 문제에 대해 토론이 진행 중이다.

opponent
[əpóunənt]

图 상대방, 적수　= adversary, rival
weak opponent 약한 상대
He knocked out his opponent in the third round.
그는 세 번째 라운드에서 상대를 쓰러뜨렸다.

oppose
[əpóuz]

图 ~에 반대하다　= resist
opposed 图 상반된
oppose the legislation 그 법안에 반대하다
The committee opposed a proposal to allow women to join the club.
위원회는 여자가 그 클럽에 가입하는 것을 허용하자는 제안에 반대했다.

opposite
[ápəzit]

图 반대편의
have the opposite effect 정반대의 효과를 내다
We live on opposite sides of the city.
우리는 반대편 도시에 살고 있다.

preserve
[prizə́ːrv]

통 보존하다, 유지하다
preservation 명 보호, 보존
preserve the peace 평화를 유지하다
The fossil was well preserved.
그 화석은 잘 보존되었다.

Quiz 3 These carriers move with heat and rainfall. With this in mind, researchers have begun to use satellite data to <observe / preserve> the environmental conditions that lead to disease. 2010 고3학평

presume
[prizúːm]

통 가정하다, 추정하다　= assume, imagine
presumably 부 추측컨대
presume innocence until there is proof of guilt
유죄의 증거가 있을 때까지는 무죄로 가정하다
I presume we'll be there by 7 o'clock.
우리는 거기에 7시 정각에 도착할 것으로 예상한다.

pretend
[priténd]

통 ~인척하다
pretension 명 허세, 가식
The boy pretended to make a phone call.
그 남자아이는 전화 거는 시늉을 했다.
He pretended not to notice.
그는 모르는척했다.

primary
[práimeri]

형 제1의
primarily 부 본래, 근본적으로
the primary purpose 주목적
The economy was the primary focus of the debate.
경제가 그 토론의 제1의 중점 사안이었다.

primitive
[prímətiv]

형 원시적인
the time when primitive man first learned to use fire
원시인들이 처음 불의 사용을 배운 시절
primitive mammals 원시 포유동물들

principle
[prínsəpl]

명 원칙　= morals, standards
high moral principles 높은 도덕적 원칙
He considered himself to be a man of principle.
그는 자신을 원칙을 가진 사람으로 여겼다.

prior
[práiər]

형 ~전의　= previous
prior knowledge of the subject 그 주제에 대한 사전 지식
The job requires prior experience in advertising.
그 일자리는 광고 분야의 이전 경력을 요구한다.

priority
[praió:rəti]

명 우선권

that project has top priority 그 프로젝트가 최우선 사항이다

Our team's priority is to win the League.
우리 팀의 우선사항은 리그 우승이다.

rule
[ru:l]

명 통치, 지배 동 통치하다

ruler 명 통치자

people living under communist rule
공산주의 통치하에 사는 사람들

Who will be the next leader to rule the country?
그 나라를 통치할 다음 지도자는 누구인가?

rural
[rúərəl]

형 시골의   = country   ↔ urban 도시의

rural bus routes 시골의 버스 노선

He lives in a rural area. 그는 시골 지역에 살고 있다.

sacred
[séikrid]

형 신성한   = holy

the sacred pursuit of liberty 신성한 자유 추구

We have a sacred duty to find out the truth.
우리는 진리를 찾는 신성한 의무를 가지고 있다.

sympathetic
[simpəθétik]

형 동정적인, 호의적인   = compassionate

sympathy 명 동정심

a sympathetic attitude 동정심 많은 태도

She received much help from sympathetic friends.
그녀는 동정심 많은 친구들로부터 도움을 많이 받았다.

tear
[tɛər]

동 찢다, 파괴하다 〈tore, torn〉

tear apart ~를 헐뜯다

tear a hole in the wall 벽에 구멍을 뚫다

Be careful not to tear the paper.
종이를 찢지 않도록 조심해라.

tease
[ti:z]

동 괴롭히다, 놀리다, 장난치다

He was always teased by his brother about being short.
그는 그의 형에게 늘 작다고 놀림을 받았다.

Don't get so angry. I was just teasing!
그렇게 화내지 마. 그냥 장난이었어!

technical
[téknikəl]

형 기술의, 전문의

technically 부 엄밀히 말하면

technical terms 전문 용어

The essay is too technical for me.
그 에세이는 내게는 너무 전문적이다.

tedious
[tíːdiəs]

형 진저리나는, 싫증나는 = dull, boring
He made a tedious 50-minute speech.
그는 지루한 50분간의 연설을 했다.
The work was tiring and tedious.
그 일은 피곤하고 지루했다.

tiring
[táiəriŋ]

형 피곤하게 만드는
a very tiring day 매우 피곤한 하루
a tiring journey 피곤한 여행

tolerant
[tάlərənt]

형 관용의, 용인하는 = patient
tolerance 명 내성, 관용
a culture tolerant of religious differences
종교적 차이를 용인하는 문화
a tolerant attitude 참을성 있는 태도

utility
[juːtíləti]

명 1 유용성 2 utilities 유용한 것, 공공시설
the utility of a computer 컴퓨터의 유용성
Does your rent include utilities?
임대에 공공시설도 포함되나요?

utter
[ʌ́tər]

형 완전한 동 발언하다, 말하다
The movie was utter garbage.
그 영화는 완전히 쓰레기였다.
He can hardly utter a sentence without swearing.
그는 말만 했다하면 거의 욕이다.

waste
[weist]

명 낭비
wastefu- 형 낭비하는
reduce unnecessary waste 불필요한 낭비를 줄이다
Being unemployed is such a waste of your talents.
실업상태에 있는 것은 너의 재능을 너무 낭비하는 것이다.

watchful
[wάʧfəl]

형 주시하는 = attentive
We need to be more watchful of our children.
우리는 우리의 아이들을 보다 더 주시해야 한다.
The building is being built under the watchful eye of its architect.
건축가가 주시하는 가운데 그 건물이 지어지고 있다.

Quiz 4 They promote a culture of excess, which the majority of star gazers flock to follow. Yet an undercurrent movement referred to as "small living" is creating waves against <wasteful / watchful> consumption.

2010 고3학평

wear
[wɛər]

[통] 1 입다, 착용하다 2. 닳다(wore, worn)

He wore glasses for reading.
그는 독서를 하려고 안경을 꼈다.

The cushions are starting to wear a little.
쿠션들이 약간 닳기 시작했다.

Quiz 정답

1 unintentional, 때때로 주는 것은 의도적이지 않다. 당신이 공개된 웹사이트를 가지고 있을 때, 당신이 의도하든 아니든, 당신은 Google에 정보를 주게 된다. 또 당신은 재활용 쓰레기통에서 알루미늄 캔을 집어 가는 노숙자에게, 비록 그것이 당신이 의도한 것은 아니라 하더라도, 알루미늄 캔을 주는 것이다.

2 opposite, 예전에는, 과학기술을 다루는 일이 홀로 기계에서 위안을 찾는 총명하지만 비사교적인 사람들에게 하나의 출구를 제공해 주었다. 오늘날 기술은 반대 역할을 한다. 사실, 헤드폰으로 당신 자신의 음악을 듣는 혼자 하는 행위조차도 사회 공동체의 일부가 되기에 이르렀다. 관계에 대한 새로운 강조와 더불어 과학기술의 사회적 활용은 과거에 과학기술이 기여했던 비사교적, 개인적 목적을 훨씬 능가했다. 과학기술에 능숙하다는 것은 한 때 사회적으로 무시되었다. 그러나 이제 그것은 친구들, 모임 그리고 가족의 사교생활을 조직하는 것의 중심에 있다.

3 observe, 이러한 매개체는 열이나 강우와 함께 이동한다. 이것을 염두에 두고, 연구자들은 질병을 일으키는 환경조건을 관찰하기 위하여 인공위성 자료를 이용하기 시작했다.

4 wasteful, 그들은 무절제의 문화를 촉진하고 스타를 주시하는 사람들의 대다수는 무리지어 그 문화를 추종한다. 그러나 'small living'이라고 불리는 겉으로 잘 드러나지 않는 움직임이 사치스러운 소비에 반하는 흐름을 만들어 내고 있다.

A 우리말은 영어로, 영어는 우리말로 쓰시오.

1. 상대방, 적수	_____	11. astounding	_____
2. 원시적인	_____	12. tear	_____
3. 불쾌한	_____	13. primary	_____
4. ~척하다	_____	14. attach	_____
5. 신성한	_____	15. consciousness	_____
6. 진행 중인	_____	16. identify	_____
7. 관용의, 용인하는	_____	17. oppose	_____
8. 원칙	_____	18. rural	_____
9. 동일한, 일치하는	_____	19. combine	_____
10. 진저리나는, 싫증나는	_____	20. eager	_____

B 빈칸에 알맞은 말을 고르시오.

presume	preserved	fits	logic

1. The fossil was well _____.
2. There is no _____ in your reasoning.
3. The suit _____ him perfectly.
4. I _____ we'll be there by 7 o'clock.

C 괄호 안에서 문맥에 맞는 말을 고르시오.

1. She cast a look of <belonging / longing> at the shop window.
2. Firefighters <blushed / rushed> to the accident scene.
3. The essay is too <tacit / technical> for me.
4. I didn't have time to read the whole article – just the first <column / volume>.

attain
[ətéin]

동 달성하다, 도달하다 = achieve ↔ lose 잃다
attainment 명 획득
attain **a goal** 목표를 달성하다
The car can attain a top speed of 200 mph.
그 차는 최고 시속 200마일에 도달할 수 있다.

Quiz 1 Contrary to what we usually believe, the best moments in our lives are not the passive, receptive, relaxing times — although such experiences can also be enjoyable, if we have worked hard to <attain / avoid> them. 2011 수능

---

attempt
[ətémpt]

명 시도, 노력 동 시도하다
one last desperate attempt 마지막 한 번의 필사적인 노력
They are attempting a climb up the mountain.
그들은 그 산에 오르려고 시도하고 있다.

attorney
[ətɔ́:rni]

명 변호사, 대리인
finish law school and become an attorney
로스쿨을 졸업하고 변호사가 되다
a letter of attorney 위임장

attract
[ətrǽkt]

동 끌어들이다
attraction 명 명물, 인기명소
A magnet attracts iron.
자석은 철을 끌어들인다.
The scent will attract certain insects.
그 냄새는 어떤 곤충들을 끌어들인다.

Quiz 2 On the other hand, during the off season, demand is low, so companies cut their prices to <attract / distract> people who would normally not travel at that time. One good place in which to find these last-minute bargains is on the Internet. 2012 고3학평

---

aural
[ɔ́:rəl]

형 청각의 = auditory
an aural **stimulus** 청각 자극
an aural **aid** 보청기

command
[kəmǽnd]

동 명령하다 명 명령, 지휘
shout out commands **to the crew** 선원들에게 소리쳐 명령하다
She commanded us to leave.
그녀는 우리에게 떠나라고 명령했다.

comment
[kάment]

명 논평, 비평 동 비평하다, 의견을 말하다
commentary 명 해설
receive positive comments 긍정적인 논평을 듣다
refuse to comment 코멘트하기를 거부하다

Quiz 3 The center hole allows the kite to respond quickly to the flyer's <commands / comments>. 2006 수능

commercial
[kəmə́ːrʃəl]

형 상업용의
commerce 명 상업 commercially 부 상업적으로
a commercial artist 상업 예술가
Their music is too commercial.
그들의 음악은 너무 상업적이다.

communicate
[kəmjúːnəkèit]

동 전하다, 소통하다
communicative 형 의사전달의
She communicated her ideas to the group.
그녀는 그 모임에 자신의 아이디어를 전했다.

The couple has trouble communicating.
그 부부는 소통에 문제가 있다.

commute
[kəmjúːt]

동 통근하다 명 통근
a long commute 장거리 통근
Neil commutes to Manhattan every day.
Neil은 매일 Manhattan으로 통근한다.

ease
[iːz]

동 편안하게 하다 = smooth ↔ complicate 복잡하게 하다
easy 형 편안한, 쉬운
ease tensions between the two nations
두 나라 사이의 긴장을 완화하다
He tried to ease my troubled mind.
그는 나의 괴로운 마음을 풀어주려고 노력했다.

ecology
[ikάlədʒi]

명 생태 환경, 생태학
ecological 형 생태학적인
the natural ecology of the Earth 지구의 자연 생태 환경
a professor in ecology 생태학 교수

edge
[edʒ]

명 가장자리, 테두리 동 조금씩 나아가다
the edge of an ax 도끼의 날
Our raft edged towards the falls.
뗏목이 폭포 쪽으로 나아갔다.

edible
[édəbəl]

형 식용의

a plant with edible leaves 먹을 수 있는 잎을 가진 식물

These mushrooms are edible, but those are poisonous.
이 버섯들은 먹어도 되지만 저것들은 독이 있다.

effect
[ifékt]

명 효과, 영향

effectively 부 효과적으로

have an effect on ~에 영향을 미치다

have a profound effect on our lives
우리 삶에 상당한 영향을 미치다

The effects of the drug soon wore off.
그 약의 효과는 곧 시들해졌다.

efficiency
[ifíʃənsi]

명 효율성

efficiently 형 효율적으로

lower costs and improve efficiencies
비용은 낮추고 효율은 개선하다

The factory was operating at peak efficiency.
그 공장은 최고의 효율성으로 돌아가고 있었다.

flawless
[flɔ́:lis]

형 흠이 없는

a flawless diamond 무결점 다이아몬드

a flawless performance 완벽한 공연

flee
[fli:]

동 달아나다(fled, fled) = disappear ↔ appear 나타나다

Earthquake victims have been forced to flee their homes.
지진 피해자들은 그들의 집에서 나가도록 명령받았다.

Many people fled the city to escape the fighting.
많은 사람들이 그 싸움을 피해 도시를 빠져나갔다.

flesh
[fleʃ]

명 살 = meat

a disease that causes sores on the flesh
살을 쑤시게 만드는 질병

the flesh of a peach 복숭아 과육

ignorant
[íɡnərənt]

형 ~을 모르는

ignore 동 무시하다

It was an ignorant mistake.
그것은 무지에서 오는 실수였다.

I was ignorant of the terms used in business.
나는 사업상 이용되는 용어들을 모르고 있었다.

Quiz 4 Being good at technology was once socially <ignored / respected>.
However, now it is at the center of organizing friends, parties, and
the social life of the family. 2011 고2학평

ill
[il]

형 아픈, 나쁜, 좋지 않은
hold an ill opinion 좋지 않은 의견을 가지다
She was too ill to travel.
그녀는 너무 아파서 여행을 할 수 없었다.

illusion
[ilúːʒən]

명 착각, 환상
illusionist 명 마술사
a sweet illusion 달콤한 환상
Many people have the illusion that full employment is possible.
많은 사람들이 모든 사람이 고용될 수도 있다는 환상을 가지고 있다.

imaginary
[imǽdʒənèri]

형 가상의 = fictional
imaginative 형 상상력이 풍부한
create an imaginary friend to play with
같이 놀 가상의 친구를 지어내다
The Equator is just an imaginary line.
적도는 가상의 선일뿐이다.

immeasurable
[imézərəbəl]

형 헤아릴 수 없을 정도의 = bottomless ↔ bounded 한정된
bring about an immeasurable improvement
엄청난 개선을 가져오다
The war has caused immeasurable damage.
그 전쟁은 엄청난 피해를 유발했다.

immediate
[imíːdiət]

형 즉각적인, 당면한
immediacy 명 직접성
the immediate neighborhood 바로 옆 이웃
The new restaurant was an immediate success.
그 새 음식점은 곧바로 성공했다.

loop
[luːp]

명 고리, 루프 동 고리처럼 둘러싸다
A loop of wire held the gate shut.
철사 고리가 문을 닫아 두었다.
The road loops around the pond.
길은 연못 주변을 두르고 있다.

loose
[luːs]

형 헐거워진, 풀린 = slack ↔ taut 팽팽한
a loose tooth 헐거워진 치아
The rope was tied in a loose knot.
그 밧줄은 느슨한 매듭으로 묶여있었다.

loss
[lɔ(ː)s]

명 손실 ↔ gain 이득
lose 동 잃다
loss of sight 시력 손실
The company's losses for the year were higher than expected.
그 해의 회사 손실은 예상보다 높았다.

merit
[mérit]

명 장점
She saw merit in both of the arguments.
그녀는 두 가지 주장 모두에서 장점을 봤다.
The suggestion has some merit.
그 제안은 약간의 장점이 있다.

optimal
[áptəməl]

형 최고의, 최적의
Under optimal conditions, these plants grow quite tall.
최적의 조건에서 이 화초는 매우 크게 자란다.
He keeps his car engine tuned for optimal performance.
그는 최고의 성능을 위해 자기 차의 엔진을 튜닝했다.

orderly
[ɔ́ːrdərli]

형 질서 있는 = tidy ↔ messy 어수선한
an orderly arrangement of pictures 질서 정연한 사진 정리
Please leave the building in an orderly fashion.
건물을 질서 있게 나가주세요.

partake
[paːrtéik]

동 ~에 참여하다 = participate
partake in the campaign 그 캠페인에 참가하다
partake in the social life of the town
그 마을의 사교 활동에 참여하다

privilege
[prívəlidʒ]

명 특권
privileged 형 특권을 부여받은
have the privilege of being invited to the party
파티에 초대되는 특권을 누리다
He lived a life of wealth and privilege.
그는 부와 특권을 누리며 살았다.

Quiz 5 To be able to live two hours a day in a different world and take one's thoughts off the claims of the immediate present is, of course, a <penalty / privilege> to be envied by people shut up in their bodily prison. 2009 고3학평

proceed
[prəsíːd]

[동] 진행되다, 나아가다
procedure **[명]** 절차 process **[명]** 과정
We will proceed according to plan.
우리는 계획대로 진행할 것이다.
The crowd proceeded toward the exits.
군중은 출구 쪽으로 나아갔다.

produce
[prədjúːs]

[동] 생산하다 **[명]** 생산물, 농산물
production **[명]** 생산
the produce of a lifetime of study 일생 동안의 연구의 산물
Honey is produced by bees.
꿀은 벌이 생산한다.

productive
[prədʌ́ktiv]

[형] 생산적인, 능률이 높은 = constructive
productivity **[명]** 생산성
a highly productive meeting 매우 생산적인 회의
I am most productive in the morning.
나는 아침에 가장 능률이 높다.

temper
[témpər]

[명] 기질, 성질
He needs to learn to control his temper.
그는 자기 성질을 통제하는 걸 배워야 한다.
She hit him in a fit of temper.
그녀는 갑자기 성질이 나서 그를 때렸다.

temporary
[témpərèri]

[형] 일시적인
temporarily **[부]** 잠시
temporary pain relief 일시적인 통증 완화
The settlers built temporary shelters.
정착민들은 일시적인 은신처를 지었다.

tempt
[tempt]

[동] 부추기다, 유혹하다
tempting **[형]** 유혹하는
tempt young people into studying engineering
젊은이들이 공학을 공부하도록 부추기다
If you leave valuables in your car it will tempt thieves.
귀중품을 차에 두면 그것은 절도를 부추길 것이다.

venture
[vént∫ər]

[동] 과감히 ~을 해보다 = risk
venture the stormy sea 폭풍우 치는 바다로 나아가다
We ventured out into the woods.
우리는 과감히 숲으로 들어갔다.

verbal
[və́:rbəl]

⟨형⟩ 말의, 언어의
verbally ⟨부⟩ 말을 통해, 구두로
a verbal contract 구두 계약
a verbal agreement to finish the work
일을 마무리하겠다는 구두 약속

A 우리말은 영어로, 영어는 우리말로 쓰시오.

1. 생태환경, 생태학	_____	11. attain	_____
2. 끌어들이다	_____	12. temper	_____
3. 착각, 환상	_____	13. optimal	_____
4. 장점	_____	14. proceed	_____
5. 특권	_____	15. flawless	_____
6. 달아나다	_____	16. ignorant	_____
7. 청각의	_____	17. orderly	_____
8. 식용의	_____	18. verbal	_____
9. 일시적인	_____	19. attorney	_____
10. 효율성	_____	20. loss	_____

B 빈칸에 알맞은 말을 고르시오.

loose	produced	imaginary	edged

1. The rope was tied in a _____ knot.
2. The equator is just an _____ line.
3. Honey is _____ by bees.
4. Our raft _____ towards the falls.

C 괄호 안에서 문맥에 맞는 말을 고르시오.

1. The war has caused <immeasurable / innumerable> damage.
2. The road <loops / roofs> around the pond.
3. Military leaders <commanded / recommended> the troops to open fire.
4. If you leave valuables in your car it will <expel / tempt> thieves.

DAY 26

available
[əvéiləbəl]

형 이용 가능한
avail 동 ~에 도움이 되다
available resources 이용 가능한 자원
The dress is also available in larger sizes.
그 드레스는 큰 사이즈로도 있습니다.

company
[kʌ́mpəni]

명 1 회사 2 동료, 친구
a multinational company specializing in sports equipment
스포츠 장비를 전문으로 하는 다국적 회사
People judge you by the company you keep.
사람들은 당신이 함께하는 친구들을 보고 당신을 판단한다.

compare
[kəmpéər]

동 비교하다
comparison 명 비교 comparative 형 비교적인
He compared several bicycles before buying one.
그는 자전거를 하나 사기 전에 여러 대를 비교해봤다.
People are always comparing me with my sister.
사람들은 늘 나를 언니와 비교한다.

compass
[kʌ́mpəs]

명 1 나침반 2 범위, 한계
a map and compass 지도와 나침반
The discussion went beyond the compass of my brain.
토론이 내 머리의 한계를 벗어났다.

effortless
[éfərtlis]

형 힘들이지 않는, 손쉬운
effort 명 노력 effortlessly 부 힘들이지 않고
Your dance looks so effortless.
너의 춤은 정말 쉽게 추는 것처럼 보인다.
His writing is known for its seemingly effortless style.
그의 글은 쉽게 쓴 듯한 문체로 유명하다.

ego
[íːgou]

명 자아 = pride
egocentric 형 자기중심적인
a fragile ego 연약한 자아
That promotion really boosted his ego.
그 승진이 그의 자존심을 세워줬다.

elastic
[ilǽstik]

형 탄성의, 탄력 있는 = bouncy, flexible, resilient
children's pants with an elastic waist
허리가 탄력 있게 처리된 아이들의 바지
an elastic bandage 탄력 있는 붕대

flock
[flɑk]

명 무리, 떼 동 모여 들다, 몰려다니다
a flock of tourists 한 무리의 관광객들
People flocked to the beach.
사람들이 해변으로 몰려들었다.

immobilize
[imóubəlàiz]

동 움직이지 못하게 하다 = paralyze
He was immobilized with a broken leg.
그는 다리가 부러져 움직일 수 없게 되었다.
I was immobilized by fear.
나는 두려움에 움직일 수 없었다.

impatience
[impéiʃəns]

명 성급함, 조급함
impatient 형 참을성 없는
display impatience 성급한 모습을 보이다
Her impatience with the delay was obvious.
그녀가 지연되는 것을 참지 못하는 것이 뚜렷하게 드러났다.

Quiz 1 In a super-size oriented age, we believe everything we own should become bigger and bigger. But this <impatience / obsession> with gigantism has dwarfed even our sense of self. 2010 고3학평

lower
[lóuər]

동 낮추다
lower the price 가격을 낮추다
Neil lowered his head in embarrassment.
Neil은 당황해서 고개를 숙였다.

luxurious
[lʌgʒúəriəs]

형 사치스러운, 호화스러운 = lavish ↔ humble 소박한
one of the country's most luxurious resorts
그 나라의 가장 호화스러운 리조트 중의 하나
They have a very luxurious house.
그들은 매우 호화스러운 집이 있다.

magnetism
[mǽgnətìzəm]

명 자기, 매력
magnetic 형 자석의
residual magnetism 잔류 자기
be gifted with strong personal magnetism
천부적으로 사람을 끄는 힘이 있다

ordinary
[ɔ́ːrdənèri]

형 보통의 = average, common ↔ extraordinary 비범한
ordinarily 부 일반적으로
an ordinary day 평범한 날
The film is about ordinary people.
그 영화는 보통 사람들에 관한 것이다.

organization
[ɔ́:rgənəzéiʃən]

명 조직체, 집단　= institute
organizational 형 조직의
international organizations such as the UN
UN과 같은 국제기관
a non-profit organization 비영리 단체

organism
[ɔ́:rgənìzəm]

명 유기체, 생물체
organic 형 유기농의
tests to identify the organism that causes the disease
그 질병을 유발하는 생명체를 밝히기 위한 테스트
A human being is a complex organism.
인간은 복잡한 생명체이다.

Quiz 2　Alcohol is generally safe and effective, according to Sonya Lunder, a senior analyst at Environmental Working Group, a nonprofit <organism / organization> that has done extensive research on personal care products.　2010 고2학평

---

orientation
[ɔ́:rientéiʃən]

명 태도, 방향, 성향
a new orientation in life 인생의 새로운 방향
political orientation 정치적 성향

profile
[próufail]

명 1 윤곽선, 측면 2 평판
I only saw her face in profile.
나는 그녀의 얼굴을 측면에서만 봤다.
We have done a lot to change the profile of the company.
우리는 회사 평판을 바꾸려고 엄청나게 노력했다.

profitable
[práfitəbəl]

형 유익한, 유리한　= lucrative
a profitable business 이윤이 남는 사업
the ability to identify profitable markets
유리한 시장을 식별해 내는 능력

profound
[prəfáund]

형 심오한
profoundly 부 극심하게, 깊이
a profound question 심오한 질문
His knowledge of history is profound.
그의 역사 지식은 심오하다.

project
[prədʒékt]

동 1 삐져나오다 2 예측하다

The tusks of the walrus project downwards from the upper jaw.
바다코끼리의 엄니는 위턱으로부터 아래로 삐져나와있다.

Total expenditure was projected to increase by 10%.
총 지출은 10%까지 상승할 것으로 예측되었다.

promptly
[prάmptli]

부 바로, 즉시, 정확히

prompt 형 신속한, 즉석의
arrive promptly at five o'clock 5시 정각에 도착하다
She turned off the alarm and promptly went back to sleep.
그녀는 알람을 끄고는 바로 다시 잤다.

pronounce
[prənáuns]

동 발음하다, 선언하다

She practices pronouncing foreign words.
그녀는 외국어 단어 발음 연습을 하고 있다.

I now pronounce you man and wife.
이제 당신들은 부부가 되었음을 선언합니다.

pronounced
[prənáunst]

형 현저한, 확고한   = prominent, noticeable
have very pronounced opinions 매우 확고한 의견을 가지고 있다
He walked with a pronounced limp.
그는 확연히 절름거리며 걸었다.

save
[seiv]

동 ~를 피하다, ~하는 수고를 덜어주다

It saves an hour's driving.
그것은 한 시간 동안 운전을 하지 않아도 되게 한다.

She saved a tense situation by staying calm.
그녀는 침묵함으로써 긴장의 상황을 피했다.

scarce
[skɛərs]

형 부족한, 드문

scarcity 명 부족, 결핍 scarcely 부 거의 ~않다
fierce competition for the scarce resources
부족한 자원을 차지하려는 치열한 경쟁

Food was getting scarce during the drought.
가뭄 동안 식량이 부족해지고 있었다.

Quiz 3 Similarly, <abundant / scarce> timber would do away with the need to import wood from Scandinavia. 2014 모평

scare
[skɛər]

동 위협하여 놀라게 하다
scared 형 겁먹은
Loud noises can scare animals.
시끄러운 소리가 동물들을 놀라게 할 수 있다.
Stop that, you're scaring the children!
그만 둬, 아이들이 놀라잖아!

term
[təːrm]

명 1 말, 용어 2 기간
legal terms 법률 용어
run for a second term 두 번째 임기를 위해 출마하다

terminate
[tə́ːrmənèit]

동 끝내다
termination 명 종료
terminate unproductive employees
생산적이지 못한 직원들을 해고하다
His contract was terminated last month.
그의 계약은 지난달에 만료되었다.

terrain
[təréin]

명 지역, 지형 = area
drive over rough terrain 거친 지형을 운전해 가다
rocky terrain 바위투성이의 지형

territory
[térətɔ́ːri]

명 영역 = range
an expedition through previously unexplored territory
전에 탐험 되지 않은 영역을 지나가는 탐험
The plane was flying over enemy territory.
그 비행기는 적의 영토 위를 날고 있었다.

theoretically
[θiːərétikəli]

부 이론상으로
theory 명 이론
theoretically sound conclusions 이론적으로 타당한 결론
It is theoretically possible for computers to be
programmed to think like humans.
컴퓨터가 인간처럼 생각하도록 프로그램화하는 것은 이론상으로는 가능하다.

thermometer
[θərmámitər]

명 온도계
a clinical thermometer 체온계
The thermometer says it's almost 33℃ outside.
온도계를 보니 바깥은 거의 33℃이다.

thicken
[θíkən]

동 농도가 짙어지다, 빽빽하게 되다
The fog thickened when night fell.
어둠이 내리자 안개가 짙어졌다.
Thicken the soup by adding tomatoes.
토마토를 넣어서 수프를 걸쭉하게 만들어라.

thickly
[θíkli]

부 빽빽하게
wear thickly padded clothes 두툼한 패딩 옷을 입다
The eastern part of the country is more thickly populated.
그 나라의 동부 쪽은 보다 조밀하게 인구가 분포한다.

thoroughly
[θə́ːrouli]

부 철저하게, 완전히
thorough 형 철저한, 완전한
thoroughly cooked meat 완전히 익은 고기
The room had been thoroughly cleaned.
그 방은 철저하게 청소가 되었다.

trivialize
[tríviəlàiz]

동 사소한 것으로 만들다
trivialize the problem 그 문제를 작은 것으로 만들다
The debate has been trivialized by the media.
그 토론은 매체에 의해 축소보도 되었다.

troop
[truːp]

명 무리, 군대, 병력
a troop of enthusiastic children 열광적인 아이들의 무리
a plan to withdraw troops 병력 철수 계획

virtual
[və́ːrtʃuəl]

형 가상의
virtually 부 사실상
construct virtual worlds 가상의 세계를 건설하다
The website provides a virtual tour of the stadium.
그 웹사이트는 가상의 운동장 투어를 제공한다.

virtue
[və́ːrtʃuː]

명 덕목, 미덕   = merit, value
follow virtue 미덕을 따르다
Patience is not among his virtues.
그의 덕목 중에 인내는 없다.

vision
[víʒən]

명 1 시력, 시각 2 꿈, 상상도
He has poor vision in his left eye.
그는 왼쪽 눈의 시력이 나쁘다.
We had visions of fame and fortune.
우리는 명예와 부에 대한 꿈이 있다.

vital
[váitl]

형 필수적인

It's absolutely vital that you do exactly as I say.
너는 정확히 내가 말한 대로만 해야만 한다.

The sciences are a vital part of the school curriculum.
과학과목들은 학교 커리큘럼에서 필수적인 부분이다.

vivid
[vívid]

형 선명한　= pictorial, picturesque

The dream was very vivid.
꿈이 매우 생생했다.

He gave a vivid description of the scene.
그는 그 장면을 선명하게 묘사했다.

Quiz 정답

1　obsession, 초대형을 지향하는 시대에 살면서 우리는 소유하고 있는 모든 것이 더욱 더 커야 한다고 믿고 있다. 그러나 이런 거대화 경향에 대한 집착은 우리의 자아개념까지도 작아지게 한다.

2　organization, 개인 건강 관리 제품들에 관해 폭넓은 연구를 해 온 비영리 단체인 Environmental Working Group의 선임 분석관인 Sonya Lunder에 따르면 알코올은 일반적으로 안전하고 효과적이다.

3　abundant, 이와 유사하게 풍부한 목재가 스칸디나비아로부터 목재를 수입할 필요가 없게 해줄 것이었다.

A 우리말은 영어로, 영어는 우리말로 쓰시오.

1. 낮추다	_____	11. elastic	_____
2. 유기체, 생물체	_____	12. vital	_____
3. 발음하다, 선언하다	_____	13. profitable	_____
4. 심오한	_____	14. available	_____
5. 끝내다	_____	15. vivid	_____
6. 지역, 지형	_____	16. magnetism	_____
7. 비교하다	_____	17. thickly	_____
8. 철저하게, 완전히	_____	18. ego	_____
9. 덕목, 미덕	_____	19. scarce	_____
10. 영역	_____	20. virtual	_____

B 빈칸에 알맞은 말을 고르시오.

effortless   flocked   profile   luxurious

1. People _____ to the beach.
2. They have a very _____ house.
3. Your dance looks so _____.
4. I only saw her face in _____.

C 괄호 안에서 문맥에 맞는 말을 고르시오.

1. The debate has been <materialized / trivialized> by the media.
2. He walked with a <projected / pronounced> limp.
3. Her <impatience / indulgence> with the delay was obvious.
4. Her dogs are her only <company / corporation> these days.

DAY 27

awareness
[əwéərnis]

명 인식
environmental awareness 환경에 대한 인식
raise public awareness of the issue
그 문제에 대한 대중의 인식을 높이다

> **Quiz 1** If you are already diagnosed with an allergy to some foods, then your life is easier in comparison to <awareness / ignorance> of the triggers. You must inform people around you about it and what medication to administer in case of an allergic reaction. 2009 고3학평

back
[bæk]

동 1 지지하다 2 뒤로 물러서다
backing 명 후원, 지원
She backed her argument with written evidence.
그녀는 자신의 주장을 서류 증거로 뒷받침했다.

She backed into a parking space.
그녀는 주차 공간으로 후진해 들어갔다.

banquet
[bǽŋkwit]

명 연회, 진수성찬 = feast
an awards banquet 시상식 연회
serve a delicious banquet 진수성찬을 내놓다

barefoot
[béərfut]

부 맨발로, 맨발의
walking barefoot 맨발로 걷기
He walked barefoot across the sand.
그는 모래밭으로 맨발로 걸어갔다.

barely
[béərli]

부 간신히, 가까스로 = hardly, scarcely
There is barely a difference between the two.
둘 사이에 차이가 거의 없다.

She was very old and barely able to walk.
그녀는 매우 늙어서 거의 걸을 수 없다.

compassion
[kəmpǽʃən]

명 동정심, 연민 = sympathy
compassionate 형 인정 많은
compassion for the sick 환자들에 대한 연민
He felt compassion for the lost child.
그는 길을 잃은 아이에 동정심이 들었다.

compel
[kəmpél]

동 ~하게 만들다　= force
compelling 형 설득력 있는, 강력한
Illness compelled him to stay in bed.
그는 아파서 침대에 누워있을 수밖에 없었다.
He felt compelled to resign because of the scandal.
그는 그 스캔들 때문에 억지로 사퇴하게 되는 것 같았다.

접미어 -pel '몰다'의 뜻을 갖는다.
dispel 쫓아 버리다 / expel 물리치다 / propel 추진하다, 몰아대다

compensate
[kámpənsèit]

동 보상하다, 벌충하다
compensation 명 보상, 배상 compensatory 형 보상의
compensate the victims for their loss
피해자들의 피해를 보상해주다
She was not compensated for the damage done to her car.
그녀는 그녀의 차에 가해진 피해를 보상받지 못했다.

component
[kəmpóunənt]

명 부분, 구성요소　= element
companies that make electronic components for computer products
컴퓨터 제품의 전자 부품을 만드는 회사들
The interview is a key component in the hiring process.
채용 과정에서 면접은 핵심 부분이다.

compose
[kəmpóuz]

동 구성하다
composer 명 작곡가 composition 명 작품, 작곡
compositional 형 작곡의
She composed a letter to her sister.
그녀는 그녀의 여동생에게 보낼 편지를 작성했다.
This cloth is composed of silk and wool.
이 천은 실크와 면으로 이뤄졌다.

compound
[kəmpáund]

동 혼합하여 만들다 명 [kámpaund] 혼합물
compound a medicine 약을 조제하다
Teaching is a compound of several different skills.
가르치는 것은 여러 다른 기술의 혼합이다.

currency
[kə́:rəns]

명 1 화폐 2 유행, 통용
the single European currency 유럽 단일 화폐
The word has not yet won widespread currency.
그 단어는 아직 널리 통용되지 않는다.

customary
[kʌ́stəmèri]

형 습관적인 = conventional, usual
custom 명 관습, 습관
She dressed in her customary fashion.
그녀는 늘 하던 패션으로 차려입었다.
Barbara answered with her customary enthusiasm.
Barbara는 늘 보이던 열정으로 대답했다.

element
[éləmənt]

명 요소 = building block, component, factor
elementary 형 기본의
an essential element of a democracy 민주주의의 필수 요소
the primary element in the country's economy
그 나라 경제의 제1 요소

emphasize
[émfəsàiz]

동 강조하다 = accent, stress
emphasis 명 강조
emphasize the need for reform 개혁의 필요성을 강조하다
The Prime Minister emphasized that there are no plans to
raise taxes.
수상은 세금을 올릴 계획이 없음을 강조했다.

Quiz 2 To predict whether a person will meet a deadline, for example,
knowing something about the situation may be more useful than
knowing the person's score on a measure of conscientiousness.
Situational influences can be very powerful, sometimes <emphasizing
/ overwhelming> individual differences in personality. 2011 고2학평

---

employ
[emplɔ́i]

동 사용하다, 고용하다
employee 명 직원, 사원
employ a lawyer to review the contract
계약서를 검토하도록 변호사를 고용하다
You should find better ways to employ your time.
당신은 자신의 시간을 더 잘 쓸 수 있는 방법을 찾아봐야 한다.

flush
[flʌʃ]

동 얼굴이 붉어지다 = blush
Jane flushed deeply and looked away.
Jane은 심하게 얼굴을 붉히더니 고개를 돌려버렸다.
He flushed with embarrassment.
그는 당황해서 얼굴을 붉혔다.

imply
[implái]

동 의미하다, 함축하다
implication 명 의미, 함축
Rights imply obligations.
권리는 의무를 함축하고 있다.
His words implied a threat.
그의 말에는 협박이 함축되어 있었다.

impress
[imprés]

동 감명을 주다, 명심하게 하다
impression 명 인상 impressive 형 인상적인
Her talent impressed me.
그녀의 재능에 나는 감명 받았다.
Father impressed on me the value of hard work.
아빠는 내게 열심히 공부하는 것의 가치를 명심하게 하셨다.

imprison
[imprízən]

동 투옥시키다   = confine   ↔ free 석방하다
imprisonment 명 구속, 투옥
He was imprisoned for murder.
그는 살인죄로 투옥되었다.
He felt imprisoned in his own house.
그는 자신의 집에 투옥된 것처럼 느꼈다.

incentive
[inséntiv]

명 동기, 자극, 우대책, 유인책   = boost, motivation
a strong incentive to conserve energy
에너지 보존을 위한 강한 동기
The government offers special tax incentives for
entrepreneurs.
정부는 기업가들에게 특별 세금감면 우대책을 제공한다.

Quiz 3 Under the law, companies may get tax cut and sell the drugs
without competition for seven years. These <penalties / incentives>
are meant to encourage companies to develop drugs for the small
markets of individuals with rare illnesses.   2011 고2학평

---

incident
[ínsədənt]

명 사건
incidental 형 우연의
two separate incidents 두 개의 개별적 사건
Many shooting incidents go unreported.
많은 총격 사건들이 보고되지 않고 지나간다.

inclined
[inkláind]

형 ~하는 경향[성향]이 있는
inclination 명 경향
people who are inclined toward volunteering
자원봉사를 하는 성향이 있는 사람들
a special school for children who are inclined toward the arts
미술에 성향이 있는 아이들을 위한 특수학교

magnificent
[mægnífəsənt]

형 장엄한, 최고의   = majestic, splendid
magnificently 부 장대하게
the magnificent cathedrals of Europe 유럽의 장엄한 성당들
He gave a magnificent performance.
그는 최고의 공연을 했다.

magnify
[mǽgnəfài]

동 확대하다
magnified 형 확대된   magnification 명 확대
magnifying glass 돋보기
The lens magnified the image 100 times.
그 렌즈는 이미지를 100배 확대했다.

magnitude
[mǽgnətjùːd]

명 1 규모 2 중요성
the magnitude of the palace 그 궁전의 규모
grasp the magnitude of the problem
그 문제의 중요도를 이해하다

mainstream
[méinstrìːm]

형 주류의
the mainstream political parties 주류 정당
mainstream education 주류 교육

maintenance
[méintənəns]

명 관리, 정비
maintain 동 유지하다
maintenance of law and order 법과 질서의 유지
cost of repairs and maintenance 수리 및 관리 비용

Quiz 4 On the contrary, when your desk is a mess, numerous rearrangements of the newspapers, articles, and junk mail will leave it a mess and therefore will not <disturb / maintain> its overall look.   2009 고3학평

managerial
[mӕnədʒíəriəl]

형 경영의, 관리의
manage 동 경영하다, 관리하다
managerial skills 경영 기술
managerial position 경영자의 위치

manned
[mӕnd]

형 사람이 탑승한
man 동 ~에 사람을 배치하다
a manned space flight 유인 우주 비행
a manned mission to the moon 유인 달 착륙 임무

manual
[mӕnjuəl]

형 육체노동의, 수동의
People in manual occupations have a lower life expectancy.
육체노동의 직업을 가진 사람들은 기대 수명이 더 짧다.
He has a collection of old-fashioned manual typewriters.
그는 낡은 수동 타자기 수집품을 가지고 있다.

outbreak
[áutbrèik]

명 발발, 발생   = burst
a cholera outbreak 콜레라 발생
the outbreak of World War II 세계 2차 대전 발발

outcome
[áutkʌm]

명 결과 = conclusion ↔ cause 원인
a surprising outcome 놀라운 결과
We are still awaiting the final outcome of the trial.
우리는 여전히 재판의 최종 결과를 기다리고 있다.

outstanding
[àutstǽndiŋ]

형 뛰어난, 눈에 띄는
outstand 동 눈에 띄다
the school's most outstanding students
그 학교의 가장 뛰어난 학생들

His performance was outstanding.
그의 성과가 눈에 띄었다.

outweigh
[àutwéi]

동 더 비중이 크다, 더 중요하다 = overshadow
She outweighs her sister by 10 pounds.
그녀는 그녀의 여동생보다 10파운드 더 나간다.

The advantages outweigh the disadvantages.
장점이 단점보다 비중이 크다.

property
[prápərti]

명 1 특성, 속성 2 부동산, 건물
a herb with healing properties 치유의 속성을 가진 허브
The students were caught smoking on school property.
그 학생들은 학교 건물에서 담배를 피다가 발각되었다.

proportion
[prəpɔ́ːrʃən]

명 비율 = balance
proportional 형 비례하는
a building with fine proportions 잘 균형 잡힌 건물
Her ears were drawn out of proportion with her head.
그녀의 귀는 그녀의 머리에 비해 비율이 안 맞게 그려졌다.

propose
[prəpóuz]

동 제안하다 = suggest
proposal 명 제안
propose a topic for debate 토론의 주제를 제안하다
The scientists proposed a new theory.
과학자들이 새로운 이론을 제안했다.

protest
[prətést]

동 저항하다, 시위하다 명 [próutest] 항의, 이의제기
The suspect surrendered his gun without protest.
그 혐의자는 저항 없이 그의 총을 포기했다.

Students protested the decision.
학생들은 그 결정에 반발했다.

ticklish
[tíkliʃ]

1 다루기 까다로운 2 간지럼을 타는

a ticklish **job** 까다로운 일
My feet are very ticklish.
발이 너무 간질간질하다.

voyage
[vɔ́iidʒ]

형 항해

a long sea voyage 긴 바다 항해
The Titanic sank on her maiden voyage.
타이타닉은 첫 항해에서 침몰했다.

1 ignorance, 만약 당신이 어떤 음식에 대해 알레르기가 있다는 진단을 이미 받았다면 당신의 삶은 그 원
   인 물질을 모르는 것에 비해 더 쉬워진다. 당신은 당신 주위 사람들에게 그것에 대해 알려야만 하고, 알
   레르기 반응이 일어났을 때, 어떤 의학적 조치를 취해야 하는지 주변사람들에게 일러주어야 한다.

2 overwhelming, 예를 들어, 어떤 사람이 마감 기한을 맞출 것인지 예측하기 위해서는 성실성 측정에서
   그 사람이 받은 점수보다 (그 사람이 처한) 상황에 대해 무언가를 아는 것이 더 유용할 수 있다. 상황적
   영향이라는 것은 매우 강력해서 때로 개인의 성격 차이를 압도할 수 있다.

3 incentives, 법에 따라 기업들은 세금 감면을 받고 경쟁 없이 7년간 약을 판매할 수 있다. 이런 우대책들
   은 기업들이 희귀병을 가진 개인들의 작은 시장을 위한 약을 개발하도록 권장하기 위한 것이다.

4 disturb, 반면에 당신의 책상이 지저분한 상태에서는 신문과 물건, 쓸데없는 우편물의 무수히 많은 재배
   열도 이것을 엉망인 상태 그대로 남겨둘 것이고 따라서 이 책상의 전반적인 지저분한 외형을 흐트러뜨리
   지 않을 것이다.

A 우리말은 영어로, 영어는 우리말로 쓰시오.

1. 연회, 진수성찬 _____
2. 맨발로, 맨발의 _____
3. 얼굴을 붉히다 _____
4. 투옥시키다 _____
5. 주류의 _____
6. 결과 _____
7. 간신히, 가까스로 _____
8. 부분, 구성요소 _____
9. 구성하다 _____
10. 인식 _____

11. customary _____
12. emphasize _____
13. incident _____
14. outbreak _____
15. imply _____
16. magnificent _____
17. element _____
18. manned _____
19. compassion _____
20. magnify _____

B 빈칸에 알맞은 말을 고르시오.

| backed | outstanding | proposed | impressed |

1. Her talent _____ me.
2. His performance was _____.
3. The scientists _____ a new theory.
4. She _____ into a parking space.

C 괄호 안에서 문맥에 맞는 말을 고르시오.

1. The students were caught smoking on school <product / property>.
2. She was not <compensated / considered> for the damage done to her car.
3. Her ears were drawn out of <perspective / proportion> with her head.
4. The advantages <outdate / outweigh> the disadvantages.

DAY 28

---

backbone
[bǽkbòun]

명 중추

She is the backbone of the family.
그녀가 가족의 중추이다.

Farmers are the backbone of this community.
농부가 이 마을의 중추이다.

---

backtrack
[bǽktræk]

동 되돌아가다

We had to backtrack about a mile.
우리는 1마일쯤 되돌아가야 했다.

Let me backtrack for a moment and pick up our previous conversation.
잠깐 뒤로 거슬러가서 우리가 이전에 했던 대화를 좀 파악하게 해줘.

---

complementary
[kàmpləméntəri]

형 상호보완적인, 보충하는

complement 동 보완하다
complementary color 보색

The computer and the human mind have different but complementary abilities.
컴퓨터와 인간은 서로 다르면서 보완적인 능력을 가졌다.

---

complex
[kəmpléks]

명 복합건물, 단지

complexity 명 복잡성
a three-story apartment complex 3층짜리 아파트 단지

The hotel has a superb leisure complex.
그 호텔은 빼어난 레저 단지를 가지고 있다.

---

complicate
[kámplikèit]

형 복잡한 동 복잡하게 하다, 악화시키다

complicated 형 복잡한 complication 명 문제, 합병증
complicate matters 복잡한 문제

Changing jobs now would complicate her life.
지금 직업을 바꾸는 것은 그녀의 인생을 복잡하게 만들 것이다.

---

embed
[imbéd]

동 끼워 넣다   = implant, engrain

embedment 명 꽂아 넣기
fossils embedded in stone 돌에 박힌 화석
embed a post in concrete 기둥을 콘크리트에 끼워 넣다

---

embody
[embάdi]

동 구체화하다, 구현하다, 포함하다
embodiment **명** 구체화
embody an idea in one's music 아이디어를 음악에 구현하다
The latest model embodies many new improvements.
그 최신 모델은 새로운 여러 개선점을 포함하고 있다.

emerge
[imə́:rdʒ]

동 나타나다, 등장하다
emerging **형** 새롭게 등장하는   emergence **명** 등장, 출현
The flowers emerge in the spring.
꽃들은 봄에 나온다.
The country is slowly emerging from a recession.
그 나라는 서서히 침체에서 나오고 있다.

Quiz 1 In the early 1970s, a farm activist viewed the <emerging / declining> fast-food industry as a step toward a food economy dominated by giant corporations. 2009 모평

folk
[fouk]

형 민간의 **명** 사람들, 가족   = kin, people
folk tale 민간설화
the folks back home 떠나온 고향의 가족들

fondness
[fάndnis]

명 좋아함, 애호   = affection, attachment
fond **형** 애정이 담긴
have a fondness for argument 논쟁을 좋아하다
I have a fondness for expensive chocolate.
나는 비싼 초콜릿을 좋아한다.

inactive
[inǽktiv]

형 활동하지 않는
inaction **명** 활동하지 않음, 나태
Young people are becoming politically inactive.
젊은 사람들이 정치적으로 비활동적으로 변하고 있다.
Inactive people suffer higher rates of heart disease.
활동이 적은 사람들이 심장 질환을 앓는 비율이 높다.

Quiz 2 There are few people who do not react to music to some degree. The power of music is diverse and people respond in different ways. To some it is mainly an <instinctive / inactive>, exciting sound to which they dance or move their bodies. 2008 수능

inappropriate
[inəpróupriit]

형 적절하지 않은   = improper
an inappropriate gift for a child 아이에게 부적절한 선물
We won't tolerate such inappropriate behavior.
우리는 그런 부적절한 행동을 용인하지 않을 것이다.

inborn
[ínbɔ́ːrn]

형 타고난, 선천적인 = innate, built-in
have an inborn talent for music 타고난 음악에의 재능이 있다
That kind of knowledge is acquired, not inborn.
그런 지식은 획득되는 것이지 선천적인 것이 아니다.

majesty
[mǽdʒəsti]

명 장엄함, 위엄
majestic 형 장엄한
the majesty of the mountains 그 산들의 장엄함
the majesty of a fully grown lion 다 자란 사자의 위엄

major
[méidʒər]

명 전공, 전공자
a political science major 정치학 전공자
He chose history as his major and French as his minor.
그는 역사를 그의 전공으로 그리고 프랑스어를 부전공으로 선택했다.

majority
[mədʒɔ́ːrəti]

명 다수
In the vast majority of cases the disease is fatal.
대다수의 경우에 그 질병은 치명적이다.
In this city, Buddhists are in the majority.
이 도시에서는 다수가 불교신자들이다.

make-believe
[méikbìliv]

형 ~인 체하는
children in the middle of a make-believe adventure
한 창 가짜 모험 중인 아이들
She plays with make-believe friends.
그녀는 가상의 친구들과 놀고 있다.

malnutrition
[mæ̀lnjuːtríʃən]

명 영양실조
help poor children suffering from malnutrition
영양실조로 고통 받는 아이들을 돕다
refugees suffering from malnutrition
영양실조로 고통 받는 난민들

outdated
[autdéitid]

형 시대에 뒤떨어진 = archaic, antiquated
outdated teaching methods 구식의 교수법
They replaced their outdated machinery.
그들은 낡은 기계들을 교체했다.

outfit
[áutfìt]

명 복장, 옷 = costume
a cowboy outfit 카우보이 복장
She bought a new outfit for the party.
그녀는 새 파티 복장을 샀다.

outlet
[áutlet]

명 1 가게, 상점 2 출구, 하구
a fast-food outlet 패스트푸드점
Many young people find music their best outlet for creative expression.
많은 젊은이들은 음악을 그들의 창의력을 발산할 최적의 출구로 생각한다.

outline
[áutlàin]

동 윤곽을 보여주다 = contour, silhouette
trees outlined against the sky
하늘을 배경으로 윤곽을 드러낸 나무들
The book outlines the major events of the country's history.
그 책은 그 나라의 역사적 사건들의 윤곽을 보여준다.

prospect
[práspekt]

명 예상, 전망
prospective 형 미래의
good prospects for growth in the retail sector
소매 분야의 성장에 대한 좋은 전망
Bankruptcy is an unlikely prospect for the company.
그 회사에게 파산은 있을 것 같지 않은 전망이다.

prosper
[práspər]

동 번영하다, 번성하다
prosperity 명 번영, 부유함
Businesses across the state are prospering.
그 주의 기업체들은 번영하고 있다.
No crop can prosper in this heat.
어떤 작물도 이런 열에는 번성할 수 없다.

Quiz 3 They finally <wither / prosper> after the new leaves have taken over. There are many common arctic plants with wintergreen leaves. 2010 고2학평

---

prove
[pru:v]

동 증명하다 = demonstrate
proof 명 증거
mathematicians trying to prove a theorem
한 정리를 증명하려 애쓰는 수학자들
Tests have proved that the system works.
시험은 그 시스템은 효과가 있음을 증명했다.

provide
[prəváid]

동 지급하다, 제공하다
provision 명 제공
provide workers with gloves for protection
작업자들에게 보호용 장갑을 지급하다
Coffee and doughnuts will be provided at the meeting.
회의에 커피와 도넛이 제공될 것이다.

Quiz 4 Many nonprofit organizations have a positive effect on the health and welfare of people. They do "good works" that are compatible with the religious and social values of individuals who want to help others and become involved in improving their communities. People who seek meaningful work find non-profits to <provide / demand> an excellent and fit job. 2008 고3학평

---

risky
[ríski]

형 위험한 = dangerous
risk 명 위험
His plan is too risky. 그의 계획은 너무 위험하다.
Travel in the region is still considered risky.
그 지역을 여행하는 것은 여전히 위험한 것으로 여겨진다.

---

school
[sku:l]

명 무리, 떼, 학파 동 떼 지어 다니다
the Aristotelian school 아리스토텔레스 학파
whales are schooling.
고래들이 떼 지어 다니고 있다.

---

scope
[skoup]

명 범위
extend the scope of the study 연구의 범위를 넓히다
That subject is beyond the scope of this book.
그 주제는 이 책의 범위를 넘어선다.

---

scrap
[skræp]

명 조각
Every scrap of evidence has to be investigated.
모든 증거의 조각은 조사되어야 한다.
He wrote his address on a scrap of paper.
그는 그의 주소를 종잇조각에 적었다.

---

screen
[skri:n]

동 차단하다, 걸러내다, 심사하다
screen out damaging ultraviolet light 해로운 자외선을 차단하다
screen candidates for the job 그 일자리 지원자들을 심사하다

---

sculpture
[skʌ́lptʃər]

명 조각품
sculptor 명 조각가
an exhibit of African sculpture 아프리카 조각품 전시회
a sculpture of an elephant 코끼리 조각품

---

seal
[síːl]

동 밀봉하다
Seal the box with tape.
테이프로 그 박스를 봉해라.
The window was sealed shut.
그 창문은 밀봉해졌다.

second-guess
[sékəndgés]

동 1 예측하다 2 뒤늦게 비판하다
It's not for us to second-guess the court's decision —
we'll just have to wait and see.
우리가 법원의 판결을 예측할 필요는 없다. 우리는 그냥 기다려보면 된다.
The decision has been made - there's no point in second-guessing it now.
결정이 났다. 그것을 뒤늦게 비판해봐야 소용없다.

time-consuming
[táimkənsúːmmiŋ]

형 시간 소모가 많은
a complex and time-consuming process
복잡하고 시간 소모가 많은 과정
time–consuming chores 시간 소모가 많은 허드렛일

toll
[toul]

명 1 통행료 2 사상자 수
toll booth 통행료 부스
The death toll has risen to 89.
사망자 수가 89로 늘었다.

toxic
[táksik]

형 독성의 = poisonous, venomous
toxication 명 중독
an insecticide highly toxic to birds
새들에게 독성이 매우 강한 살충제
The fumes from that chemical are highly toxic.
그 화학물질의 매연은 매우 독성이 강하다.

wage
[weidʒ]

명 임금 = payment, salary
make decent wages 넉넉한 임금을 받다
The company gave workers a four percent wage increase this year.
그 회사는 올해 직원들에게 4%의 연봉 인상을 했다.

wander
[wándər]

동 어슬렁거리다
wandering 명 방랑
wander around the mall for half an hour
30분 동안 몰을 돌아다니다
I was just wandering around the house.
나는 그냥 집 주변을 돌아다녔다.

warn
[wɔ(ː)rn]

동 경고하다 = alert, caution

Nobody warned me about the dangers.
아무도 내게 그 위험에 대해 경고하지 않았다.

She warned me that the stove was still hot.
그녀는 난로가 아직 뜨겁다고 말해줬다.

warranty
[wɔ́(ː)rənti]

명 보증, 보증서 = guarantee
warranted 형 입증된, 보증된
a one-year warranty period 1년간의 보증 기간

The car is still under warranty.
그 차는 아직 보증기간이다.

A 우리말은 영어로, 영어는 우리말로 쓰시오.

1. 증명하다	_____	11. embed	_____
2. 다수	_____	12. make-believe	_____
3. 타고난, 선천적인	_____	13. inactive	_____
4. 영양실조	_____	14. majesty	_____
5. 복장, 옷	_____	15. sculpture	_____
6. 중추	_____	16. fondness	_____
7. 시간 소모가 많은	_____	17. toxic	_____
8. 시대에 뒤떨어진	_____	18. warn	_____
9. 예상, 전망	_____	19. emerge	_____
10. 밀봉하다	_____	20. major	_____

B 빈칸에 알맞은 말을 고르시오.

backtrack	warranty	inappropriate	wandering

1. The car is still under _____.
2. I was _____ around the house.
3. We had to _____ about a mile.
4. It's a/an _____ gift for a child.

C 괄호 안에서 문맥에 맞는 말을 고르시오.

1. The latest model <embodies / enforces> many new improvements.
2. That subject is beyond the <scoop / scope> of this book.
3. The computer and the human mind have different but <complementary / complimentary> abilities.
4. The situation is <complicated / settled> by the fact that I've got to work on Saturdays.

bear
[bɛər]

동 가지다, 품다
bearable 형 견딜 수 있는
Who will bear the blame for this tragedy?
이 비극에 대한 비난을 누가 받을 것인가?
The company agreed to bear the costs.
그 회사는 그 비용을 감당하기로 동의했다.

Quiz 1 Since it's <bearable / unbearable> for an average backpacker to carry more than 10 days of food, a long distance backpacker must resupply along the way. 2012 고1학평

benefit
[bénəfit]

동 ~에게 도움이 되다 명 이익, 혜택
beneficial 형 유익한
medicines that benefit thousands of people
수천 명의 사람들에게 도움을 주는 약
I see no benefit in changing the system now.
나는 시스템을 지금 바꾸는 것의 이점을 전혀 모르겠다.

Quiz 2 Efficiency means producing a specific end rapidly, with the least amount of cost. The idea of efficiency is specific to the interests of the industry or business, but is typically advertised as a <loss / benefit> to the customer. Examples are plentiful: the salad bars, filling your own cup, self-service gasoline, ATMs, microwave dinners and convenience stores which are different from the old-time groceries where you gave your order to the grocer. 2010 모평

besides
[bisáidz]

부 ~외에
learn other languages besides English and Spanish
영어와 스페인어 외에 다른 외국어들을 배우다
These salads are delicious besides being healthy.
이 샐러드들은 건강에 좋은 것 외에 맛도 있다.

comprehend
[kàmprihénd]

동 이해하다, 파악하다
comprehension 명 이해
comprehend the difference between right and wrong
옳은 것과 그른 것의 차이를 파악하다
How could you possibly comprehend the difficulties of my situation?
네가 나의 어려운 상황을 어떻게 이해할 수 있겠니?

comrade
[kɑ́mræd]

명 동료, 동지 = companion ↔ enemy, foe 적
Unlike so many of his comrades, he survived the war.
그토록 많은 그의 동료들과는 달리 그는 전쟁에서 살아남았다.
He enjoys spending time with his old army comrades.
그는 그의 옛날 군대 동지들과 시간을 보내는 것을 좋아한다.

conceal
[kənsíːl]

동 감추다, 숨기다
concealment 명 숨김
attempt to conceal evidence 증거를 숨기려 애쓰다
The sunglasses conceal her eyes.
선글라스가 그녀의 눈을 가린다.

condition
[kəndíʃən]

동 조절하다, 결정하다
conditioning 명 조건화
the length of time that it takes for runners to condition their bodies for a marathon
주자가 마라톤을 위해 그들의 몸을 조절하는 데 필요한 시간의 길이
What I buy is conditioned by the amount I earn.
내가 무엇을 사는지는 내가 버는 정도에 의해 결정된다.

conduct
[kəndʌ́kt]

동 시행하다, 수행하다, 지휘하다
conductor 명 지휘자
conduct an orchestra 오케스트라를 지휘하다
The magazine conducted a survey.
그 잡지는 조사를 시행했다.

conference
[kɑ́nfərəns]

명 회의 = assembly, gathering
a UN conference on the environment 유엔 환경 회의
Our boss called a conference to discuss the new changes.
사장님이 새로운 변화에 대해 논의하기 위해 회의를 소집했다.

Quiz 3 Can you identify others' personality from colors they like? Some psychologists actually use personality tests based on color <conference / preference>. 2009 고3 학평

cultivation
[kʌ̀ləvéiʃən]

명 경작, 재배
cultivate 동 경작하다
the cultivation of tobacco 담배 재배
These fields have been under cultivation for years.
이 들판은 몇 년간 경작되어 왔다.

enclosure
[enklóuʒər]

명 1 구역 2 동봉한 것
enclose 동 감싸다, 동봉하다
the bear enclosure at the zoo 동물원의 곰 구역
the enclosure of a photograph with a letter
편지와 함께 동봉한 사진

encounter
[enkáuntər]

동 맞닥뜨리다 ↔ avoid, dodge 피하다
encounter a lot of opposition 많은 반대에 맞닥뜨리다
The doctor had encountered several similar cases in the past.
그 의사는 과거에 여러 유사한 사례를 접해봤다.

end
[end]

명 목적
The government manipulates economic data for political ends.
그 정부는 정치적 목적을 위해 경제 데이터를 조작한다.
She'll do anything to achieve her own ends.
그녀는 자신의 목적을 달성하기 위해 뭐든 할 것이다.

enforce
[enfɔ́:rs]

동 집행하다
enforceable 형 집행할 수 있는
Parking restrictions will be strictly enforced.
주차 제한은 엄격히 집행될 것이다.
The duty of the police is to enforce the law.
경찰의 의무는 법을 집행하는 것이다.

engage
[engéidʒ]

동 1 개입시키다, 끌어들이다 2 고용하다
engagement 명 약속, 약혼
The story engaged my interest.
그 이야기는 내 흥미를 끌었다.
Her father engaged a tutor to improve her math.
그녀의 아버지는 그녀의 수학 능력을 향상시키려고 개인교사를 고용했다.

engrave
[engréiv]

동 새기다 = inscribe
The incident was engraved in his memory.
그 사건은 그의 기억에 새겨졌다.
The jeweller skilfully engraved the initials on the ring.
그 보석상은 반지에 이니셜을 능숙하게 새겼다.

enhance
[enhǽns]

동 향상시키다, 강화시키다 = improve ↔ worsen 악화시키다
enhance the quality of life 삶의 질을 향상시키다
The latest revelation certainly won't enhance her image.
최근의 폭로는 분명 그녀의 이미지를 좋게 하지 못할 것이다.

Quiz 4 Getting a good night's sleep before the test and eating a nutritious breakfast will <enclose / enhance> your alertness and help you feel relaxed. 2006 모평

foretell
[fɔːrtél]

동 **예언하다, 예지하다** = forecast, predict
foretell **the future** 미래를 예언하다
foretell **a person's future** 사람의 앞날을 예언하다

forgiving
[fərgíviŋ]

형 **너그러운**
forgive 동 용서하다
a person with a forgiving **nature** 천성이 너그러운 사람
My father was a kind and forgiving man.
나의 아버지는 친절하고 너그러운 남자였다.

forgotten
[fərgάtn]

형 **잊혀진**
forget 동 잊다
a forgotten **corner of the churchyard** 잊혀진 교회 뜰의 구석
her forgotten **early novels** 그녀의 잊혀진 초기 소설들

found
[faund]

동 **설립하다**
foundation 명 재단
found **a school** 학교를 설립하다
He played a vital role in founding the charity.
그는 그 자선단체를 세우는 데 핵심적인 역할을 했다.

fragment
[frǽgmənt]

명 **조각, 파편** = bit, fraction
fragmentary 형 단편적인
fragments **of broken pottery** 깨진 도자기 파편들
I could only hear fragments of their conversation.
나는 그들의 대화를 부분적으로만 들을 수 있었다.

frame
[freim]

명 **틀, 뼈대, 구조** 동 **짜 맞추다, 고안하다**
She removed the picture from its wooden frame.
그녀는 나무틀에서 사진을 뺐다.
She framed her questions carefully.
그녀는 그녀의 질문 사항을 세심하게 정리했다.

income
[ínkʌm]

명 **소득** = earnings, profit
What was the company's annual income?
그 회사의 연 수익이 얼마나 되지?
Farming is his main source of income.
농사일은 그의 주 수입원이다.

inefficient
[ìnifíʃənt]

형 **비효율적인**
inefficiency 명 비효율성
an inefficient **use of resources** 자원의 비효율적 사용
The delivery system was very inefficient.
그 배송 체계는 매우 비효율적이었다.

inequality
[ìnikwάləti]

명 불평등

inequality **of opportunity** 불평등한 기회

There are inequalities in wealth distribution.
부의 분배에는 불평등이 있다.

margin
[mάːrdʒin]

명 여유, 여지, 차이

profit margin 이윤 폭

Please write your name in the left margin of the page.
페이지 왼쪽 가장자리에 당신의 이름을 적어주세요.

marine
[məríːn]

형 해양의, 바다에 사는   = maritime, oceanic

mariner 명 선원

the effects of oil pollution on marine mammals
해양 포유류에 미치는 기름 오염의 영향

marine animals such as dolphins and whales
돌고래 그리고 고래와 같은 바다 동물들

overall
[óuvərɔ̀ːl]

형 전반적인 부 전반적으로

I don't need the details now, just the overall picture.
세세한 사항은 지금 필요 없고, 전반적인 모습만 알려줘.

He made a few mistakes but did well overall.
그는 몇 가지 실수를 했지만 전반적으로는 잘 했다.

overboard
[óuvərbɔːrd]

부 배 밖으로, (배에서) 바다로

He threw the fish overboard.
그는 물고기를 배 밖으로 던졌다.

One of the crew fell overboard and drowned.
선원 한 명이 배 밖으로 떨어져 익사했다.

overestimate
[òuvəréstəmeit]

동 과대평가하다

overestimate **the cost** 비용을 너무 높게 잡다

He tends to overestimate his own abilities.
그는 자신의 능력을 과대평가하는 경향이 있다.

Quiz 5 He argued that personality psychologists had <overestimated / underestimated> the extent to which the social situation shapes people's behavior, independently of their personality. To predict whether a person will meet a deadline, for example, knowing something about the situation may be more useful than knowing the person's score on a measure of conscientiousness. Situational influences can be very powerful, sometimes overwhelming individual differences in personality. 2015 고3학평

sector
[séktər]

명 분야, 부문　= division, branch
the agricultural sector of the economy 경제 중의 농업 분야
the banking sector 금융 부문

secure
[sikjúər]

형 안전한　동 확보하다, 안전하게 두다
security 명 안전
How secure is your front door?
당신의 현관문은 얼마나 안전한가?
Secure your belongings under the seat.
소지품을 의자 밑에 안전하게 두세요.

seedling
[síːdliŋ]

명 묘목, 모종
the seedlings in the greenhouse 온실의 묘목
plant a seedling 묘목을 심다

seek
[siːk]

동 추구하다, 찾다(sought, sough)　= chase, search
seeker 명 탐구자
The church is seeking donations.
그 교회는 기부를 구하고 있다.
The office is seeking a salesperson.
그 사무실에서는 영업 사원을 찾고 있다.

trace
[treis]

명 1 미량, 극소량 2 흔적
traces of poison 소량의 독
The plane vanished without a trace.
그 비행기는 흔적도 없이 사라졌다.

tragedy
[trǽdʒədi]

명 비극　= disaster
tragic 형 비극적인
His life was touched by hardship and personal tragedy.
그의 인생은 역경과 개인적 비극의 영향을 받았다.
Hitler's invasion of Poland led to the tragedy of the
Second World War.
히틀러의 폴란드 침략은 2차 세계대전이라는 비극으로 이어졌다.

trail
[treil]

동 질질 끌다
trailer 명 이동주택, 예고편
The dog's leash was trailing along the ground.
개의 목줄이 땅바닥에 질질 끌리고 있었다.
The little boy's teddy bear trailed behind him.
작은 꼬마의 곰 인형이 그의 뒤로 질질 끌려갔다.

wash
[waʃ]

동 씻다, 침식하다
washer 명 세탁기
We have to wash the dishes.
우리는 설거지를 해야 한다.
Water washed over the deck of the ship.
파도가 배의 갑판 위를 쓸었다.

watchdog
[wάtʃdɔːg]

명 지키는 사람, 파수꾼
consumer watchdog 소비자 보호 감시원
human rights watchdog 인권 감시 단체

Quiz 정답

1 unbearable, 보통의 등짐 여행자들이 10일 분의 음식을 지고 다니는 것은 견디기 힘들기 때문에 장거리 등짐 여행자들은 중간에 음식을 재공급 받아야 한다.

2 benefit, 효율성이란 최소한의 비용으로 구체적인 목표를 신속하게 달성하는 것을 의미한다. 효율성이라는 개념은 산업이나 사업의 이해관계에 구체적으로 관련된 것이지만, 전형적으로 고객에게 이득이 있는 것으로 광고된다. 사례들은 많다. 샐러드바, 자기 음료를 직접 채우는 것, 셀프 서비스인 주유소, 자동 현금 출납기, 전자레인지로 직접 데워 먹는 식사, 가게 주인에게 주문을 하던 예전 식료품 가게와는 다른 편의점 등이 해당된다.

3 preference, 당신은 사람들이 좋아하는 색상으로 그들의 성격을 판별할 수 있는가? 일부 과학자들은 색상 선호도에 근거한 성격 테스트를 실제로 이용한다.

4 enhance, 시험 전에 숙면을 취하는 것과 영양이 있는 아침을 먹는 것은 당신이 더욱 정신 차리도록 해줄 것이며, 편안함을 느끼는 데 도움을 줄 것이다.

5 underestimated, 그는 성격 심리학자들이 사람들의 성격과는 관계없이 사회적 상황이 사람들의 행동을 결정하는 정도를 과소평가했다고 주장했다. 예를 들어, 어떤 사람이 마감 기한을 맞출 것인지 예측하기 위해서는 성실성 측정에서 그 사람이 받은 점수보다 그 사람이 처한 상황에 대해 무언가를 아는 것이 더 유용할 수 있다. 상황적 영향이라는 것은 매우 강력해서 때로 개인의 성격 차이를 압도할 수 있다.

A 우리말은 영어로, 영어는 우리말로 쓰시오.

1. 경작, 재배 _____
2. 동료, 동지 _____
3. 조절하다, 결정하다 _____
4. 목적 _____
5. 가지다, 품다 _____
6. 회의 _____
7. 예언하다, 예지하다 _____
8. 이해하다, 파악하다 _____
9. 감추다, 숨기다 _____
10. 새기다 _____
11. encounter _____
12. forgiving _____
13. overboard _____
14. watchdog _____
15. waste _____
16. forgotten _____
17. income _____
18. seek _____
19. besides _____
20. enforce _____

B 빈칸에 알맞은 말을 고르시오.

engaged   conducted   overall   overestimate

1. The magazine _____ a survey.
2. He made a few mistakes but did well _____.
3. The story _____ my interest.
4. He tends to _____ his own abilities.

C 괄호 안에서 문맥에 맞는 말을 고르시오.

1. He played a vital role in <founding / pounding> the charity.
2. Please write your name in the left <margin / origin> of the page.
3. How <secluded / secure> is your front door?
4. His life was touched by hardship and personal <strategy / tragedy>.

DAY 30

befall
[bifɔ́:l]

图 ~ 에게 생기다[닥치다]   = happen, occur
the fate that befell them 그들에게 닥친 운명
We prayed that no harm should befall them.
우리는 그들에게 어떤 피해도 생기지 않기를 기도했다.

befriend
[bifrénd]

图 친구가 되어주다
He befriended the new student.
그는 새 학생에게 친구가 되어주었다.

They befriended me when I first arrived in Seoul.
내가 서울에 처음 도착했을 때 그들은 나의 친구가 되어주었다.

belittle
[bilítl]

图 하찮게 보다, 얕보다   = play down, depreciate
He tends to belittle her efforts.
그는 그녀의 노력을 얕보는 경향이 있다.

The critic belittled the author's work.
그 비평가는 그 작가의 작품을 하찮게 봤다.

conceive
[kənsí:v]

图 1 임신하다 2 생각하다, 상상하다
conceive a child 아이를 임신하다
He was conceived of as a genius.
그는 천재로 여겨졌다.

concrete
[kάnkri:t]

图 구체적인   = actual, de facto
concrete evidence 구체적인 증거
We hope the meetings will produce concrete results.
우리는 그 회의들이 구체적인 결과를 이끌어내기를 바란다.

concur
[kənkə́:r]

图 일치하다, 동의하다
concurrence 图 일치
concur with an opinion 한 의견에 동의하다
They largely concurred with these views.
그들은 대체로 이런 관점들에 동의했다.

endangered
[indéindʒərd]

图 멸종 위기에 이른
endanger 图 ~을 위험에 빠뜨리다
an endangered bird 멸종 위기의 새
The lizards are classed as an endangered species.
그 도마뱀들은 멸종 위기의 종으로 분류된다.

endow
[endáu]

동 1 기부하다 2 (재능 등을) 부여하다
endowment 명 기증, 기부
endow a scholarship 장학금을 기부하다
He was endowed with good looks.
그는 잘생긴 외모를 타고났다.

former
[fɔ́:rmər]

형 이전의　= past　↔ subsequent 차후의
The coach is a former professional baseball player.
그 코치는 전에 프로 야구 선수였다.
Their farm has been reduced to half its former size.
그들의 농장은 이전 크기의 반으로 줄었다.

fort
[fɔ:rt]

명 요새　= fortress, stronghold
storm against a fort 요새로 돌진하다
They captured the fort after a long battle.
그들은 긴 전투 끝에 그 요새를 장악했다.

foster
[fɔ́:stər]

동 불러일으키다, 기르다　= cultivate, nurture
foster an abandoned child 버려진 아이를 기르다
Such conditions foster the spread of the disease.
그런 조건은 그 질병의 확산을 불러일으킨다.

foul
[faul]

형 역한, 더러운, 불결한　= dirty, nasty
the foul odor of rotten eggs 상한 계란의 역한 냄새
a pile of foul-smelling garbage 불결한 냄새가 나는 쓰레기 더미

materialistic
[mətìəriəlístik]

형 물질주의적인
material 형 물질적인 명 물질
materialistic interpretation of history 유물론적 역사 해석
the materialistic values of American society
미국 사회의 물질주의적 가치관

marvelous
[mɑ́:rvələs]

형 놀라운, 아주 좋은
We had a marvelous time.
우리는 아주 좋은 시간을 보냈다.
The weather was simply marvelous.
날씨가 그냥 끝내줬다.

mass
[mæs]

명 1 질량 2 대중, 군중
massive 형 거대한
a high mass of rock 질량이 높은 돌
There was a mass of people around the club entrance.
클럽 입구에 많은 사람들이 있었다.

overhead
[óuvərhéd]

부 **머리 위에, 상공에**

A plane flew overhead.
비행기가 머리 위로 날아갔다.

People were making noise in the balcony overhead.
사람들이 머리 위의 발코니에서 떠들고 있었다.

overhear
[òuvərhíər]

동 **우연히 듣다**　= eavesdrop

I overheard part of their conversation.
나는 그들이 나누는 대화의 일부를 우연히 들었다.

I overheard a rumor about you.
너에 대한 소문을 우연히 들었다.

overtake
[òuvərtéik]

동 **따라잡다, 추월하다**　= catch up

Always check your rear view mirror before you overtake.
추월하기 전에 항상 후방 거울을 확인하라.

Never try to overtake on a bend.
곡선주로에서는 절대 추월하려고 하지 마라.

puddle
[pʌ́dl]

명 **웅덩이**

stepped in a puddle 웅덩이에 발을 딛다
Children splashed through the puddles.
아이들이 웅덩이를 첨벙거리며 지나갔다.

pulse
[pʌls]

명 **맥박** 동 **쿵쾅거리다**

His breathing was shallow and his pulse was weak.
그의 호흡은 얕았고 맥박은 약했다.

Dance music pulsed from the speakers.
댄스음악이 스피커에서 쿵쾅거렸다.

seemingly
[sí:miŋli]

부 **겉보기에**

seem 동 ~인듯하다
seemingly unrelated bits of information
겉으로는 관련 없어 보이는 정보들

Neil was seemingly calm when he left to take the test.
Neil은 시험을 보러 갈 때 겉보기에는 침착해 보였다.

segment
[ségmənt]

명 **마디, 부분**　= section, part

a segment of an orange 오렌지 한 조각
The railroad track is divided into segments.
기찻길 선로는 마디마디 나뉘어 있다.

seize
[siːz]

동 잡다, 붙잡다
seizure 명 붙잡기
He seized her by the arm.
그는 그녀의 팔을 잡았다.
He seized the chance to present his ideas to his boss.
그는 자신의 아이디어를 사장에게 발표할 기회를 잡았다.

selfish
[sélfiʃ]

형 이기적인
selfishness 명 이기적임
selfish behaviour 이기적인 행동
She's interested only in her own selfish concerns.
그녀는 자기 자신의 이기적인 이해관계에만 관심이 있다.

> **Quiz 1** From the twelve million articles on Wikipedia to the millions of free secondhand goods offered on websites, we are discovering that money is not the only motivator. <Altruism / Selfishness> has always existed, but the Web gives it a platform where the actions of individuals can have global impact.　2012 모평

sell
[sel]

동 (생각 등을) 납득시키다
managers selling employees the new working hours
직원들에게 새 근무 시간을 납득시키려는 관리자들
Neil is completely sold on the concept.
Neil은 그 콘셉트에 완전히 빠져들었다.

transatlantic
[trænsətlǽntik]

형 대서양 횡단의
a transatlantic flight 대서양 횡단 비행기
a transatlantic yacht race 대서양 횡단의 요트 경기

transfer
[trænsfɔ́ːr]

동 전달하다
transfer data on the hard drive to a disk
데이터를 하드드라이브에서 디스크로 옮기다
The virus is transferred by mosquitoes.
그 바이러스는 모기에 의해 옮는다.

translate
[trænsléit]

동 통역하다, 번역하다
be translated into 23 languages 23개의 언어로 번역되다
Can you translate this technical jargon?
이 전문용어를 번역할 수 있겠니?

transmit
[trænsmít]

동 보내다
transmission 명 전파   transmitter 명 송신기
transmitting and receiving radio signals
라디오 신호를 전송하고 받기
transmit information over digital phone lines
디지털 전화선으로 정보를 보내다

transport
[trænspɔ́:rt]

동 수송하다
transportation 명 수송, 운송
trucks used for transporting oil 원유를 수송하는 데 쓰는 트럭
the cost of producing and transporting goods
제품을 생산하고 수송하는 데 드는 비용

treadle
[trédl]

명 발판, 디딤판
a sewing machine with a treadle 발재봉틀
My grandmother still uses her old treadle sewing machine.
나의 할머니는 아직 발판이 있는 낡은 재봉틀을 쓰신다.

treasure
[tréʒər]

명 보물 동 소중히 다루다
a legend about the pirates' buried treasure
해적들이 묻어 놓은 보물에 대한 전설
She treasured those memories.
그녀는 그 추억들을 소중히 여겼다.

treat
[tri:t]

동 처리하다, 치료하다 명 특별한 것, 대접
treatment 명 대우, 처리
This situation must be treated with great care.
이 상황은 각별한 주의를 기울여 처리해야 한다.
Dinner will be my treat.
저녁식사는 내가 대접할게.

trial
[tráiəl]

명 1 재판, 공판 2 시도, 실험
a new drug that is undergoing clinical trials
임상 실험 중인 새 약
He testified at the trial.
그는 재판에서 증언을 했다.

underscore
[ʌ̀ndərskɔ́:r]

동 강조하다 = underline, emphasize
underscore the multipolar nature of today's global
economy
오늘날의 국제 경제의 다극화 본성을 강조하다
She underscored the most important points.
그녀는 가장 중요한 점들을 강조했다.

unfurl
[ənfə́:rl]

동 펴다 = expand, extend
unfurl banners 배너를 펴다
They were sitting on the lawn under a large beach tree whose buds were just starting to unfurl.
그들은 그 봉오리가 막 터지기 시작한 해변의 큰 나무 아래의 잔디에 앉아있었다.

weakness
[wí:knis]

명 약함, 약점
the weakness of the dollar 달러화의 약세
The incident exposed his weakness as a leader.
그 사건은 그의 지도자로서의 약점을 노출했다.

> **Quiz 2** The laser pointer, which became popular in the 1990s, was at first typically thick to hold in the hand. Before long, such pointers came in slimmer pocket models and became easier to handle. Still, the laser pointer had its own <strengths / weaknesses>. 2015 고1학평

weather
[wéðər]

동 (역경 등을) 무사히 헤쳐 나가다
weather the recession 불황을 견뎌내다
He has weathered the criticism well.
그는 그 비판을 잘 견뎌냈다.

wetlands
[wétlændz]

명 습지
protect the wetlands from development
습지를 개발로부터 보호하다
Thousands of acres of wetlands are destroyed every year by development.
수천 에이커의 습지가 해마다 개발로 인해 파괴된다.

whine
[hwain]

동 투덜거리다
whiny 형 투덜거리는
She's always whining about something.
그녀는 항상 뭔가에 대해 투덜거린다.
He's always whining about the weather.
그는 언제나 날씨에 대해 투덜거린다.

whirl
[hwə:rl]

동 빙빙 돌다[돌리다] = churn, swirl
The water whirled around the drain.
물이 배수구에서 빙빙 돌았다.
He whirled her round in his arms.
그는 그녀를 팔에 안고 빙빙 돌렸다.

vault
[vɔːlt]

동 뛰어 넘다

vault **over the counter** 계산대를 뛰어 넘다

He vaulted the fence and continued running.
그는 담장을 뛰어 넘어 계속 달렸다.

A 우리말은 영어로, 영어는 우리말로 쓰시오.

1. 물질주의적인	_____	11. foster	_____
2. 따라잡다, 추월하다	_____	12. whirl	_____
3. 구체적인	_____	13. puddle	_____
4. 우연히 듣다	_____	14. seemingly	_____
5. 맥박, 쿵쾅거리다	_____	15. belong	_____
6. 발판, 디딤판	_____	16. endangered	_____
7. 머리 위에, 상공에	_____	17. fort	_____
8. 습지	_____	18. segment	_____
9. 투덜거리다	_____	19. seize	_____
10. 친구가 되어주다	_____	20. concur	_____

B 빈칸에 알맞은 말을 고르시오.

belittle	trial	marvelous	weathered

1. He testified at the _____.
2. He tends to _____ her efforts.
3. We had a _____ time.
4. He _____ the criticism well.

C 괄호 안에서 문맥에 맞는 말을 고르시오.

1. She's interested only in her own <selfish / selfless> concerns.
2. He was <conceived / deceived> of as a genius.
3. There was a <mass / mess> of people around the club entrance.
4. My client speaks only Spanish. Will you <translate / transmit> for me?

DAY 31

beware
[biwéər]

图 ~을 주의하다
Beware of the dog!
개를 조심하세요!
Police warned drivers to beware.
경찰은 운전자들에게 주의하라고 경고했다.

biodiversity
[bàioudivə́ːrsəti]

명 생물의 다양성
the biodiversity of the rain-forest 열대우림의 다양한 생물들
threaten the biodiversity 생물의 다양성을 위협하다

결합사 bio- '생명'과 관련된 의미이다.
bioethics 생명윤리 / biological 생물학의 / bio-mechanical 생체역학적인

confident
[kánfidənt]

图 확신하는
confidence 명 자신감
The company is confident of success.
그 회사는 성공을 확신하고 있다.
I am confident about my ability to do the job.
나는 내가 그 일을 할 능력이 있음을 확신한다.

confine
[kənfáin]

동 제한하다, 감금하다
confinement 명 감금
Please confine your use of the phone to business calls.
여러분의 전화 사용을 업무관련 통화로만 한정해주세요.
The accused was confined until the trial could take place.
피고인은 재판이 열릴 때까지 구금되었다.

confirm
[kənfɔ́ːrm]

동 확인하다, 확증하다   = certify
confirmation 명 확증
New evidence has confirmed the first witness's story.
새 증거가 첫 번째 증인의 이야기를 확증했다.
The tests confirmed the doctors' suspicions of cancer.
실험으로 암에 대한 의사의 의심이 확인되었다.

conflict
[kánflikt]

명 갈등, 충돌 동 [kənflíkt] 충돌하다, 모순되다
conflicting 형 상충되는
a conflict of interest 이해갈등
new evidence which conflicts with previous findings
이전의 발견과 모순되는 새 증거

cuisine
[kwizí:n]

명 요리
vegetarian cuisine 채식주의 요리
the traditional cuisine of the Southwest 남서부의 전통 요리

enlighten
[enláitn]

동 계몽하다, 알리다
enlightened 형 계몽된
enlighten people about what happened
무슨 일이 있었는지 사람들에게 알려주다
I don't understand what's going on—can someone please enlighten me?
무슨 일이 벌어지고 있는지 모르겠다. 누가 나를 좀 일깨워 줄래?

enroll
[enróul]

동 등록하다, 입학하다
rush to enroll in special aerobics classes
특별 에어로빅 강좌에 서둘러 등록하다
I decided to enroll for 'Art for Beginners.'
미술 초보 반에 등록하기로 결정했다.

ensure
[enʃúər]

동 확실하게 하다, 보장하다 = guarantee
take steps to ensure the safety of the passengers
승객의 안전을 보장하기 위한 단계를 밟다
The hospital tries to ensure that people are seen quickly.
그 병원은 사람들이 빨리 진단을 받을 수 있도록 노력하고 있다.

entail
[entéil]

동 수반하다 = include
Some foreign travel is entailed in the job.
그 일에는 약간의 해외여행이 수반된다.
These cuts will entail some job losses.
이번 삭감들은 약간의 일자리 감소를 수반한다.

freezing
[frí:ziŋ]

형 얼어붙은
freeze 동 얼다
Your hands are freezing cold!
너의 손은 얼음장처럼 차갑다!
We were freezing cold in the tent last night.
우리는 어젯밤 텐트에서 꽁꽁 어는 듯 추웠다.

frequent
[fríːkwənt]

[동] 자주 가다 [형] 빈번한
frequency [명] 주파수   frequently [부] 자주
a bar frequented by sports fans 스포츠팬들이 자주 가는 술집
Her headaches are becoming less frequent.
그녀의 두통은 덜 빈번해지고 있다.

inferior
[infíəriər]

[형] 열등한 ↔ superior 우월한
I always felt slightly inferior to him.
나는 늘 그보다 약간 열등하다고 느꼈다.

These pearls are of inferior quality.
이 진주들은 질이 떨어진다.

> **Quiz 1** If you built your own house and grew your own food, your shelter and food would probably be <inferior / superior> to what you normally enjoy in a society with division of labor. 2012 고2학평

infinite
[ínfənit]

[형] 무한한
infinitely [부] 무한히, 크게   infinity [명] 무한대
a woman of infinite patience 무한한 참을성을 가진 여자
The universe is infinite.
우주는 끝이 없다.

influential
[ìnfluénʃəl]

[형] 영향력 있는 = authoritative, forceful
a highly influential art magazine 매우 영향력 있는 미술 잡지
My parents have been the most influential people in my life.
나의 부모님은 내 인생에 가장 영향을 많이 끼친 분이셨다.

matter
[mǽtər]

[동] 중요하다 [명] 일, 문제
Does it matter what I think?
내 생각이 중요한가요?

He has a few personal matters to deal with.
그는 몇 가지 해결할 개인적인 일이 있다.

mature
[mətjúər]

[형] 성숙한 [동] 성숙하다
maturity [명] 성숙
Their bodies were mature, but they still behaved like children.
그들의 신체는 성숙했지만 그들은 여전히 아이들처럼 행동했다.

She has matured into a fine writer.
그녀는 성장하여 멋진 작가가 되었다.

maximize
[mæksəmàiz]

동 극대화하다
rearrange the furniture to maximize **the space**
공간을 극대화하기 위해 가구를 재배치하다
I want to maximize this opportunity.
나는 이 기회를 극대화하고 싶다.

meadow
[médou]

명 목초지, 풀밭
a fragrant meadow 향기 나는 풀밭
walk upstream through the meadow
초원을 따라 상류로 걸어가다

means
[mi:nz]

명 1 수단 2 수입
The window was our only means of escape.
창문은 우리가 도주할 유일한 수단이었다.
I don't have the means to support a family.
나는 가족을 부양할 돈이 없다.

overthrow
[òuvərθróu]

명 전복 동 전복시키다(overthrew, overthrown)
make plans to overthrow **the government**
정부를 전복시킬 계획을 세우다
The organization was dedicated to the overthrow of capitalism.
그 조직은 자본주의를 무너뜨리는 데 헌신적이었다.

overwhelmed
[òuvərhwélmd]

형 압도된
overwhelming 형 압도적인
We were overwhelmed by the number of applications.
우리는 지원자의 수에 압도 되었다.
They were overwhelmed with work.
그들은 업무에 압도되었다.

pursue
[pərsú:]

동 추구하다, 뒤쫓다
pursuit 명 추구
She plans to pursue a career in politics.
그녀는 정치계에서의 경력을 추구하고 있다.
The criminal is being pursued by police.
그 범인은 경찰의 추격을 받고 있다.

qualify
[kwáləfài]

동 자격이 되다
qualification 명 자격   **qualifier** 명 수식어구
Neil qualified as a teacher in 2010.
Neil은 2010년에 교사 자격을 얻었다.
You may qualify for unemployment benefit.
당신은 실업 수당을 받을 자격이 될지도 모른다.

quality
[kwɑ́ləti]

명 자질, 특성

His music has a primitive quality.
그의 음악은 태고의 특성을 가지고 있다.

Stubbornness is one of his bad qualities.
고집은 그의 안 좋은 특성 중의 하나이다.

semester
[siméstər]

명 학기

the fall semester 가을 학기
the first semester 1학기

trick
[trik]

명 장난, 속임수

tricky 형 까다로운

I'm getting tired of your silly tricks.
너의 시시한 장난에 실증이 난다.

He enjoys playing tricks on his friends.
그는 친구들에게 장난치는 것을 좋아한다.

trigger
[trígər]

동 촉발하다, 작동시키다

an indiscreet remark that triggered a fight
싸움을 촉발한 무분별한 말

The assassination triggered off a wave of rioting.
그 암살은 폭동의 물결을 촉발했다.

Quiz 2 For example, the letters 'O' and 'I' are the third and sixth most frequently used letters in the English language, and yet the engineers positioned them on the keyboard so that the relatively weaker fingers had to depress them. This 'inefficient logic' pervaded the keyboard, and <triggered / solved> the problem of keyboard jam-up. 2012 모평

---

trim
[trim]

동 손질하다, 다듬다

trimly 부 정돈하여

trim the lawn around the roses 장미 주변의 잔디를 다듬다

I have my hair trimmed every four weeks.
나는 머리를 4주마다 다듬는다.

triumph
[tráiəmf]

명 승리, 대성공 동 승리를 거두다

triumphant 형 의기양양한

The bridge is an engineering triumph.
그 다리는 공학적 대성공이다.

My favorite team triumphed in the championship game.
내가 제일 좋아하는 팀이 챔피언십 게임에서 승리했다.

---

tropical
[trάpikəl]

圀 열대지방의
the tropical rain forests 열대우림
tropical fruit 열대 과일

trustworthy
[trΛstwə̀ːrði]

阍 믿을만한 = reliable, responsible
trustworthy information 믿을 만한 정보
a trustworthy guide 믿을 만한 안내원

vanguard
[vǽngὰːrd]

圀 선봉, 선두
the vanguard of the independence movement
독립 운동의 선봉

The shop has always been in the vanguard of New York fashion trends.
그 가게는 늘 뉴욕 패션 트렌드의 선봉이었다.

vanish
[vǽniʃ]

동 사라지다 = disappear
The bird vanished from sight.
새가 시야에서 사라졌다.

My calculator's vanished from my desk.
계산기가 내 책상에서 사라졌다.

vapor
[véipər]

圀 수증기
the vapor from the volcano 화산 증기
saturated vapor pressure 포화 증기 압력

variable
[vέəriəbəl]

阍 변하기 쉬운, 일정치 않은 = flexible
The winds were light and variable.
바람은 잔잔하면서 일정치 않았다.

The loan has a variable interest rate.
그 대출은 변동 이자율이었다.

Quiz 3 When discussing the animal kingdom, each creature belongs to a species scale of generalists to specialists. Specialist creatures like the koala bear can only survive on an extremely <limited / variable> set of conditions: diet (eucalyptus), climate (warm), environment (trees).

2014 고3학평

vegetarian
[vèdʒətéəriən]

阍 야채만의, 채식주의자의
a vegetarian diet 채식주의 식단
a vegetarian restaurant 채식주의 식당

vehicle
[víːikəl]

명 1 탈것, 교통수단 2 매체, 매개물, 전달 수단

cars, trucks, and other vehicles 자동차, 트럭, 그리고 다른 탈것들

art as a vehicle for self-expression 자기표현 매체로서의 예술

width
[widθ]

명 폭, 너비

measure the length and width of the room
방의 길이와 너비를 재다

What is the width of the table?
탁자의 너비가 어떻게 되죠?

A 우리말은 영어로, 영어는 우리말로 쓰시오.

1. 계몽하다 _____	11. beware _____
2. 영향력 있는 _____	12. ensure _____
3. 추구하다, 뒤쫓다 _____	13. entail _____
4. 제한하다, 감금하다 _____	14. freezing _____
5. 열등한 _____	15. trim _____
6. 무한한 _____	16. biodiversity _____
7. 확신하는 _____	17. cuisine _____
8. 등록하다, 입학하다 _____	18. meadow _____
9. 극대화하다 _____	19. tropical _____
10. 학기 _____	20. confirm _____

B 빈칸에 알맞은 말을 고르시오.

means   frequent   matter   matured

1. Does it _____ what I think?

2. I don't have the _____ to support a family.

3. She has _____ into a fine writer.

4. Her headaches are becoming less _____.

C 괄호 안에서 문맥에 맞는 말을 고르시오.

1. What is the <depth / width> of the table?

2. My calculator's <emerged / vanished> from my desk.

3. You may <qualify / quantify> for unemployment benefit.

4. The winds were light and <desirable / variable>.

DAY 32

bitter
[bítər]

ᅠ형 쓴, 호된
a bitter wind 호된 바람
The medicine had a bitter aftertaste.
그 약은 뒷맛이 썼다.

Quiz 1   Millions of people have stiff, painful knees thanks to osteoarthritis. Remedies range from keeping active and reducing excess weight to steroid injections and even surgery. But research shows that you can take a <tasty / bitter> route to improvement. According to Oklahoma State University research, people with knee pain reported less discomfort and used fewer pain medicines after eating soy protein daily for three months. 2012 고2학평

blame
[bleim]

ᅠ동 비난하다 ᅠ명 비난
Don't blame me — it's not my fault.
나를 비난하지 마. 내 잘못이 아니야.
I always get the blame for his mistakes!
그의 실수에 대해 항상 내가 비난을 받는다!

blank
[blæŋk]

ᅠ형 멍한 = empty
blankly ᅠ부 멍하니
blank stare 표정 없이 빤히 바라봄
Leave the last page blank.
마지막 쪽은 비워 둬라.

blanket
[blǽŋkit]

ᅠ명 담요 ᅠ동 덮다
The hills were covered with a blanket of snow.
언덕들이 담요 같은 눈으로 덮여 있다.
The fields were blanketed with flowers.
들판이 꽃으로 덮여 있다.

blast
[blæst]

ᅠ명 돌풍, 폭풍 ᅠ동 내뿜다
A blast of cold air swept through my room.
한바탕 찬바람이 내 방을 훑고 지나갔다.
Dance music blasted from the radio.
댄스음악이 라디오에서 뿜어져 나왔다.

confront
[kənfrʌ́nt]

[동] 직면하다, 마주치다 = face ↔ dodge 피하다
confrontational [형] 대립의
confront an enemy 적과 맞서다
They confronted the invaders at the shore.
그들은 침략자들과 물가에서 맞섰다.

confused
[kənfjúːzd]

[형] 혼란스러운
confusing [형] 혼란스러운   confusion [명] 혼란
If you're confused about anything, phone me.
뭐든 헷갈리는 것이 있으면 나한테 전화해.
We're confused about what to do next.
우리는 다음에 뭘 해야 할지 혼란스러웠다.

connectedness
[kənéktidnis]

[명] 연결성
connection [명] 연결, 인맥
increase the connectedness between physicians and patients
의사와 환자 사이의 연결성을 증진시키다
the connectedness of elements in nature
자연에서 원소들의 연결성

Quiz 2 Virtual personalities online and characters on television fulfill our natural emotional needs artificially, and hence occupy the blurry margins in which our brains have difficulty distinguishing real from unreal. The more we rely on these personalities and characters to get a sense of "<isolation / connectedness>," the more our brains encode them as "relevant." 2014 고2학평

---

conquer
[káŋkər]

[동] 정복하다 = dominate, overpower
coqueror [명] 정복자
conquer the mountain 산을 정복하다
Scientists believe the disease can be conquered.
과학자들은 그 질병은 정복될 수 있다고 믿는다.

conscience
[kánʃəns]

[명] 양심
conscientious [형] 양심적인
a film with a social conscience 사회적 양심을 다룬 영화
Her conscience told her to tell the truth.
그녀의 양심은 그녀에게 진실을 말하라고 했다.

enthusiasm
[enθjúːziæzəm]

명 열의, 열정 = craze ↔ apathy, indifference 무관심
enthusiastic 형 열광적인
dampen the enthusiasm of the home team
홈 팀의 열정을 잠재우다
He seems to lack enthusiasm for the work he's doing.
그는 그가 하는 일에 열정이 부족한 것 같다.

entire
[entáiər]

형 전체의 = whole
entirely 부 완전히, 아주 entirety 명 전체
Have you drunk the entire bottle?
병에 들어있는 걸 전부 마셨니?
He has dedicated his entire life to helping others.
그는 그의 일생을 다른 사람들을 돕는데 바쳤다.

entrance
[éntrəns]

명 1 입구 2 들어감, 입장
entry 명 출품작
The main entrance is on the left side.
주 출입구는 왼쪽에 있습니다.
The book describes his entrance into politics.
그 책은 그의 정치 입문을 묘사하고 있다.

frontal
[frʌ́ntəl]

형 정면의 = fore
be vulnerable to a frontal attack 정면 공격에 취약하다
Most cars have the engine in the frontal part.
대부분의 차들은 앞부분에 엔진이 있다.

frontier
[frʌntíər]

명 1 국경, 변방 2 한계 = border
the frontier between Canada and the U.S.
캐나다와 미국 사이의 국경
beyond the frontiers of language 언어의 한계를 넘어

frown
[fraun]

동 (얼굴을) 찡그리다 = make a face
Joe frowned and shook his head.
Joe는 찡그리며 고개를 저었다.
He frowned as he read the letter.
그는 편지를 읽으면서 찡그렸다.

fruitless
[frúːtlis]

형 성과 없는, 결실 없는 = useless, vain
They made a fruitless attempt to find a solution.
그들은 해결책을 찾으려 시도해봤지만 성과가 없었다.
It would be fruitless to continue.
계속해봐야 실속 없을 것 같다.

inform
[infɔ́:rm]

동 알리다
informative 형 정보를 주는
inform a prisoner of his rights 죄수에게 그의 권리를 알려주다
The book will entertain and inform you.
그 책은 너에게 지식과 즐거움을 줄 것이다.

infrequent
[infrí:kwənt]

형 불규칙적인, 빈번하지 않은   = sporadic
frequency 명 빈도
infrequent visits 드문 방문
We made infrequent stops along the way.
우리는 가는 길에 자주 멈추지 않았다.

ingredient
[ingrí:diənt]

명 재료, 성분
the ingredients of a salad 샐러드 재료
He uses only the finest ingredients in his cooking.
그는 그의 요리에 최고의 재료만을 사용한다.

> **Quiz 3** If you are traveling to a country that does not speak the language you do, then have a pictorial description of the food that you are allergic to, marked with a cross over it. When shopping for groceries, always read the label of the food that you are buying. Check the <ingredients / manufacturers> as well as the process used to make the foods.   2009 고3학평

inhabit
[inhǽbit]

동 ~에 거주하다   = live in, populate
inhabitant 명 거주자
inhabit a small house 작은 집에 살다
Several hundred species of birds inhabit the island.
수백 종의 새들이 그 섬에 서식하고 있다.

inhospitable
[inháspitəbəl]

형 1 불친절한 2 황량한   = unfriendly
inhospitality 명 불친절
receive an inhospitable response 불친절한 응대를 받다
one of the most inhospitable places on earth
지구에서 가장 황량한 곳 중의 한 곳

meanwhile
[mí:nhwàil]

부 그동안, 한편
You can set the table. Meanwhile, I'll start making dinner.
네가 식탁을 차리면 되겠다. 그동안 내가 저녁을 준비할게.

Neil's starting college in March. Meanwhile, he's travelling around Europe.
Neil은 3월에 대학 생활을 시작한다. 그동안 그는 유럽여행을 할 것이다.

measure
[méʒər]

동 측정하다
measurable 형 측정할 수 있는   measurement 명 측정
an instrument for measuring air pressure 기압을 측정하는 도구
He's being measured for a new suit.
그는 새 정장을 위해 치수를 재는 중이다.

measures
[méʒərz]

명 수단, 조치   = means, step
propose a number of cost-cutting measures
수많은 비용절감 수단을 제안하다
We need to take measures to protect ourselves.
우리는 우리 자신을 보호하기 위해 조치를 취해야 한다.

mechanism
[mékənizəm]

명 장치, 구조, 구성
study the body's mechanisms for controlling weight
체중을 통제하는 신체 작용을 연구하다
The camera's shutter mechanism is broken.
카메라 셔터 기계장치가 고장 났다.

owe
[ou]

동 의존하다, 빚지다
I owe you a drink.
내가 다음에 한 잔 사야겠다.
I owe the bank a lot of money.
나는 은행에 빚이 아주 많다.

ownership
[óunərʃip]

명 소유, 소유권
a dispute over the ownership of the land
그 땅에 대한 소유권 분쟁
The company is under private ownership.
그 회사는 개인 소유이다.

quarter
[kwɔ́ːrtər]

명 4 분의 1
quarters 명 숙소
a quarter after three 3시 15분
Cut the apple into quarters.
사과를 4등분 하라.

quest
[kwest]

명 탐구, 추구   = hunt, search
his long quest for truth 그의 긴 진리 탐구
They went on a quest for gold.
그들은 금을 찾아 떠났다.

quotation
[kwoutéiʃən]

명 인용, 인용구 = citation, quote
a book of humorous quotations 재치 있는 인용구를 모아놓은 책
The following quotation is taken from a nineteenth century travel diary.
다음 인용구는 19세기 여행기에서 따온 것이다.

racist
[réisist]

명 인종차별주의자
racism 명 인종차별주의
the victim of a racist attack 인종차별주의 폭행의 희생자
He denied being a racist.
그는 인종차별주의자인 것을 부정했다.

senior
[síːnjər]

명 노인, 연장자 = elder ↔ junior 연소자
five years my senior 나보다 5살 위
Seniors can get a 10% discount.
노인은 10% 할인을 받을 수 있다.

sensible
[sénsəbəl]

형 현명한
sensibly 부 현명하게   sensibility 명 감각, 지각
sensible advice 현명한 충고
My teacher gave me some sensible advice.
나의 선생님은 내게 몇 가지 현명한 충고를 해주셨다.

sensitive
[sénsətiv]

형 예민한, 세심한 = delicate
sensitivity 명 세심함, 민감성
a sensitive and intelligent young man 세심하고 지적인 젊은 남자
I found him to be a sensitive and caring person.
나는 그가 세심하고 다정한 사람임을 알게 되었다.

tune
[tjuːn]

동 음을 맞추다
I tuned my guitar.
나는 내 기타의 음을 맞췄다.

Someone's coming tomorrow to tune the piano.
피아노 음을 맞추러 내일 누군가 올 것이다.

turn
[təːrn]

명 1 모퉁이, 전환점 2 차례
at the turn of the 20th century 20 세기 초에
You have to wait your turn in line.
줄을 서서 자신의 차례를 기다리셔야 합니다.

turnaround
[tə́ːrnəràund]

명 선회, 전환, 반등
the remarkable turnaround in our economy
우리 경제의 놀라운 반등
The team needs a big turnaround after their loss last week.
그 팀은 지난주에 패한 후 큰 전환이 필요하다.

twist
[twist]

명 엉킴, 반전
by a twist of fate 뒤엉킨 운명에 의해
an unexpected twist in the plot 줄거리 상의 예상치 못한 반전

typical
[típikəl]

형 전형적인   = characteristic
typically 부 보통, 전형적으로
typical British weather 전형적인 영국 날씨
It was his typical response.
그것은 그의 전형적인 반응이었다.

Quiz 정답

1 tasty, 수백만의 사람들이 골관절염 때문에 무릎이 뻣뻣해지고 통증으로 고생한다. 치료법은 열심히 몸을 움직이거나 과도한 체중을 줄이는 것부터 스테로이드 주사를 맞거나 수술하는 것까지 다양하다. 하지만 연구에 따르면, 환자들이 증상 개선을 위해 좀 더 맛있는 방법을 사용할 수 있다고 한다. Oklahoma 주립 대학에서 수행된 한 연구는 무릎 통증을 가지고 있는 사람들이 석 달 동안 매일 콩 단백질을 섭취한 후 무릎 통증을 덜 호소했고 진통제도 덜 사용했다고 발표했다.

2 connectedness, 온라인의 가상 인물과 텔레비전 속의 등장인물이 우리 본연의 정서적 욕구를 인위적으로 충족하여, 뇌가 현실과 비현실을 잘 구분하지 못하는 불분명한 영역을 차지하게 된다. 우리가 '유대감'을 얻기 위해 이러한 가상 인물과 등장인물에게 더욱 의존할수록, 우리의 뇌는 더욱 더 그것들을 '관련된' 것으로 인지한다.

3 ingredients, 당신이 사용하는 언어를 쓰지 않는 나라로 여행을 간다면, 당신이 알레르기를 일으키는 음식에 가위표 표시가 되어있는 그림 설명 자료를 소지해라. 식료품을 구입할 때, 당신이 구입하고 있는 물건의 라벨을 꼭 읽어라. 음식을 만드는 과정뿐만 아니라 그 재료를 읽어보아라.

A 우리말은 영어로, 영어는 우리말로 쓰시오.

1. 알리다	_____	11. conscience	_____
2. 재료, 성분	_____	12. measure	_____
3. 비난하다, 비난	_____	13. entire	_____
4. 직면하다, 마주치다	_____	14. ownership	_____
5. 성과 없는, 결실 없는	_____	15. confused	_____
6. 찡그리다	_____	16. quotation	_____
7. ~에 거주하다	_____	17. frontal	_____
8. 그동안, 한편	_____	18. conquer	_____
9. 멍한	_____	19. racist	_____
10. 쓴, 호된	_____	20. connectedness	_____

B 빈칸에 알맞은 말을 고르시오.

blanketed	blasted	owe	frequent

1. Dance music _____ from the radio.
2. I _____ the bank a lot of money.
3. We made _____ stops along the way.
4. The fields were _____ with flowers.

C 괄호 안에서 문맥에 맞는 말을 고르시오.

1. The team needs a big <turnaround / turnup> after their loss last week.
2. The camera's shutter <mechanism / metabolism> is broken.
3 It's very <hospitable / inhospitable> of him to be so rude to strangers.
4. The book describes his <entrance / enrollment> into politics.

DAY 33

---

blend
[blend]

동 섞다　= mix, combine
blend **traditional and modern melodies**
전통 멜로디와 현대 멜로디를 혼합하다
Blend the sugar, eggs, and flour.
설탕, 계란, 그리고 밀가루를 섞어라.

---

blind
[blaind]

형 눈먼
blindly 부 맹목적으로　**blindness** 명 장님임
blind **spot** 맹점
Joe was born blind.
Joe는 맹인으로 태어났다.

---

block
[blɑk]

동 막다, 방해하다
blockage 명 봉쇄, 방해
The ambulance was blocked by cars in the road.
구급차가 도로에서 차들에 가로막혀 있었다.

A fallen tree is blocking the road.
쓰러진 나무가 길을 가로막고 있다.

Quiz 1 During that class I was able to <process / block> the information about gas diffusion through my senses and ultimately stored it in my long-term memory.　2010 고3학평

---

bloom
[blu:m]

동 꽃피우다, 자라나다　= blossom
flowers blooming **in the garden** 정원에 피어나고 있는 꽃들
Their love was just beginning to bloom.
그들의 사랑이 막 피어나고 있었다.

---

conscious
[kánʃəs]

형 의식이 있는, 의식적인　= aware
↔ **unconscious** 의식이 없는
conscjousness 명 의식
Is the patient conscious yet?
환자는 아직 의식이 있나요?

He made a conscious effort to be friendly.
그는 의식적으로 친절하려고 노력했다.

---

consensus
[kənsénsəs]

명 합의　= accord　↔ **conflict** 갈등
reach a consensus 합의에 이르다
The decision was made by consensus.
그 결정의 합으로 이뤄진 것이다.

---

consequence
[kánsikwèns]

명 결과, 영향
consequential 형 중요한, 중대한 consequently 부 결과적으로
the economic consequences of the war 전쟁 이후 경제의 영향
The slightest error can have serious consequences.
아주 작은 실수가 심각한 결과를 초래할 수 있다.

Quiz 2 Although there are international agreements signed by some governments, people are killing whales without considering what future <conveniences / consequences> this will have. 2008 모평

conserve
[kənsə́:rv]

동 보존하다, 비축하다
conservation 명 보존   conservative 형 보수적인
conserve natural resources 천연 자원을 보존하다
With so little rain, everyone had to conserve water.
비가 너무 적어서 모두들 물을 비축해둬야 했다.

epic
[épik]

형 서사시의, 서사시 같은   = grand, majestic
↔ humble 소박한, 초라한
eqically 부 서사적으로
an epic poem 서사시
epic theater 서사 연극

equal
[í:kwəl]

형 같은, 동등한
equally 부 동등하게
provide equal opportunities for all children
모든 아이들에게 동등한 기회를 제공하다
The two cities are roughly equal in size.
그 두 도시는 대략 크기가 같다.

equator
[ikwéitər]

명 적도
above the equator 적도보다 위에
a small village near the equator 적도 근처의 작은 마을

equip
[ikwíp]

동 장비를 갖추다, 준비되어 있다
equipment 명 장비
be well-equipped to deal with emergencies
긴급 상황에 대처하도록 잘 준비되어 있다
The rooms are equipped with video cameras.
그 방은 비디오카메라가 설치되어 있었다.

frustrated
[frʌ́streitid]

형 좌절한, 불만을 느끼는
frustrating 형 좌절감을 느끼게 하는 frustration 명 좌절
become increasingly frustrated **with one's life**
자신의 인생에 점차 좌절감을 느끼다
Are you feeling frustrated with your job?
자신의 업무에 불만이 많은가?

fulfill
[fulfíl]

동 채우다, 충족하다 = fill, satisfy
fulfilling 형 충족시키는
fulfill **a boyhood dream** 소년기의 꿈을 채워주다
He fulfilled his pledge to cut taxes.
그는 세금을 줄이겠다는 약속을 지켰다.

Quiz 3 Virtual personalities online and characters on television <fulfill / neglect> our natural emotional-needs artificially, and hence occupy the blurry margins in which our brains have difficulty distinguishing real from unreal. 2015 고2학평

---

initial
[iníʃəl]

형 처음의, 시작의 = first
initially 부 처음에는
the initial **stages of the disease** 그 질병의 첫 단계
My initial surprise was soon replaced by delight.
나의 처음의 놀라움은 기쁨으로 바뀌었다.

injury
[índʒəri]

명 부상
injured 형 다친
They were lucky to escape injury.
그들은 운 좋게 부상을 피했다.
He was taken to hospital with serious head injuries.
그는 머리에 심각한 부상을 당해 입원했다.

injustice
[indʒʌ́stis]

명 부당, 부조리
the injustice **of slavery** 노예제도의 부당함
a deep sense of social injustice 깊은 사회 부조리에 대한 의식

innocent
[ínəsnt]

형 순진한, 무죄의 ↔ guilty 유죄의
innocence 명 무죄
an innocent **young child** 순진한 어린이
The court found him innocent and he was released.
법정은 그의 무죄를 밝혔고 그는 풀려났다.

---

medicinal
[mədísənəl]

형 약의
medicine 명 약
a medicinal **herb** 약초
Garlic is believed to have medicinal properties.
마늘은 약의 효능이 있다고 믿어진다.

medieval
[mìːdiíːvəl]

형 중세의
a medieval **castle** 중세의 성
medieval **history** 중세 역사

meditate
[médətèit]

동 명상하다, 곰곰이 생각하다
meditation 명 명상
meditate **for 30 minutes every day** 매일 30분씩 명상하다
He sat quietly, meditating on the day's events.
그는 조용히 앉아서 그날의 일들을 곱씹었다.

Mediterranean
[mèdətəréiniən]

형 지중해의
a Mediterranean **climate** 지중해의 기후
Mediterranean **islands** 지중해의 섬들

mellow
[mélou]

형 부드러운 동 부드러워지다
the mellow **golden light of early evening**
이른 아침의 부드러운 금빛
Rebecca certainly mellowed over the years.
Rebecca는 몇 해가 지나면서 확실히 상냥해졌다.

pack
[pæk]

동 싸다, 짐을 꾸리다
pack **one's bag** 가방을 싸다
Joe packed his things before breakfast.
Joe는 아침식사 전에 그의 짐을 꾸렸다.

packet
[pǽkit]

명 작은 봉지, 포장
a packet **of biscuits** 작은 비스킷 포장
Neil tore open the packet as soon as it arrived.
Neil은 그것이 도착하자마자 포장을 뜯어 열었다.

paddle
[pǽdl]

동 노를 젓다
paddle **a canoe down the Mississippi**
미시시피 강을 따라 카누의 노를 젓다
I desperately tried to paddle for the shore.
나는 해변을 향해 절박하게 노를 저었다.

pale
[peil]

형 희미한, 약한
pale **winter sunlight** 약한 겨울 햇빛
She has a naturally pale complexion and dark hair.
그녀는 원래 피부가 창백하고 머리카락은 검다.

panel
[pǽnl]

동 판으로 덮다, 장식하다
a panelled **wall/door** 널빤지로 댄 벽/문
The walls of the livingroom were panelled in oak.
거실 벽은 떡갈나무 널빤지로 장식했다.

radiation
[rèidiéiʃən]

명 방사에너지
radiate 동 빛을 내다
radiation **of heat** 열의 방사
block harmful ultraviolet radiation 해로운 자외선을 차단하다

raise
[reiz]

동 올리다 명 임금인상
Can you raise the torch so I can see?
내가 볼 수 있게 횃불 좀 들어줄래?
He asked the boss for a raise.
그는 사장에게 임금인상을 요청했다.

randomly
[rǽndəmli]

부 무작위로
random 형 무작위의   randomize 동 ~에서 임의 추출하다
use a randomly **assigned number**
무작위로 지정된 번호를 이용하다
Very few people shop completely randomly.
완전히 무작위로 쇼핑하는 사람은 극소수이다.

range
[reindʒ]

명 범위 동 범위에 걸쳐 있다
I offered her a range of options.
나는 그녀에게 여러 가지 선택의 범위를 줬다.
Prices range between $700 and $250.
가격은 700달러부터 250달러에 걸쳐 있다.

separate
[sépərit]

동 [sépərèit] 구분하다 형 별도의
separation 명 분리
separate **the students into four groups**
학생들은 네 모둠으로 나누다
We each have a separate bedroom but share a communal kitchen.
우리는 각자 별도의 침실을 쓰지만 공동 주방을 함께 쓴다.

Quiz 4 In addition, it is often observed that once interaction between humans and pets has arisen, the termination of such interactional sequences invariably <originates / separates> from the human. This suggests that activities like walking the dog and playing with the cat only arise when time can be spared from the human owner's other commitments. 2013 모평

sequence
[síːkwəns]

몡 순서, 연속
sequential 톙 연속하는
perform the actions in the correct sequence
바른 순서로 행동을 취하다

The photographs are shown in chronological sequence.
사진들은 시간 순서대로 전시되어 있다.

seriously
[síəriəsli]

톞 심각하게
seriousness 몡 심각성
be seriously **damaged** 심하게 훼손되다

Something was seriously wrong.
뭔가 심각하게 잘못되어 있었다.

ultimate
[ʌ́ltəmit]

톙 궁극적인   = final
ultimately 톞 결국, 궁극적으로
the ultimate **goal of the conference** 그 회의의 궁극적인 목표

The ultimate outcome of the experiment cannot be predicted.
그 실험의 최종 결과물은 예측할 수 없다.

ultrasonic
[ʌ̀ltrəsánik]

톙 초음파의
ultrasonic **vibrations** 초음파 진동

Bats fly using ultrasonic waves to avoid obstacles.
박쥐는 장애물을 피하기 위해 초음파를 이용해 난다.

wild
[waild]

톙 1 야생의 2 광란의
a field full of wild **flowers** 야생화가 흐드러진 들판
be wild **with anger** 미칠 듯이 화가 나다

willingly
[wíliŋli]

톞 기꺼이
willingness 몡 기꺼이 하는 마음
be willing **to help** 자발적으로 도울 마음이 있다

How much are they willing to pay?
그들이 얼마를 자발적으로 내려고 하나요?

winding
[wáindiŋ]

형 **구불구불한**

wind 동 굽이치다, 감다

winding stairs 나선형 계단

There's a very long, winding path leading up to the house.
그 집에 이르는 매우 길고 구불구불한 길이 있다.

Review Test

A 우리말은 영어로, 영어는 우리말로 쓰시오.

1. 막다, 방해하다 _____
2. 같은, 동등한 _____
3. 적도 _____
4. 부상 _____
5. 순진한, 무죄의 _____
6. 섞다 _____
7. 중세의 _____
8. 보존하다, 비축하다 _____
9. 처음의, 시작의 _____
10. 눈먼 _____

11. consensus _____
12. sequence _____
13. willingly _____
14. ultimate _____
15. winding _____
16. pale _____
17. seriously _____
18. paddle _____
19. randomly _____
20. consequence _____

B 빈칸에 알맞은 말을 고르시오.

| bloom | conscious | frustrated | packed |

1. Are you feeling _____ with your job?
2. Joe _____ his things before breakfast.
3. Their love was just beginning to _____ .
4. Is the patient _____ yet?

C 괄호 안에서 문맥에 맞는 말을 고르시오.

1. Rebecca certainly <mellowed / melted> over the years.
2. A great distance <separated / inspired> the sisters from each other.
3. Neil tore open the <packet / pocket> as soon as it arrived.
4. The rooms are <associated / equiped> with video cameras.

DAY 34

---

blueprint
[blú:print]

명 청사진, 세부계획
a blueprint for victory 승리를 위한 세부계획
their blueprint for economic reform
경제 개혁을 위한 그들의 청사진

---

blunt
[blʌnt]

형 직설적인   = downright
bluntly 부 직설적으로
Joe's blunt words hurt her.
Joe의 직설적인 말이 그녀의 마음을 상하게 했다.

To be perfectly blunt, I find her annoying.
완전히 대놓고 말하자면 나는 그녀가 짜증난다.

---

blur
[blə:r]

동 흐리게 하다
blurred 형 흐릿한
be blurred by the fog 안개로 흐릿해지다
Tears blurred my eyes.
눈물 때문에 눈이 흐릿했다.

---

board
[bɔ:rd]

명 이사회, 위원회
school board 교육위원회
The decision was discussed and agreed at board level.
그 결정은 이사회 단계에서 논의되고 합의되었다

---

boast
[boust]

동 자랑하다 명 자랑
an empty / idle boast 허풍
Neil boasted that his daughter was a genius.
Neil은 자기의 딸이 천재라고 자랑했다.

---

consideration
[kənsìdəréiʃən]

명 고려, 배려   = reflection, thought
consider 동 고려하다
give some serious consideration to
~에 대해 심각하게 고려해보다
You should give some serious consideration to your
retirement plans.
당신은 당신의 은퇴 계획에 대해 심각하게 고민해봐야 한다.

---

consistent
[kənsístənt]

형 일관된, 일치하는
consistently 부 일관되게   consistency 명 일관성
The evidence is not consistent. 증거가 일관되지 않는다.
Their descriptions of the accident were consistent.
사고에 대한 그들의 묘사는 일치했다.

The first experiments in television broadcasting began in France in the 1930s, but the French were slow to employ the new technology. There were several reasons for this <hesitancy / consistency>.

2009 수능

constant
[kánstənt]

형 지속적인 = steady, stable
constantly 부 계속해서, 끊임없이
The scar serves as a constant reminder of the accident.
그 상처는 지속적으로 그 사고를 기억나게 하는 역할을 한다.
She suffers from constant headaches.
그녀는 계속되는 두통으로 고통을 받고 있다.

construct
[kənstrʌ́kt]

동 세우다, 건축하다
construction 명 건설   constructive 형 건설적인
construct a barn behind the house 집 뒤에 오두막을 짓다
skyscrapers constructed of concrete and glass
콘크리트와 유리로 지어진 고층건물들

crude
[kru:d]

형 엉성한, 조잡한 = raw, unrefined
a crude wooden bridge 조잡한 나무다리
They built a crude shelter out of branches.
그들은 나뭇가지로 엉성한 집을 지었다.

cruel
[krú:əl]

형 잔인한
cruelty 명 잔인함
a cruel tyrant 잔인한 폭군
a cruel twist of fate 잔인한 운명의 반전

crunchy
[krʌ́ntʃ]

형 사각거리는, 바삭한
a delicious crunchy salad 사각거리는 맛있는 샐러드
These cookies are very crunchy.
이 쿠키들은 매우 바삭바삭하다.

era
[íərə]

명 시대 = age, period
the Victorian era 빅토리아 시대
We're just now entering an era of great prosperity.
우리는 지금 대번영의 시대로 들어가고 있다.

erase
[iréis]

동 지우다, 삭제하다
eraser 명 지우개
He tried to erase the memory of that day.
그는 그날의 기억을 지우려고 애썼다.
Several important files were accidentally erased.
중요한 파일이 여러 개 실수로 삭제되었다.

errand
[érənd]

명 업무, 심부름

He was always sending me on errands.
그는 늘 내게 심부름을 시켰다.

He was sent out on an urgent errand.
그는 급한 심부름을 하러 떠났다.

erroneous
[iróuniəs]

형 잘못된, 틀린　= false, incorrect
error 명 오류
erroneous assumptions 잘못된 추측
an erroneous impression 잘못된 인상

fundamental
[fʌndəméntl]

형 근본적인, 기초가 되는
fundamentally 부 근본적으로
fundamental science 기초 과학
We need to make some fundamental changes in the way
we do business.
우리는 사업을 하는 방식에 있어서 근본적인 변화를 좀 줘야 한다.

furnish
[fə́:rniʃ]

동 제공하다
furnishing 명 비품
furnish food and shelter for the refugees
난민들에게 음식과 거처를 제공하다

Can he furnish the information to us?
그가 우리에게 정보를 제공할 수 있을까?

furry
[fə́:ri]

형 털로 덮인　= hairy
animals with furry coats 털이 많은 동물들
My children love furry animals.
우리 아이들은 털이 많은 동물들을 좋아한다.

innovation
[ìnəvéiʃən]

명 혁신　= creation, invention
innovative 형 혁신적인
the rapid pace of technological innovation
기술 혁신의 빠른 속도
the latest innovations in computer technology
컴퓨터 기술에서의 최근의 혁신

input
[ínpùt]

명 투입, 입력　= intake　↔ output 출력
input device 입력 장치
The data is ready for input into a computer.
데이터는 컴퓨터에 입력할 준비가 되어있다.

inquire
[inkwáiər]

동 문의하다, 묻다
inquire the way to the station 역으로 가는 길을 묻다
I inquired about the schedule.
나는 그 스케줄에 관해서 물어봤다.

inscription
[inskrípʃən]

명 새겨진 글
inscribe 동 쓰다, 새기다
the inscription on a tombstone 묘비명
a Latin inscription on the memorial stone
기념비에 새겨진 라틴어 비문

insecure
[ìnsikjúər]

형 불안한, 불안정한
an insecure investment 불안한 투자
a shy, insecure teenager 수줍고 불안한 청소년

melt
[melt]

동 녹이다, 녹다　= dissolve
melting pot 용광로
The butter melted in the frying pan.
버터가 프라이팬에서 녹았다.

mental
[méntl]

형 정신의, 마음의
mentally 부 정신적으로　mentality 명 사고방식
a mental hospital 정신병원
You need to develop a positive mental attitude.
당신은 긍정적인 마음가짐을 키워나가야 합니다.

mention
[ménʃən]

동 ~에 대해 언급하다　= quote, refer
Some of the issues were mentioned in her report.
그 문제들의 일부가 그녀의 보고서에 언급되어 있다.
Most history books don't even mention the event.
대부분의 역사책들은 그 사건에 대해 언급조차 하지 않는다.

paradigm
[pǽrədim]

명 방법론, 인식체계
a new paradigm of production 새로운 생산 패러다임
The book provides us with a new paradigm for modern biography.
그 책은 우리에게 현대 전기의 새로운 패러다임을 제공한다.

paradox
[pǽrədàks]

명 모순, 역설
paradoxical 형 역설적인
a novel full of paradox 역설이 가득한 소설
It is a paradox that computers need maintenance so often, since they are meant to save people time.
컴퓨터가 그렇게 자주 유지보수를 필요로 하는 것은, 그것들이 사람들의 시간을 절약하도록 되어있다는 점에서 모순이다.

paralyze
[pǽrəlàiz]

동 마비시키다, 무력하게하다
paralyzed 형 마비된   paralysis 명 마비
The snake's venom paralyzed the mouse.
뱀의 독이 쥐를 마비시켰다.

A sudden snowstorm paralyzed the city.
갑작스런 폭설로 도시가 마비되었다.

parasite
[pǽrəsàit]

명 기생충   = bloodsucker
parasitic 형 기생하는
The older drugs didn't deal effectively with the malaria parasite.
예전의 약들은 말라리아 기생충들을 효과적으로 처리하지 못했다.

Many diseases are caused by parasites.
많은 질병은 기생충이 원인이다.

rare
[rɛər]

형 드문, 희박한
rarely 부 드물게
rare old coins 희귀한 옛날 동전
The atmosphere is rare at high altitudes.
높은 고도에서는 공기가 희박하다.

Quiz 2 As we all know, it is not always easy to get work done at the office. There is <frequently / rarely> quiet time during regular business hours to sit and concentrate. 2014 수능

rate
[reit]

명 속도, 비율
What's the interest rate on the loan?
대출 이자율이 어떻게 되나요?

People work at different rates.
사람들은 다른 속도로 일한다.

rational
[rǽʃənl]

형 이성적인, 합리적인
rationality 명 합리성   rationally 부 합리적으로
make a rational decision 합리적인 결정을 하다
Human beings are rational creatures.
인간은 이성적인 존재이다.

rattle
[rǽtl]

동 덜거덕거리다
rattler 명 방울뱀
The window rattled in the wind.
창문이 바람에 덜거덕거렸다.

A wagon rattled down the road.
마차가 길을 따라 덜거덕거리며 갔다.

serve
[sə:rv]

동 1 ~의 역할을 하다, 기여하다 2 복무하다
The sofa had to serve as a bed.
그 소파는 침대 역할을 해야 했다.
He returned to South Korea to serve in the army.
그는 대한민국으로 돌아와 군복무를 했다.

settle
[sétl]

동 정착하다, 해결하다
settlement 명 정착지
settle a dispute 논쟁을 해결하다
He always thought he'd leave the city and settle in the country.
그는 항상 도시를 떠나 시골에 정착할 생각을 했다.

severe
[sivíər]

형 심한, 엄격한
severely 부 심하게   severity 명 심각성
a severe wound 심한 상처
She's suffering from severe depression.
그녀는 심각한 우울증을 앓고 있다.

toss
[tɔ:s]

동 던지다, 뒤척이다
She crumpled the letter and tossed it into the fire.
그녀는 편지를 구겨 불에 툭 던졌다.
The ship tossed on the waves.
배는 파도에 까딱거렸다.

touch
[tʌtʃ]

동 마음을 움직이다
touching 형 감동적인
His comments really touched me.
그의 코멘트가 정말로 나를 감동시켰다.
She could sense his concern and it touched her.
그녀는 그의 걱정을 느꼈고 그것이 그녀를 감동시켰다.

tough
[tʌf]

형 거친, 질긴 동 굳세게 이겨내다
toughness 명 강인함
tough meat 질긴 고기
She told herself to be brave and tough it out.
그녀는 자신에게 용감해져서 굳세게 이겨내자고 말했다.

wire
[waiər]

동 1 전보로 보내다 2 전기 배선 작업을 하다
wiring 명 배선
wire the money 전신환으로 송금하다
The house will be wired next week.
다음 주에 집의 전기 배선작업이 될 것이다.

witness
[wítnis]

동 목격하다 명 증인

witness **the accident** 그 사고를 목격하다

The defense called its first witness to the stand.
피고 측은 첫 번째 증인을 단상에 세웠다.

Quiz 3 Once you've given your statement to the police as a <suspect / witness>, it will be used to track down the people who committed the crime. 2008 고3학평

A 우리말은 영어로, 영어는 우리말로 쓰시오.

1. 시대 _____
2. 녹이다, 녹다 _____
3. 잔인한 _____
4. 세우다, 건축하다 _____
5. 모순, 역설 _____
6. 드문, 희박한 _____
7. 문의하다, 묻다 _____
8. 철저하게, 완전히 _____
9. 흐리게 하다 _____
10. 청사진, 세부계획 _____

11. constant _____
12. blunt _____
13. furnish _____
14. inscription _____
15. parasite _____
16. erroneous _____
17. insecure _____
18. rattle _____
19. board _____
20. innovation _____

B 빈칸에 알맞은 말을 고르시오.

consistent	crunchy	wired	furry

1. These cookies are very _____.
2. My children love _____ animals.
3. The evidence is not _____.
4. The house will be _____ next week.

C 괄호 안에서 문맥에 맞는 말을 고르시오.

1. The snake's venom \<paraphrased / paralyzed\> the mouse.
2. Several people \<withheld / witnessed\> the accident.
3. We need to make some \<financial / fundamental\> changes in the way we do business.
4. She's suffering from \<several / severe\> depression.

DAY 35

bond
[bɑnd]

명 유대 = tie
a daughter's bond with her mother 딸과 엄마의 유대
strengthen the bonds between the two countries
두 나라 사이의 유대를 강화하다

boost
[bu:st]

동 증대시키다 = hoist ↔ reduce 줄이다
an extra holiday to boost morale 사기를 높이기 위한 추가 휴일
The win boosted the team's confidence.
승리가 그 팀의 자신감을 끌어올렸다.

boredom
[bɔ́:rdəm]

명 지루함 = tedium
the boredom of a long car trip 장거리 자동차 여행에서 오는 지루함
relieve the boredom of a long journey
긴 여행의 지루함을 해소하다

bother
[bάðər]

동 괴롭히다, 성가셔하다 = bug
bothersome 형 성가신
Nothing seems to bother him.
아무것도 그를 괴롭히지 않는 것처럼 보인다.

I'm not going to bother with the details.
난 세세한 것들에 성가셔 하지 않으려 한다.

consult
[kənsʌ́lt]

동 ~를 찾아보다, ~와 상의하다
consultative 형 상담의
consult a doctor 의사의 진찰을 받다
She made the decision without consulting me.
그녀는 나랑 상의도 없이 그 결정을 내렸다.

consume
[kənsú:m]

동 소비하다, 먹다
consumer 명 소비자 consumption 명 소비
The new lights consume less electricity.
새 전등이 전기를 덜 먹는다.

A bigger vehicle will consume more fuel.
더 큰 차가 더 많은 연료를 소비할 것이다.

contact
[kántækt]

동 연락하다 명 연락
contact your local dealer 지역의 딜러에 연락하다
Have you been in contact with her?
그녀와 연락해봤니?

contain
[kəntéin]

동 1 담다 2 참다, 억누르다
container 명 용기
The book contains over 100 recipes.
그 책은 100가지가 넘는 조리법을 담고 있다.
Peter couldn't contain his amusement any longer.
Peter는 더 이상 기쁨을 참을 수 없었다.

crown
[kraun]

명 왕관 동 ~에게 왕관을 씌우다, ~로 인정하다
wear a sparkling crown 반짝반짝 빛나는 왕관을 쓰다
They crowned her athlete of the year.
그들은 그녀를 올해의 운동선수로 인정했다.

crucial
[krúːʃəl]

형 결정적인, 중대한
crucially 부 결정적으로, 중대하게
Vitamins are crucial for maintaining good health.
비타민은 좋은 건강을 유지하는 데 중요하다.
He played a crucial role in the meeting.
그는 회의에서 결정적인 역할을 했다.

counterproductive
[kàuntərprədʌ́ktiv]

형 역효과를 낳는 = ineffective
Sending young offenders to prison can be counterproductive.
젊은 범죄자들을 감옥으로 보내는 것은 역효과를 낼 수도 있다.
Such measures are counterproductive in a crisis.
위기 상황에서의 그런 조치는 역효과를 낸다.

접두어 counter- '반대쪽으로의', '반대하는'의 의미를 갖는다.
counterfactual 사실과 반대되는 counterintuitive 직관에 반하는
counterpart 상대물, 대응물

essential
[isénʃəl]

형 근본적인, 필수의
essence 명 핵심 essentially 부 근본적으로
an essential requirement for admission to college
대학 입학을 위한 필수 자격사항
Free speech is an essential right of citizenship.
자유 언론은 시민의 근본 권리이다.

establish
[istǽbliʃ]

동 설립하다, 확립하다 = found
establishment 명 설립
establish a new research centre 새로운 연구 센터를 설립하다
The two countries established a mutual trade agreement.
그 두 나라는 상호 무역 협정을 확립했다.

Adolescents may be eager to participate in the <abolishment / establishment> of such rules when they find out that they might include a rule they like such as, "No one will enter someone else's room without knocking first." Rules are mainly needed for teen or family member behaviors that are a problem. 2011 고3학평

---

estimate
[éstəmèit]

명 견적 동 예측하다, 어림잡다 = assess
a conservative estimate 낮게 잡은 견적
We need to estimate how much paint we'll need for the job.
우리는 그 일을 하는 데 페인트가 얼마나 필요할지 예측해봐야 한다.

---

ethic
[éθik]

명 윤리
ethical 형 도덕의, 윤리적인
an old-fashioned work ethic 구식 업무 윤리
a breach of ethics 윤리 파괴

---

ethnic
[éθnik]

형 인종의, 민족의 = racial, tribal
ethnic minority 소수민족집단
ethnic purity 민족적 순수성

---

further
[fə́:rðə]

동 발전시키다 부 더욱
further the public good 대중의 이익을 증진하다
We need to research further into this matter.
우리는 이 문제를 더욱 조사해봐야 한다.

---

fuss
[fʌs]

명 야단법석, 호들갑
make a big fuss 야단법석을 떨다
What is all the fuss about?
무엇 때문에 이렇게 호들갑이죠?

---

fuzzy
[fʌ́zi]

형 솜털모양의, 흐릿한 = furry ↔ clear 또렷한
The plant has fuzzy leaves.
그 식물은 솜털모양의 잎을 가졌다.

Without my glasses everything looks fuzzy.
안경이 없으면 모든 것이 뿌옇게 보인다.

---

inseparable
[insépərəbəl]

형 분리할 수 없는
inseparable issues 따로 떼어서 생각할 수 없는 문제들
become inseparable companions 아주 가까운 친구가 되다

---

insight
[ínsàit]

몡 통찰력
insightful 휑 통찰력 있는
a woman of great insight 대단한 통찰력이 있는 여자
The author analyzes the problem with remarkable insight.
작가는 그 문제를 놀라운 통찰력으로 분석한다.

insist
[insíst]

동 고집하다 = assert ↔ deny 부정하다
insistence 몡 고집
Neil insisted that he was right.
Neil은 자기가 옳다고 우겼다.

He insists the money is his.
그는 그 돈이 자기 것이라고 계속 주장하고 있다.

Quiz 2 When the promise has been fulfilled the frog disappears, its place being taken by a handsome prince with whom she falls in love. Grateful that she has been truthful and kept her promise, even if it was at her father's <indifference / insistence>, the prince marries the princess and they live happily ever after. 2014 고3학평

inspect
[inspékt]

동 검사하다, 조사하다
inspector 몡 검사자, 감독관
have the car inspected by a mechanic
정비사에게 차 검사를 맡기다
After the storm, we went outside to inspect the damage.
폭풍이 지나간 후에 우리는 피해를 조사하기 위해 나갔다.

inspire
[inspáiər]

동 영감을 주다, 용기를 주다 = encourage
inspiration 몡 영감 inspirational 휑 영감을 주는
His courage has inspired us.
그의 용기가 우리에게 영감을 줬다.

Inspired by the sunny weather, we decided to explore the woods.
맑은 날씨에 용기를 얻어, 우리는 숲을 탐험하기로 결정했다.

merchant
[mə́:rtʃənt]

몡 상인 = dealer
merchandise 몡 상품
merchant vessel 상선
The town's merchants closed their shops during the parade.
퍼레이드를 하는 동안 그 마을 상인들은 가게 문을 닫았다.

mercy
[mə́ːrsi]

명 자비
merciful 형 자애로움
at the mercy of ~의 처분대로
beg for mercy 자비를 구걸하다
He fell to his knees and asked for mercy.
그는 무릎을 꿇고 자비를 구했다.

mere
[miər]

형 단순한, 고작, 미천한
merely 부 단지, 그저
The mere idea of your traveling alone to Europe is
ridiculous.
혼자 유럽 여행을 하겠다는 너의 단순한 생각은 어리석다.
She lost the election by a mere 5 votes.
그녀는 고작 다섯 표 차이로 낙선했다.

merit
[mérit]

명 장점 = excellence
meritorious 형 칭찬할 만한
He saw merit in both of the arguments.
그는 두 개의 주장 모두에서 장점을 봤다.
The great merit of the project is its low cost.
그 프로젝트의 큰 장점은 낮은 비용이다.

> **Quiz 3** People compared the <merits / perils> of the various 'schools' of
> art; that is to say, of the various methods, styles and traditions
> which distinguished the masters in different cities. 2009 고3학평

partial
[páːrʃəl]

형 1 부분적인 2 치우친, 편향된
partially 부 부분적으로
a partial solution 부분적인 해결안
A referee must not be partial toward either team.
심판은 어느 팀으로도 편향되면 안 된다.

participate
[pɑːrtísəpèit]

동 참가하다 = partake
participation 명 참가, 참여 participant 명 참가자
participate in class discussions 학급 토론에 참여하다
Some members refused to participate.
몇몇 회원들은 참가를 거부했다.

particle
[páːrtikl]

명 미세한 입자 = bit
dust particles 먼지 입자
There is not a particle of truth in what he said.
그가 한 말에는 일말의 진실도 있지 않다.

parting
[pάːrtiŋ]

몡 헤어짐 = farewell
the moment of parting 이별의 순간
I knew that our parting would be difficult.
나는 우리의 이별이 어려울 것임을 알고 있었다.

raw
[rɔː]

혱 원료 그대로의 = uncooked
raw material 원료
He entered the raw data into a spreadsheet.
그는 스프레드시트에 원본 데이터를 그대로 입력했다.

scenery
[síːnəri]

몡 경치
scenic 혱 경치가 좋은
We went for a drive to enjoy the scenery.
우리는 경치를 즐기기 위해 드라이브 하러 나갔다.
The best part of the trip was the fantastic scenery.
그 여행의 제일 좋았던 부분은 끝내주는 경치였다.

scent
[sent]

몡 냄새 = aroma ↔ stink 악취
the sweet scent of ripe fruit 익은 과일의 달콤한 향기
The flower has a wonderful scent.
그 꽃은 아주 좋은 향이 난다.

scheme
[skiːm]

몡 책략, 계획 = device, gimmick
a scheme to improve the economy 경제를 향상시키려는 계획
a scheme to cheat people out of their money
사람들로부터 돈을 빼내려는 책략

scholarship
[skάlərʃip]

몡 장학금
scholar 몡 학자
win a scholarship 장학금을 타다
The organization is offering $5,000 scholarships.
그 기업은 5천 달러의 장학금을 제공한다.

shade
[ʃeid]

몡 그늘
shady 혱 그늘진
sit in the shade of a willow tree 버드나무 그늘 아래 앉다
The buildings cast shade on the plaza.
그 건물들은 광장에 그늘을 드리웠다.

share
[ʃɛər]

몡 몫 동 나누다
I finished my share of the work.
나는 내 몫의 일을 끝냈다.
We shared the money equally.
우리는 돈을 똑같이 나눴다.

The incentives to <share / dominate> can range from reputation and attention to less measurable factors such as expression, fun, satisfaction, and simply self-interest. 2012 모평

unconscious
[ʌnkάnʃəs]

형 의식이 없는 = insensible, senseless
unconsciously 부 무의식적으로
be unconscious for three days 3일간 의식이 없다
He was found alive but unconscious.
그는 생존한 채로 발견되었지만 의식이 없었다.

---

1 establishment, 청소년은 "누구도 먼저 노크하지 않고 다른 사람의 방에 들어갈 수 없다."와 같이 자신들이 좋아하는 규칙을 포함시킬 수도 있다는 것을 알게 되면 그런 규칙들을 세우는 것에 참여하기를 열망할지도 모른다. 규칙은 주로 문제가 되는 십대나 가족 구성원의 행동을 위해 요구된다.

2 insistence, 약속이 완전히 이해되자 개구리가 사라지고 그 자리에 잘생긴 왕자가 나타나 공주는 그와 사랑에 빠진다. 그렇게 하도록 그녀의 아버지가 밀어붙였지만 그녀가 진실 되게 그녀의 약속을 지킨 것을 고맙게 생각하여 왕자는 공주와 결혼하여 행복하게 오래오래 살았다.

3 merits, 사람들은 다양한 예술 학파의 장점들을 비교하였다. 즉, 다른 도시에서 활동하고 있는 대가들을 구분 짓는 다양한 방법, 스타일, 전통들의 장점들을 비교했던 것이다.

4 share, 나눔에 대한 동기는 그 범위가 명성과 주의 끌기에서부터 표현, 재미, 만족, 그리고 그저 사리사욕과 같이 측정하기 힘든 요인에 이르기까지 한다.

Review Test

A 우리말은 영어로, 영어는 우리말로 쓰시오.

1. 설립하다, 확립하다 _____
2. 고집하다 _____
3. 역효과를 낳는 _____
4. 인종의, 민족의 _____
5. 상인 _____
6. 참가하다 _____
7. 원료 그대로의 _____
8. 지루함 _____
9. 책략, 계획 _____
10. 유대 _____

11. shade _____
12. fuss _____
13. ethic _____
14. crucial _____
15. essential _____
16. insight _____
17. inspect _____
18. consume _____
19. merit _____
20. boost _____

B 빈칸에 알맞은 말을 고르시오.

bother	fuzzy	contains	inspired

1. The book _____ over 100 recipes.
2. Nothing seems to _____ him.
3. The plant has _____ leaves.
4. His courage _____ us.

C 괄호 안에서 문맥에 맞는 말을 고르시오.

1. He fell to his knees and asked for <mercury / mercy>.
2. She made the decision without <compelling / consulting> me.
3. A referee must not be <impartial / partial> toward either team.
4. She was <conscientious / unconscious> for five days after the accident.

"For my part I know nothing with any certainty,
but the sight of the stars makes me dream."

나는 내가 안다고 확신할 수 있는 것이 아무것도 없지만, 별 빛은 나를 꿈꾸게 한다.

– Vincent van Gogh

PART

고등고답

DAY 36 - DAY 45

2

DAY 36

---

abolish
[əbáliʃ]

[동] **폐지하다** = cancel
abolishment [명] 폐지
abolish a law 법을 폐지하다
Slavery was abolished in the US in the 19th century.
노예제도는 미국에서 19세기에 폐지되었다.

Quiz 1 Adolescents may be eager to participate in the <abolishment / establishment> of such rules when they find out that they might include a rule they like such as, "No one will enter someone else's room without knocking first." Rules are mainly needed for teen or family member behaviors that are a problem. 2011 고3학평

---

aboriginal
[æbərídʒənəl]

[형] **원주민의, 토착의**
aboriginal rites 원주민의 의식
aboriginal forests 원시림

---

abundant
[əbʌ́ndənt]

[형] **풍부한** = plentiful, ample
abundance [명] 풍부
an abundant supply of fresh water 맑은 물의 풍부한 공급
Rainfall is more abundant in summer.
강수량은 여름에 더욱 많다.

Quiz 2 Similarly, <abundant / scarce> timber would do away with the need to import wood from Scandinavia. 2014 모평

---

backfire
[bǽkfaiər]

[동] **역효과가 나타나다** = boomerang
His plan backfired when Sue discovered the hidden presents.
그의 계획은 Sue가 숨겨둔 선물을 발견해서 역효과가 났다.

The company's new policy backfired when a number of employees threatened to quit.
그 회사의 새 정책은 여러 직원들이 퇴사하겠다고 위협하면서 역효과가 났다.

---

barbarous
[bɑ́:rbərəs]

[형] **상스러운, 야만적인** = cruel, brutal
barbarous crimes 야만적인 범죄
The trade in exotic birds is barbarous.
이국적인 새들을 거래하는 것은 야만적이다.

---

barren
[bǽrən]

형 불모의, 황폐한, 척박한　= desolate
barren desert 불모의 사막
Few creatures can thrive on these barren mountaintops.
이런 척박한 산꼭대기에서 번성할 생명체는 거의 없다.

benevolent
[bənévələnt]

형 자애로운, 자비로운　= sympathetic
benevolent smiles 자애로운 미소
a gift from a benevolent donor 자비로운 기증자로부터의 선물

bias
[báiəs]

명 편견
biased 형 편향된
The company was accused of racial bias.
그 회사는 인종에 대한 편견으로 비난받았다.
The decision was made without bias.
그 결정은 편견 없이 내려졌다.

causality
[kɔːzǽləti]

명 인과관계
causal 형 인간관계의
principle of causality 인과율
Scientists found no causality between the events.
과학자들은 두 사건 간의 인과관계를 전혀 발견하지 못했다.

cease
[siːs]

동 멈추다　= halt, terminate
The rain ceased and the sky cleared.
비가 멈추고 하늘이 개었다.
The factory ceased operations last year.
그 공장은 작년에 가동을 멈췄다.

cherish
[tʃériʃ]

동 소중히 생각하다
cherished 형 소중한
cherish the memory of that day 그날의 추억을 소중히 하다
a book cherished by many 많은 사람들이 소중히 여기는 책

chronic
[kránik]

형 만성의
chronic sufferers from asthma 만성 천식 환자들
chronic heart disease 만성 심장질환

deadlock
[dédlɑk]

명 교착상태　= standoff, standstill, gridlock
reach a deadlock 교착상태에 이르다
The talks have reached a complete deadlock.
회담은 완전한 교착상태에 도달했다.

debris
[dəbríː]

⑲ 부스러기, 파편
dig through the debris in search of survivors
생존자를 찾아 파편들을 뒤지다
Everything was covered by dust and debris.
모든 것이 먼지와 파편을 뒤집어쓰고 있었다.

decay
[dikéi]

⑧ 썩다 ⑲ 부패, 타락
the smell of decaying rubbish 쓰레기가 부패하는 냄새
She writes about the moral decay of our society.
그녀는 우리 사회의 도덕적 타락에 대해 쓰고 있다.

deceit
[disíːt]

⑲ 기만, 속임수
deceptive ⑲ 기만적인
an atmosphere of hypocrisy and deceit 위선과 기만의 분위기
She's completely free of deceit.
그녀는 속임수 따위는 전혀 모른다.

decode
[diːkóud]

⑧ ~의 의미를 이해하다, 해독하다　= decipher
decode the expression on her face 그녀의 얼굴 표정을 파악하다
wrongly decode a secret message 비밀 메시지를 잘못 해독하다

elaborate
[ilǽbərit]

⑲ 정교한, 공들인 ⑧ [ilǽbərèit] 상세히 설명하다
elaborately ⑨ 정교하게
I see now that her behavior was all part of an elaborate plan.
그녀의 행동이 모두 그녀의 철저한 계획의 일부였음을 이제 알겠다.
He told the story in elaborate detail.
그는 그 이야기를 매우 세세하게 이야기했다.

elevation
[èləvéiʃən]

⑲ 1 해발고도 2 상승
a plant species found only at higher elevations
보다 높은 고도에서만 발견되는 식물 종
a sudden elevation of blood pressure 갑작스러운 혈압 상승

eligible
[élidʒəbəl]

⑲ 자격이 있는
eligibility ⑲ 적격성
become eligible to vote 투표 자격이 생기다
I'd like to join but I'm not eligible yet.
합류하고 싶지만 나는 아직 자격이 안 된다.

eliminate
[ilímənèit]

⑧ 제거하다, 없애다
elimination ⑲ 제거
eliminate the causes of the epidemic
그 유행병의 원인을 제거하다
Fatty foods should be eliminated from the diet.
지방이 풍부한 음식은 우리 식단에서 제거해야 한다.

The basic thinking behind fast food has become the operating system of today's economy, wiping out small business and <eliminating / encouraging> regional differences. 2009 모평

eloquent
[éləkwənt]

혱 유창한, 청중을 사로잡는
eloquence 몡 능변, 말재주
an eloquent preacher 달변의 설교자
an eloquent appeal for support 설득력 있는 지원 요청

facilitate
[fəsílətèit]

통 가능하게 하다, 촉진하다   = grease, smooth, unclog
facilitate growth 성장을 촉진하다
Cutting taxes may facilitate economic recovery.
세금을 줄이는 것이 경제 회복을 촉진할 수도 있다.

fallacy
[fǽləsi]

몡 오류   = error
a popular fallacy 흔한 오류
The fallacy of their ideas about medicine soon became apparent.
약에 관한 그들의 아이디어에 있는 오류는 곧 명백해졌다.

falsify
[fɔ́:lsəfài]

통 위조하다, 속이다   = twist, warp
The file was altered to falsify the evidence.
그 파일은 증거를 위조하기 위해 변경되었다.
He was caught falsifying financial accounts.
그는 계정을 위조하다가 적발되었다.

favoritism
[féivəritìzm]

몡 치우친 사랑, 편애
their favoritism towards their first son
첫째 아들에 대한 그들의 편애
show favoritism toward one's oldest child
가장 나이든 자식에 대한 편애를 보이다

fertility
[fə:rtíləti]

몡 비옥함
fertilizer 몡 비료
the fertility of his imagination 그의 풍부한 상상력
improve the fertility of the soil 토양의 비옥함을 증진하다

genuine
[dʒénjuin]

혱 진정한, 순전한   ↔ fake, false 가짜의, 거짓의
a genuine desire to help others 타인을 도우려는 진정한 열의
She showed a genuine interest in our work.
그녀는 우리의 일에 진정한 관심을 보였다.

gist
[dʒist]

명 요점 = core, essence, crux
the gist of an argument 주장의 요점
get the gist of the conversation 대화의 요점을 파악하다

---

hail
[heil]

명 1 우박 2 호평 동 호평하다
a hail of ~ 퍼붓는 ~
The proposals met with a hail of criticism.
그 제안은 퍼붓는 비평을 만났다.
His first film was immediately hailed as a masterpiece.
그의 첫 번째 영화는 즉시 대작으로 호평을 받았다.

---

hallmark
[hɔ́:lmɑːrk]

명 특징 = trademark
Humor is one of the hallmarks of her style.
유머는 그녀의 문체의 특징 중 하나이다.
He had all the hallmarks of a great baseball player.
그는 훌륭한 야구선수의 특징을 모두 가지고 있다.

---

halt
[hɔ:lt]

명 정지, 휴식 = standoff, standstill ↔ continuation 지속
come/grind/screech to a halt 멈추다
The whole peace process seems to have ground to a halt.
모든 평화 운동이 멈춰버린 것 같다.

---

harbor
[hɑ́:rbər]

동 ~의 거처가 되다
harbour germs 병균의 거처가 되다
the genetic material harbored in a cell's nucleus
세포의 핵에서 자란 유전 물질

---

hardwired
[hɑ́:rdwáiərd]

형 1 배선에 의한 2 바꾸기 힘든, 틀에 박힌
a hardwired phone 유선 전화
a human being who is hardwired to be sociable
사교적이도록 되어 있는 인간

---

illuminate
[ilú:mənèit]

동 밝히다 = light, lighten
illuminant 명 발광체
the part of the moon illuminated by the sun
태양에 의해 빛을 받은 달의 일부
At night the bridges are beautifully illuminated.
밤에 그 다리들은 아름답게 빛을 낸다.

---

immerse
[imə́:rs]

동 담그다, 빠져들게 하다 = involve
immersion 명 담금
Immerse the fabric completely in the dye.
천을 완전히 염료에 담가라.
He immersed himself in the culture of the island.
그는 그 섬의 문화에 완전히 빠져들었다.

immune
[imjúːn]

형 면역성의
immunity 명 면역
Once we've had the disease, we're immune for life.
한번 그 병을 앓았다면 우리는 평생 면역을 갖게 된다.
She is immune to criticism.
그녀는 비평에도 끄떡없다.

Quiz 4 When it comes to food choices, young people are particularly <vulnerable / immune> to peer influences. A teenage girl may eat nothing but a lettuce salad for lunch, even though she will become hungry later, because that is what her friends are eating. 2011 9. 모평

subscribe
[səbskráib]

동 신청하다, 기부하다, 지지하다
subscription 명 가입, 기부
subscribe to the magazine
그 잡지를 구독하다
She subscribes to an environmental action group.
그녀는 한 환경 운동 그룹을 지지한다.

substitute
[sʌ́bstitjùːt]

명 대신하는 것, 대체물, 후보 선수 동 대체하다
The coach has to find a substitute for Tim.
코치는 Tim을 대체할 선수를 찾아야 한다.
They substituted real candles with electric ones.
그들은 양초를 전기 초로 대체했다.

tie
[tai]

명 유대관계 동 묶다, 매듭을 지다
the importance of strong family ties 강한 가족의 유대의 중요성
You need to tie your shoe.
너 구두끈을 매야겠다.

Quiz 5 In most people, emotions are situational. Something in the here and now makes you mad. The emotion itself is <tied / unrelated> to the situation in which it originates. As long as you remain in that emotional situation, you're likely to stay angry. If you leave the situation, the opposite is true. 2016 고1학평

timber
[tímbər]

명 목재 = wood
timeberland 명 삼림지
a bench made of timber 목재로 만들어진 벤치
the timber industry 목재 산업

tint
[tint]

형 색조, 빛깔

a photo with a sepia tint 세피아 톤의 사진
red tints in her hair 그녀의 머리카락 중 빨간색

tiny
[táini]

형 매우 작은 = atomic, microscopic

The earrings were tiny.
귀걸이가 매우 작았다.

There's just one tiny little problem.
매우 작은 문제가 하나 있을 뿐이다.

A 우리말은 영어로, 영어는 우리말로 쓰시오.

1. 풍부한	_____	11. cherish	_____
2. 만성의	_____	12. fallacy	_____
3. 자애로운, 자비로운	_____	13. causality	_____
4. 상스러운, 야만적인	_____	14. deceit	_____
5. 위조하다, 속이다	_____	15. eligible	_____
6. 정지, 휴식	_____	16. gist	_____
7. 가능하게 하다, 촉진하다	_____	17. cease	_____
8. 교착상태	_____	18. genuine	_____
9. 부스러기, 파편	_____	19. immerse	_____
10. 폐지하다	_____	20. backfire	_____

B 빈칸에 알맞은 말을 고르시오.

subscribes	immune	hallmarks	thrive

1. Humor is one of the _____ of her style.
2. She _____ to an environmental action group.
3. She is _____ to criticism.
4. Few creatures can _____ on these barren mountaintops.

C 괄호 안에서 문맥에 맞는 말을 고르시오.

1. The coach has to find a <substitute / subtitle> for Tim.
2. The credit card <eliminates / illuminates> the need for cash or cheques.
3. The whole peace process seems to have ground to a <halt / hate>.
4. The proposals met with a <hail / nail> of criticism.

DAY 37

acquaint
[əkwéint]

동 숙지시키다, 알려주다　= familiarize
acquaint everyone with the new computers
모두에게 새 컴퓨터를 숙지시키다

This class is designed to acquaint students with the region's most important writers.
본 강좌는 학생들에게 그 지역의 가장 중요한 작가들에 대해 알려주려고 고안되었다.

acute
[əkjúːt]

형 1 예리한 2 심각한
acutely 부 날카롭게
acute sense of smell 예리한 후각
an acute shortage of medical supplies 심각한 의료품 부족

addict
[ədíkt]

명 중독자
addiction 명 중독　addictive 형 중독성 있는
a detective novel addict 추리 소설에 빠진 독자
My nephew is a complete video game addict.
내 조카는 심각한 비디오 게임 중독자다.

Quiz 1 The growing season in the Arctic region is short as well as cool, and plants must make the most of what warmth there is. One <addiction / adaptation> by many arctic plants to the short growing season is wintergreen, or semi-evergreen, leaves.　2013 모평

adequate
[ǽdikwət]

형 적당한　= acceptable, satisfactory
Are the parking facilities adequate for 200 cars?
그 주차 시설은 자동차 200대를 수용할 정도가 되나요?

The garden hasn't been getting adequate water.
정원에 물이 충분히 공급되지 않았다.

bland
[blænd]

형 단조로운, 연한　= soft, soothing, tender
a bland smile 옅은 미소
The vegetable soup was rather bland.
그 야채수프는 약간 싱거웠다.

chronological
[krὰnəládʒikəl]

형 연대순의, 날짜순의
chronology 명 연대학, 연대기
arrange the documents in chronological order
서류를 날짜순으로 정리하다
a chronological table 연표

cliche
[kliːʃéi]

명 진부한 표현, 상투적인 문구

the cliche that a trouble shared is a trouble halved
고통을 나누면 반이 된다는 상투적인 문구

a speech filled with cliches about "doing one's best" and "keeping the faith"
"최선을 다하기" 그리고 "신념을 지키기"와 같은 진부한 표현으로 가득한 연설

cognitive
[kάgnətiv]

형 인식의, 인지의

cognition 명 인식(작용)

cognitive psychology 인지 심리학

a child's cognitive development 아동의 인지 발달

coherent
[kouhíərənt]

형 1 일관성 있는 2 논리적인

cohesion 명 응집성

a coherent account of the incident
그 사건에 대한 일관성 있는 설명

He proposed the most coherent plan to improve the schools.
그는 학교 개선을 위한 가장 논리적인 계획을 제안했다.

deficient
[difíʃənt]

형 부족한   = halfway, partial

deficieny 명 부족

patients who were deficient in vitamin D
비타민 D가 부족한 환자

a deficient education system 부족한 교육 시스템

deflate
[difléit]

동 공기를 빼다, 수축하다

deflate a tire 타이어 공기를 빼다

The birthday balloons deflated after a few days.
생일 풍선들이 며칠 후 쪼그라들었다.

Quiz 2 Comparisons such as "He has more money than I have" or "She looks better than I look" are likely to <deflate / inflate> our self-worth. Rather than finding others who seemingly are better off, focus on the unique attributes that make you who you are.   2014 고2학평

defy
[difάi]

동 거부하다, 물리치다   = disobey, rebel

↔ comply 순응하다

defiance 명 도전, 반항

The beauty of the scene defies description.
그 장면의 아름다움을 묘사를 할 수 없을 정도다.

She defied her parents and dropped out of school.
그녀는 부모님을 거역하고 학교를 그만두었다.

elusive
[ilúːsiv]

형 눈에 띄지 않는, 알기 어려운 = evasive, slippery
elusiveness 명 이해하기 어려운
a rare and elusive **bird** 희귀하고 눈에 띄지 않는 새
The poem has an elusive quality.
그 시는 난해한 특징을 가지고 있다.

embrace
[embréis]

동 포옹하다, 받아들이다
embrace **the opportunity to study further**
더 공부할 기회를 받아들이다
Jason warmly embraced his son.
Jason은 그의 아들을 따뜻하게 안았다.

eminent
[émənənt]

형 저명한 = outstanding, prestigious
eminence 명 탁월
an eminent **physician** 저명한 물리학자
He is one of Korea's most eminent scientists.
그는 대한민국의 저명한 과학자 중 한 명이다.

emit
[imít]

동 방출하다 = radiate, release
emission 명 배출
The telescope can detect light emitted by distant galaxies.
그 망원경은 먼 은하수에서 나오는 빛을 감지할 수 있다.
He emitted a low moan.
그는 나직이 신음소리를 냈다.

empathy
[émpəθi]

명 (남에 대한) 공감, 감정이입
empathetic 형 공감할 수 있는
He felt great empathy with the poor.
그는 가난한 사람들을 매우 동정했다.
She had great empathy with people.
그녀는 타인들에 대해 대단한 공감 능력을 가지고 있다.

finite
[fáinait]

형 한정되어 있는, 유한의 = limited
the earth's finite **resources** 지구의 한정된 자원
The world's finite resources must be used wisely.
세계의 한정된 자원은 현명하게 사용되어야 한다.

fleeting
[flíːtiŋ]

형 순식간의 = temporary, transient
fleetingly 부 덧없이
a fleeting **smile** 짧은 미소
Carol was paying a fleeting visit to Paris.
Carol은 파리에 잠깐 머물고 있었다.

fluctuate
[flʌ́ktʃuèit]

동 오르내리다, 변동하다
fluctuation 명 변동, 오르내림
Vegetable prices fluctuate according to the season.
계절에 따라 채소 가격은 오르내린다.
In the desert, the temperature fluctuates dramatically.
사막에서 기온은 극적으로 오르내린다.

fluid
[flúːid]

형 액체의 명 액체
fluidal 형 유동적인
a substance in a fluid state 액체 상태의 물질
Fluid leaked from the car's engine.
자동차 엔진에서 액체가 샜다.

forbid
[fərbíd]

동 금지하다 (forbade, forbidden)　= ban, prohibit
be forbidden to leave the house 집에서 나가는 것이 금지되다
The museum forbids flash photography.
그 박물관은 플래시를 터뜨리는 사진 촬영을 금지한다.

 Desperate to have her ball back, the princess agrees, but when the frog appears at her door the next day she is disgusted by the prospect of being truthful and fulfilling her promise. But her father, the king, gives her no choice and she is <compelled / forbidden> to carry out her promise.　2014 고3학평

hinge
[hindʒ]

동 경첩을 달다, ~에 달려있다
a hinged lid 경첩이 달린 뚜껑
The outcome of the game hinged on a single play.
경기의 결과는 한 번의 경기에 달려있었다.

humiliation
[hjuːmìliéiʃən]

명 굴욕, 수치
humiliate 동 창피를 주다
the humiliation of having to ask her parents for money
그녀의 부모님께 돈을 요청해야 하는 굴욕
the humiliation of being asked to leave
떠나달라는 요청을 받는 굴욕

humility
[hjuːmíləti]

명 겸손　= humbleness, modesty
an act of genuine humility 진실된 겸손한 행동
The ordeal taught her humility.
시련은 그녀에게 겸손을 가르쳤다.

hypothesis
[haipάθəsis]

명 가설, 추정

The results of the experiment did not support his hypothesis.
실험의 결과가 그의 가설을 지지하지 못했다.

Other chemists rejected his hypothesis.
다른 화학자들이 그의 가설을 부정했다.

impair
[impέər]

동 손상시키다 = harm, hurt, damage

Smoking can impair your health.
흡연은 당신의 건강을 손상시킬 수 있다.

Drinking impairs a person's ability to think clearly.
음주는 사람이 명확히 생각하는 능력을 손상시킨다.

impart
[impά:rt]

동 전해주다, 나눠주다 = give, transmit

She had information that she couldn't wait to impart.
그녀는 전해주고 싶어 안달이 난 정보를 가지고 있었다.

Her presence imparted a sense of importance to the meeting. 그녀의 존재는 그 회의가 중요한 느낌이 들도록 했다.

impartial
[impά:rʃəl]

형 공정한, 치우치지 않은

fair, unbiased, unprejudiced

an impartial observer 치우치지 않은 관찰자

an impartial analysis of the case 그 사건에 대한 공정한 분석

implicit
[implísit]

형 함축적인, 암시적인 = implied ↔ explicit 명시적인

Her words contained an implicit threat.
그녀의 말은 암시적 위협을 포함하고 있었다.

I have implicit trust in her honesty.
나는 그녀의 정직을 내심 믿고 있다.

impose
[impóuz]

동 부과하다, 강요하다

impose a fine 벌금을 부과하다

parents who impose their own moral values on their children
자신들의 도덕적 가치를 자녀들에게 강요하는 부모

lament
[ləmént]

동 한탄하다, 슬퍼하다 = deplore, grieve

lament the destruction of the countryside
전원의 파괴를 한탄하다

She lamented over the loss of her best friend.
그녀는 자신의 가장 친한 친구를 잃은 것을 슬퍼했다.

languish
[lǽŋgwiʃ]

동 약화되다, 시들해지다

languish in jail for fifteen years 15년 동안 감방에서 썩다

Older people, especially, were languishing during the prolonged heat wave.
특히 나이든 사람들이 길어진 열풍에 허약해졌다.

legislation
[lèdʒisléiʃən]

명 법, 법률
new legislation to protect children 아동 보호를 위한 새 법률
bring in new legislation to combat this problem
이 문제를 해결하기 위해 새 법률을 도입하다

legitimate
[lidʒítəmit]

형 타당한, 정당한
legitimately 튀 합법적으로
legitimate means for achieving success
성공을 이루기 위한 정당한 수단
That's a perfectly legitimate question.
그것은 전적으로 타당한 질문이다.

liken
[láikən]

동 비유하다, 비교하다 = compare, assimilate
liken the new theater to a supermarket
새 극장을 슈퍼마켓에 비유하다
liken the two pianists 두 피아니스트를 비교하다

secondhand
[sékəndhǽnd]

형 중고의 = secondary
secondhand goods 중고품
a dealer in secondhand furniture 중고가구 상인

surmount
[sərmáunt]

동 극복하다
surmount an obstacle 장애물을 극복하다
surmount immense physical disabilities
엄청난 신체적 한계를 극복하다

surpass
[sərpǽs]

동 능가하다
He had surpassed all our expectations.
그는 우리의 모든 기대치를 능가했다.
Attendance is expected to surpass last year's record.
참석이 지난해의 기록을 넘어설 것으로 보인다.

surplus
[sə́:rplʌs]

명 잉여, 나머지
a budget surplus of over $15 billion 150억이 넘는 예산 흑자
There is a surplus of workers and not enough jobs.
인력은 과잉인데 일자리는 충분하지 않다.

surrender
[səréndər]

동 항복하다, 포기하다
surrender after three days of fighting 3일간 싸우다가 항복하다
The terrorists were given ten minutes to surrender.
테러리스트들에게 항복하도록 3분이 주어졌다.

trade
[treid]

명 **무역** 동 **거래를 하다**
trader 명 무역업자
international trade agreements 국제 무역 협정
I traded my pen for a pencil and kept writing.
나는 펜을 연필로 바꿔 계속 필기했다.

A 우리말은 영어로, 영어는 우리말로 쓰시오.

1. 금지하다 _____	11. humility _____
2. 공기를 빼다, 수축하다 _____	12. impartial _____
3. 손상시키다 _____	13. lament _____
4. 중독자 _____	14. fleeting _____
5. 굴욕, 수치 _____	15. adequate _____
6. 가설, 추정 _____	16. defy _____
7. 연대순의, 날짜순의 _____	17. acquaint _____
8. 저명한 _____	18. surplus _____
9. 변동, 오르내림 _____	19. implicit _____
10. 방출하다 _____	20. deficient _____

B 빈칸에 알맞은 말을 고르시오.

impart	surrender	elusive	embraced

1. She had information that she couldn't wait to _____.
2. The poem has an _____ quality.
3. Jason warmly _____ his son.
4. The terrorists were given ten minutes to _____.

C 괄호 안에서 문맥에 맞는 말을 고르시오.

1. The world's <finite / definite> resources must be used wisely.
2. <Fluid / Solid> leaked from the car's engine.
3. That's a perfectly <legal / legitimate> question.
4. The judge <exposed / imposed> a life sentence.

adjoin
[ədʒɔ́in]

동 인접하다
A vacant plot of land adjoins his house.
공터가 그의 집과 인접해 있다.
The two rooms adjoin each other.
그 두 방은 서로 인접해 있다.

adrift
[ədríft]

부 형 떠도는, 표류하는
a young man adrift in London 런던에서 방황하는 청년
a boat adrift on the sea 바다에 표류한 보트

advent
[ǽdvent]

명 출현, 도래
the advent of personal computers 개인 컴퓨터의 등장
the advent of spring 봄의 도래

adversarial
[ædvərsέəriəl]

형 대립관계의   = unfriendly, hostile
adversary 명 적대자
the adversarial nature of two-party politics
양당 정치의 대립 성질
The relationship between the president and the congress
should not be adversarial if anything is to get done.
무슨 일이든 완성이 되려면 대통령과 의회의 관계는 대립적이어서는 안 된다.

botanical
[bətǽnikəl]

형 식물의
botanist 명 식물학자
botanical garden 식물원
a glossary of botanical term 식물학 용어집

bountiful
[báuntifəl]

형 풍부한   = abundant, ample, plentiful
bounty 명 너그러운
a bountiful harvest 풍부한 수확
a bountiful supply of apples for the harvest festival
추수감사제에 쓸 풍부한 사과 공급

brevity
[brévəti]

명 간결성   = briefness, shortness
the brevity of her visit 그녀의 짧은 방문
be edited for brevity and clarity 간결성과 명료성을 위해 편집되다

collaborate
[kəlǽbərèit]

[동] 협업하다
collaboration [명] 공동작업 collaborative [형] 협력하는, 공동의
Researchers are collaborating to develop the vaccine.
연구원들이 백신 개발을 위해 협업하고 있다.
The two companies agreed to collaborate.
그 두 회사는 협업을 하기로 합의했다.

collide
[kəláid]

[동] 충돌하다
collision [명] 충돌
A car and a bicycle collided on the road.
자동차와 자전거가 도로에서 충돌했다.
The truck collided with a row of parked cars.
그 트럭이 줄지어 주차해 있는 자동차들에 충돌했다.

colonize
[kάlənàiz]

[동] 식민지로 만들다
colony [명] 군집, 식민지, 거주지
colonize an island 섬에 사람들을 이주시키다
France once colonized Vietnam.
프랑스는 과거에 베트남을 식민지로 삼았다.

combustion
[kəmbʌ́stʃən]

[명] 연소
combustible [형] 가연성의
internal combustion engine 내연기관
Combustion may occur at high temperatures.
고온에서 연소가 발생할 수 있다.

commission
[kəmíʃən]

[명] 1 위원회 2 위탁, 주문 3 수수료
set up a commission to investigate allegations of police violence
경찰 폭력 혐의를 조사하기 위해 위원회를 구성하다
receive a commission to paint a picture
그림을 그려달라는 위탁을 받다
She gets a commission for each car she sells.
그녀는 판매하는 차 마다 수수료를 받는다.

considerable
[kənsídərəbəl]

[형] 상당한 = significant, sizable
receive a considerable number of complaints
상당히 많은 수의 불평을 받다
a considerable amount of money 상당한 액수의 돈

Quiz 1 Learning Korean may be difficult for English speakers because in Korean, unlike in English, <considerable / considerate> differences exist in both grammar and vocabulary depending on the relationship between the two people involved. 2006 모평

degenerative
[didʒénərèitiv]

형 퇴행적인
degenerative diseases such as arthritis
관절염 같은 퇴행성 질환
a degenerative muscle disorder 퇴행성 근육 질환

degrade
[digréid]

동 (질적으로) 저하시키다 = disrate, downgrade
degradation 명 강등, 격하
degrade the image quality 이미지의 질을 떨어뜨리다
Pollution has degraded air quality.
오염이 공기의 질을 저하시켰다.

deliberate
[dilíbərit]

형 의도적인
deliberately 부 의도적으로 deliberation 명 심의, 토의
a deliberate lie 의도적인 거짓말
a deliberate attempt to humiliate her
그녀에게 모욕을 주려는 의도적인 시도

demolish
[dimɑ́liʃ]

동 파괴하다
demolition 명 철거, 해체
demolish large areas of forest 넓은 숲 지역을 파괴하다
The car was demolished in the accident.
사고로 그 차가 망가졌다.

demonstrable
[démənstrəbəl]

형 명백한, 증명할 수 있는
demonstrate 동 증명하다 demonstrably 부 명백하게
a demonstrable improvement in performance
뚜렷한 성과의 향상
There is no demonstrable evidence that the treatment is effective.
그 치료가 효과가 있다는 어떤 명백한 증거도 없다.

empirical
[empírikəl]

형 실증적인, 경험에 의거한
empirically 부 경험적으로
an empirical basis for the theory 그 이론에 대한 실증적 기초
They collected plenty of empirical data from their experiments.
그들은 그들의 실험으로부터 풍부한 실증적 데이터를 수집했다.

enact
[enǽkt]

동 1 상연하다, 연기하다 2 제정하다
a drama enacted on a darkened stage
조명을 끈 무대에서 상연되는 연극
Congress refused to enact the bill.
의회는 그 법안을 제정하는 것을 거부했다.

encompass
[inkʌ́mpəs]

동 감싸다, 포함하다   = encircle, surround
a neighborhood encompassed by a highway
고가도로에 둘러싸인 마을
The study encompasses the social, political, and economic aspects of the situation.
그 연구는 그 상황의 사회적, 정치적, 경제적 측면을 포함한다.

enormous
[inɔ́ːrməs]

형 거대한, 막대한
enormously 부 대단히, 엄청나게
an enormous amount of money 막대한 양의 돈
They live in an enormous house.
그들은 대저택에 살고 있다.

ensue
[ensúː]

동 잇달아 일어나다
ensuing 형 뒤이은, 다음의
problems that ensue from food and medical shortages
음식과 의료 부족에 뒤따르는 문제점들
The show ended, and a long standing ovation ensued.
공연이 끝나고 긴 기립 박수가 이어졌다.

foresee
[fɔːrsíː]

동 예견하다(foresaw, foreseen)
foreseeable 형 예측 가능한
The disaster could not have been foreseen.
그 재앙은 예견될 수 없었다.
She foresaw the company's potential and invested early on.
그녀는 그 회사의 잠재력을 예견하고 미리 투자했다.

formidable
[fɔ́ːrmədəbl]

형 무서운, 만만찮은   = horrifying, intimidating
a formidable opponent 만만찮은 상대
The mountains were a formidable barrier.
산들은 무서운 장벽이었다.

formula
[fɔ́ːrmjələ]

1 공식 2 처방, 제법, 이유식
formulate 동 만들어내다
be made using a secret formula 비밀 제법에 의해 만들어지다
His investment strategy is based on a simple formula.
그의 투자 전략은 간단한 공식에 기초한다.

fraction
[frǽkʃən]

명 일부   = bit, fragment, piece
fractional 형 부분적인
She paused for a fraction of a second.
그녀는 아주 잠깐 멈췄다.
His investment is now worth only a fraction of its original value.
그의 투자는 현재 그것의 원래 가치의 일부분의 가치에 불과하다.

impoverished
[impávəriʃt]

형 가난해진, 허약해진 = destitute, poor
a remote and impoverished island 외지고 궁핍한 섬
families impoverished by debt 빚으로 가난해진 가정들

Quiz 2 As the upper class became more <impoverished / affluent>, prices went up and the lower class found it difficult to buy even the necessities. While some were enjoying their upgraded lifestyle, the peasants still found it difficult to obtain basic necessities like food and housing. 2011 고3학평

imprudent
[imprú:dənt]

형 경솔한 = indiscreet, unwise
imprudently 부 경솔하게
an imprudent investor 경솔한 투자자
It would be financially imprudent to invest money in the business.
그 사업에 투자하는 것은 재정적으로 경솔한 것이 될 것이다.

impulse
[ímpʌls]

명 충동
impulsive 형 충동적인
a sudden impulse to laugh 갑작스럽게 웃고 싶은 충동
Jenny felt a sudden impulse to draw pictures.
Jenny는 갑자기 그림을 그리고 싶은 충동을 느꼈다.

incompatible
[ìnkəmpǽtəbəl]

형 양립할 수 없는 = clashing, conflicting
↔ compatible 호환되는
They're totally incompatible.
그들은 절대 양립할 수 없다.

This printer is incompatible with some PCs.
이 프린터는 몇몇 PC와는 호환되지 않는다.

incorporate
[inkɔ́:rpərèit]

동 혼합하다 = integrate
incorporate many environmentally-friendly features into the design of the building
그 건물의 설계에 여러 환경 친화적 면모를 혼합하다
a diet that incorporates many different fruits and vegetables 여러 가지 다른 과일과 채소를 혼합한 식단

literate
[lítərit]

형 1 읽고 쓸 줄 아는 2 (컴퓨터 등을) 사용할 줄 아는
literacy 명 읽고 쓰는 능력
She is literate in both English and Spanish.
그녀는 영어와 스페인어 둘 다를 읽고 쓸 줄 안다.

The job requires you to be computer literate.
그 일자리는 당신의 컴퓨터 사용 능력을 요한다.

local
[lóukəl]

명 주민, 현지인
The locals were very friendly.
그 지역민들은 매우 친절하다.
We asked one of the locals to recommend a restaurant.
우리는 그 지역민들 중 한 사람에게 음식점을 하나 소개해 달라고 요청했다.

loom
[lu:m]

동 흐릿하게 보이다, 불안하게 다가오다
Suddenly a mountain loomed up in front of them.
갑자기 그들 앞에 산이 어렴풋이 나타났다.
Storm clouds loomed on the horizon.
폭풍의 구름이 수평선에 나타났다.

luxuriant
[lʌgʒúəriənt]

형 풍요로운, 번성한
luxuriant black hair 풍성한 검은 머리카락
a luxuriant forest 풍성하게 자란 숲

mandate
[mǽndeit]

동 명령하다, 위임하다
mandatory 형 의무적인
These measures were mandated by the IMF.
이런 조치는 IMF에 의해 강제되었다.
The law mandates that every car have seat belts.
그 법은 모든 자동차가 안전벨트를 설치할 것을 명하고 있다.

manipulate
[mənípjəlèit]

동 조작하다, 다루다
manipulative 형 교묘하게 다루는, 조작의
The mechanical arms are manipulated by a computer.
그 기계 팔은 컴퓨터로 조작된다.
The baby is learning to manipulate blocks.
그 아기는 블록을 다루는 것을 배우고 있다.

Quiz 3 When you find work you love that <supports / manipulates> you financially, that is ideal. Hundreds of people have told me that when they do work they love, such as teaching students or nursing elderly people, they don't need as much money because they are happy.

2007 모평

---

suspend
[səspénd]

동 중단하다
suspension 명 정학
suspend a student from school 학생을 정학시키다
The company was forced to suspend operations.
그 회사는 강제로 경영이 정지되었다.

sweeping
[swíːpiŋ]

형 광범위한, 포괄적인

sweeping reforms 광범위한 개혁

make sweeping changes to education policies
교육 정책에 전반적인 변화를 주다

1 considerable, 한국어를 배우는 것은 영어를 사용하는 사람들에게 어려울 수 있다. 왜냐하면 한국어는 영어와 달리 관련된 두 사람 사이의 관계에 따라 문법과 어휘 모두에 있어 상당히 차이가 있기 때문이다.

2 affluent, 상류층들이 더 부유해짐에 따라, 물가가 상승했고, 하위계층들은 심지어 필수품을 구비하는 것 조차도 어려웠다. 어떤 사람들은 향상된 생활을 즐기는 반면, 소작농들은 여전히 음식과 주택과 같은 기본적인 필수품을 얻는 것이 어렵다는 것을 알았다.

3 supports, 당신이 좋아하는 일이 당신을 금전적으로 지원하는 그런 일을 발견할 때, 그것은 이상적이다. 수백 명의 사람들이 내게 말하기를, 학생들을 가르치거나 노인들을 돌보는 일과 같은 그들이 좋아하는 일을 할 때, 그들은 행복하기 때문에 그리 많은 돈은 필요 없다고 말했다.

A 우리말은 영어로, 영어는 우리말로 쓰시오.

1. 충돌하다 _____
2. 중단하다 _____
3. 출현, 도래 _____
4. 협업하다 _____
5. 충동 _____
6. 예견하다 _____
7. 풍부한 _____
8. 경솔한 _____
9. 거대한, 막대한 _____
10. 떠도는, 표류하는 _____
11. incompatible _____
12. incorporate _____
13. deliberate _____
14. manipulate _____
15. impoverished _____
16. encompass _____
17. demolish _____
18. mandate _____
19. considerable _____
20. sweeping _____

B 빈칸에 알맞은 말을 고르시오.

commission	enact	formidable	locals

1. Congress refused to _____ the bill.
2. The mountains were a _____ barrier.
3. The _____ were very friendly.
4. She gets _____ for each car she sells.

C 괄호 안에서 문맥에 맞는 말을 고르시오.

1. His investment strategy is based on a simple <formality / formula>.
2. I sold the car for a <faction / fraction> of what I paid for it
3. The show ended, and a long standing ovation <ensued / pursued>.
4. <Combustion / Confusion> may occur at high temperatures.

adversity
[ædvə́ːrsəti]

명 역경 = misfortune
adverse 형 반대하는, 적대하는
We struggled on in the face of adversity.
우리는 역경에 맞서 계속 싸웠다.
Despite the adversity of his childhood, he achieved great success.
그의 유년시절의 역경에도 불구하고 그는 대단한 성공을 이뤘다.

aesthetic
[esθétik]

명 심미적인, 미적인
an aesthetic person 심미안이 있는 사람
From an aesthetic point of view, it's a nice design.
심미적인 관점에서 그것은 멋진 디자인이다.

affluent
[ǽfluənt]

형 풍부한, 부유한 = rich
affluence 명 풍요함
affluent creativity 풍부한 창의력
an affluent area of Edinburgh Edinburgh의 부유한 지역

aggravate
[ǽgrəvèit]

동 악화시키다
aggravation 명 악화시킴
aggravate the situation 상황을 악화시키다
The symptoms were aggravated by drinking alcohol.
술을 마셔 그 증상이 악화되었다.

airborne
[ɛ́ərbɔːrn]

형 공기로 운반되는, 공수의, 하늘 높이 뜬
airborne pollutants 공기로 이동하는 오염원
Once the plane was airborne I loosened my seat belt.
비행기가 공중에 뜨고 나서 나는 안전벨트를 풀었다.

commitment
[kəmítmənt]

명 전념, 헌신, 약속
committed 형 헌신적인, 전념하는
Her commitment to work is beyond question.
그녀의 업무에 대한 헌신은 의심의 여지가 없다.
The boss noticed her strong commitment to her work.
사장은 그녀의 일에 대한 투철한 헌신을 알아봤다.

commonplace
[kámənplèis]

형 평범한, 아주 흔한 = average, common, ordinary
commonplace objects like houses and cars
집이나 자동차 같은 흔한 사물들
It is now commonplace for people to use the Internet at home.
사람들이 집에서 인터넷을 하는 것은 지금은 흔한 일이다.

communal
[kəmjúːnəl]

형 공동의
communally 부 공동으로
a communal bathroom 공동으로 쓰는 욕실
The tribe lived in communal huts.
그 부족은 공동의 오두막에서 살았다.

demoralize
[dimɔ́ːrəlàiz]

동 의기소침하게 하다 = unnerve
The mere sight of the forbidding cliffs demoralized the climbers.
무시무시한 절벽들은 그 광경만으로도 등반가들을 의기소침하게 만들었다.

The refugees were cold, hungry, and demoralized.
난민들은 춥고, 배고프고, 기가 죽어 있었다.

depict
[dipíkt]

동 묘사하다
depiction 명 묘사
a book depicting life in pre-revolutionary Russia
혁명 전 러시아의 생활을 묘사하는 책

The movie depicts the life of early settlers.
그 영화는 초기 정착민들의 생활을 묘사하고 있다.

depletion
[diplíːʃən]

명 고갈
deplete 동 고갈시키다
the depletion of underground water supplies
지하수 자원의 고갈

the depletion of the ozone layer 오존층의 파괴

deprive
[dipráiv]

동 박탈하다
deprivation 명 상실, 박탈
A lot of these children have been deprived of a normal home life.
이런 아이들은 대부분 정상적인 가정생활을 박탈당했다.

Working those long hours was depriving him of his sleep.
그렇게 오랜 시간의 근무는 그에게서 잠을 박탈했다.

Quiz 1 The great awakening of Greek art to freedom took place between, roughly, 520 and 420 B.C. Toward the end of the fifth century, artists became fully <conscious / deprived> of their power and mastery, and so did the public. An increasing number of people began to be interested in their work for its own sake, and not only for the sake of its religious or political functions. 2009 고3학평

derive
[diráiv]

동 1 ~에서 유래되다 2 이끌어내다

derive great benefit from this technique
이 기술로부터 큰 혜택을 이끌어내다

The mountain derives its name from a Native American tribe.
그 산의 이름은 미국 원주민 부족에서 유래한다.

entrust
[entrÁst]

동 위임하다   = assign, commission

be entrusted with the job of organizing the reception
접대를 계획하는 일을 위임받다

She entrusted her son's education to a private tutor.
그녀는 아들의 교육을 개인 교사에게 위임했다.

envision
[invíʒən]

동 상상하다   = imagine, visualize

envision a better life 보다 나은 삶을 상상하다

The inventor envisioned many uses for his creation.
그 발명가는 그의 발명이 여러 용도로 쓰이는 모습을 그려봤다.

equate
[ikwéit]

동 동일시하다   ↔ contrast 대조시키다

equate money with success 돈을 성공과 동일시하다

You shouldn't equate those two things.
그런 두 가지를 동일시하면 안 된다.

equilibrium
[ì:kwəlíbriəm]

명 평형, 균형

equilibrating 형 평형을 유지하는

Supply and demand were in equilibrium.
공급과 수요가 균형을 이루고 있다.

She struggled to recover her equilibrium.
그녀는 평정심을 되찾으려고 애썼다.

erosion
[iróuʒən]

명 침식

erode 동 침식하다

plant grass to stop the erosion of the hillside
언덕의 침식을 막기 위해 풀을 심다

the erosion of the coastline 해안선의 침식

fragile
[frǽdʒəl]

형 연약한

fragility 명 허약함

a fragile vase 깨지기 쉬운 꽃병

He is in an emotionally fragile state.
그는 정서적으로 허약한 상태에 있다.

frenzy
[frénzi]

명 광란, 발작
frenzily 부 극도로 흥분해서
the buying frenzy just before Christmas
크리스마스 전날의 광란의 구매
The next speaker whipped the crowd up into a frenzy.
다음 연설자가 군중을 광란의 상태로 몰았다.

fury
[fjúəri]

명 분노
furious 형 격노한
Her eyes were blazing with fury.
그녀의 눈은 분노로 불타고 있었다.
I could see the fury in her eyes.
나는 그녀의 눈에서 분노를 볼 수 있었다.

futile
[fjú:tl]

형 헛된 = fruitless, ineffective
futility 명 무의미함
a futile attempt to save the paintings from the flames
화재로부터 그 그림들을 구하려는 헛된 노력
All our efforts proved futile.
우리의 모든 노력은 헛된 것으로 밝혀졌다.

incur
[inkə́:r]

동 초래하다, 당하다
the heavy losses incurred by airlines since September
11th 911 이래로 항공사에 의한 막대한 손실이 잇따랐다
What did he do to incur such wrath?
그가 뭘 했기에 그런 분노를 초래한 거지?

indifferent
[indífərənt]

형 1 평범한, 그저 그런 2 무관심한
indifference 명 무관심
an indifferent cook 평범한 요리사
She's indifferent about their problems.
그녀는 그들의 문제에 무관심하다.

Quiz 2 Mutual eye contact is also dangerous because, in monkey language, staring is a threat. The monkeys look up in the air or at the ground, or stare at some imaginary point outside the cage. But as time passes, sitting still and pretending <authority / indifference> are no longer sufficient strategies to keep the situation under control. 2014 고3학평

indiscretion
[indiskréʃən]

명 무분별한 행동
indiscreet 형 무분별한
youthful indiscretions 젊은 날의 부분별한 행동
She committed a few minor indiscretions.
그녀는 몇 가지 작은 무분별한 행동을 저질렀다.

indispensable
[ìndispénsəbəl]

형 필수불가결한 = critical, imperative, essential
indispensably 부 반드시
an indispensable member of the staff 없어서는 안 될 팀의 일원
This book is indispensable to anyone interested in gardening.
이 책은 정원 가꾸기에 관심 있는 사람들에게는 필수이다.

menace
[ménəs]

명 위협 동 위협하다
menacingly 부 위협적으로
the growing menace of global pollution
증가하는 국제 오염의 위협
farmland menaced by frequent floods
빈번한 홍수로 위협받는 농토

merge
[məːrdʒ]

동 융합하다
merger 명 통합, 합병
The two banks merged to form one large institution.
두 개의 은행이 하나의 큰 기관을 형성하기 위해 합쳐진다.
Three lanes of traffic all merge at this point.
세 개 차선의 차들이 이 지점에서 합쳐진다.

metabolism
[mətǽbəlìzəm]

명 신진대사
upset somebody's metabolism 신진대사에 이상이 생기게 하다
This drug speeds up your metabolism.
이 약은 당신의 신진대사를 촉진시킵니다.

meticulous
[mətíkjələs]

형 꼼꼼한, 세심한 = painstaking, scrupulous
meticulously 부 세심하게
a meticulous researcher 꼼꼼한 조사원
He was meticulous in his use of words.
그는 그의 단어 사용에 세심했다.

novel
[návəl]

형 새로운, 참신한 = fresh, new, original
suggest a novel approach to the problem 그 문제에 대해 참신한 접근법을 제안하다
Handheld computers are novel devices.
손에 들고 다니는 컴퓨터는 참신한 기기이다.

obligate
[ábləgèit]

동 의무를 지우다
obligatory 형 의무적인
The contract obligates the firm to complete the work in six weeks.
계약서에 의하면 그 회사는 그 일을 6주 후에 완료해야만 한다.
Tenants are obligated to pay their rent on time.
세입자들은 월세를 제 때에 내야만 한다.

obsession
[əbséʃən]

명 강박관념, 붙어서 떨어지지 않는 관념
Joe's obsession with personal cleanliness annoys everyone.
Joe의 과도한 개인 청결의식은 모두를 짜증나게 한다.
Money has become an obsession for him.
돈은 그의 마음에서 떠나지 않는 것이 되었다.

---

painstaking
[péinztèikiŋ]

형 매우 신중하고 철저한　= meticulous
describe in painstaking detail what happened
일어난 일을 매우 세세하게 묘사하다
The work had been done with painstaking attention to detail.
그 작품은 세밀한 부분에 철저히 집중하여 완성되었다.

---

parallel
[pǽrəlèl]

형 평행한 명 유사한 것
parallel rows of trees 평행하게 늘어선 나무들
There are many parallels between the stories.
두 이야기 사이에는 유사점이 많다.

---

patent
[pǽtənt]

명 특허 동 특허를 얻다
settle a patent dispute 특허 분쟁을 해결하다
The product was patented by its inventor.
그 상품은 개발자가 특허를 얻었다.

---

perceive
[pərsíːv]

동 인식하다
perception 명 인식　perceptual 형 지각의
be perceived as a loser 실패자로 인식되다
Cats are not able to perceive color.
고양이들은 색상을 인식하지 못한다.

---

peril
[pérəl]

명 위험, 모험　= danger, pitfall, risk
the peril these miners face each day 이 광부들이 매일 맞는 위험
The economy is now in grave peril.
경제가 지금 심각한 위험에 빠져있다.

Quiz 3　People compared the <merits / perils> of the various 'schools' of art; that is to say, of the various methods, styles and traditions which distinguished the masters in different cities. There is no doubt that the comparison and competition between these schools stimulated the artists to make ever greater efforts, and helped to create that variety which we admire in Greek art.　2009 고3학평

synthetic
[sinθétik]

형 합성한, 인조의 = artificial, man-made
synthetic detergent 합성 세제
boots of waterproof synthetic leather
합성 가죽으로 만들어진 방수 부츠

tremendous
[triméndəs]

형 어마어마한
tremendously 부 엄청나게
a writer of tremendous talent 엄청난 재능의 작가
He was making a tremendous effort to appear calm.
그는 차분해 보이려고 어마어마한 노력을 했다.

A　우리말은 영어로, 영어는 우리말로 쓰시오.

1. 묘사하다	_____	11. aggravate	_____
2. 연약한	_____	12. envision	_____
3. 침식	_____	13. indispensable	_____
4. 꼼꼼한, 세심한	_____	14. tremendous	_____
5. 합성한, 인조의	_____	15. depletion	_____
6. 의무를 지우다	_____	16. fury	_____
7. 풍부한, 부유한	_____	17. commonplace	_____
8. 인식하다	_____	18. futile	_____
9. 위험, 모험	_____	19. demoralize	_____
10. 역경	_____	20. communal	_____

B　빈칸에 알맞은 말을 고르시오.

airborne	equilibrium	parallels	indifferent

1. Supply and demand were in _____.
2. Once the plane was _____ I loosened my seat belt.
3. There are many _____ between the stories.
4. She's _____ about their problems.

C　괄호 안에서 문맥에 맞는 말을 고르시오.

1. What did he do to <incur / quench> such wrath?
2. Her <commitment / conviction> to work is beyond question.
3. She <attributed / entrusted> her son's education to a private tutor.
4. Many small companies have been forced to <emerge / merge>.

DAY
40

alienate
[éiljənèit]

동 멀어지게 하다
alienation 명 격리, 소외
She alienated most of her friends with her bad temper.
그녀는 그녀가 가진 나쁜 성질 때문에 대부분의 친구들이 떠나게 했다.
The latest tax proposals will alienate many voters.
최근의 세금 제안은 많은 유권자들이 등을 돌리게 할 것이다.

alleviate
[əlíːvièit]

동 완화하다   = relieve, soothe
alleviation 명 완화
find ways to alleviate stress 스트레스를 줄일 방법을 찾다
a new medicine to alleviate the symptoms of flu
독감 증세를 줄여줄 새 의약품

allocate
[æləkèit]

동 할당하다   = allot, distribute
allocation 명 할당
allocate the same amount of time to each question
각 문제에 같은 양의 시간을 할당하다
allocate a section of the building for special research purposes
건물 중의 한 부분을 특별 연구 목적으로 할당하다

alternate
[ɔ́ːltərnèit]

동 번갈아 나오다
alternately 부 번갈아, 교대로
Rainy days alternated with dry ones.
비가 내리는 날과 오지 않는 날이 번갈아 발생했다.
The poem alternates fear and hope.
그 시에는 공포와 희망이 번갈아 등장한다.

alternative
[ɔːltə́ːrnətiv]

명 대안, 양자택일 형 대안의
alternatively 부 다른 방도로는
Can you suggest an alternative?
대안을 제시해 줄 수 있나요?
He developed an alternative design for the new engine.
그는 새 엔진의 대안이 되는 디자인을 개발했다.

compatible
[kəmpǽtəbəl]

형 잘 맞는, 호환되는
compatibility 명 호환성
two people with compatible personalities 서로 잘 맞는 두 사람
The proposed new regulation is not compatible with our existing policy.
제안된 새 법규는 우리의 기존 정책과 잘 맞지 않는다.

Quiz 1 Many nonprofit organizations have a positive effect on the health and welfare of people. They do "good works" that are <compatible / competitive> with the religious and social values of individuals who want to help others and become involved in improving their communities. 2008 고3학평

comply
[kəmplái]

통 ~을 지키다, 승낙하다
compliance 명 승낙
comply with the regulations 규칙을 지키다
Everyone complied with the request.
모두들 그 요청에 응했다.

comprehensive
[kàmprihénsiv]

형 종합적인　= all-inclusive
comprehensively 부 포괄적으로
comprehensive examinations 종합 검사
a comprehensive guide to British hotels and restaurants
영국의 호텔과 레스토랑의 종합 안내

compromise
[kámprəmàiz]

통 1 위태롭게 하다 2 타협하다
a dangerous drug that can further compromise an already weakened immune system
이미 약화된 면역 체계를 더욱 위태롭게 할 수 있는 위험한 약

The two sides were unwilling to compromise.
양 측은 타협할 의사가 없었다.

Quiz 2 An inflationary ideology that <pursues / compromises> quality for quantity can be traced back to Hollywood and celebrity. They promote a culture of excess, which the majority of star gazers flock to follow.
2010 고3학평

compulsive
[kəmpálsiv]

형 강박적인, 충동적인　= impulsive
compulsion 명 강요, 강제
His compulsive need to succeed made him unpopular with the rest of the staff.
그는 성공에 대한 강박적인 의욕 탓에 나머지 직원들에게 인기가 없었다.

Compulsive overspending in these days of credit cards has become more common.
요즘같은 신용카드 시대에는 충동적 과소비가 보다 일반화 되었다.

descendant
[diséndənt]

명 후손, 자손　= offspring
descend 통 내려가다
a descendant of a famous French painter
유명한 프랑스인 화가의 자손

a direct descendant of Shakespeare 셰익스피어의 직계 자손

despise
[dispáiz]

동 경멸하다 = hate, detest
be despised as a hypocrite 위선자라고 경멸받다
I despised him for the way he treated his children.
나는 그가 그의 아이들을 대하는 태도 때문에 그를 경멸했다.

Quiz 3 Members of the wealthy classes also used their newly increased wealth to <despise / support> the arts, leading to the achievements for which the Renaissance is best known. 2011 고3학평

---

deteriorate
[ditíəriərèit]

동 악화되다 = degenerate, descend
deterioration 명 악화
America's deteriorating economy 미국의 악화되는 경제
The weather deteriorated rapidly so the game was abandoned.
날씨가 급격히 악화되어 경기는 취소되었다.

---

detract
[ditrǽkt]

동 딴 데로 돌리다 = distract, divert
detract attention from the real issue
진짜 문제로부터 관심을 딴 데로 돌리다
Numerous typos in the text detract the reader's attention from the novel's plot.
책 안의 많은 오타 때문에 독자의 관심이 소설의 구성으로부터 딴 데로 갔다.

---

devastate
[dévəstèit]

동 황폐화하다 = destroy, ravage, ruin
a center devastated by war 전쟁으로 황폐해진 나라
The city center was devastated by the bomb.
도시의 중심이 폭탄으로 황폐화됐다.

---

domesticate
[douméstəkèit]

동 가축화하다, 길들이다, 적응시키다
domesticated 형 길들여진   domestication 명 사육, 재배
domesticate foreign trees 외국의 나무들을 적응시키다
Horses and oxen have been domesticated to work on farms.
말과 황소들은 농장에서 일하도록 길들여졌다.

---

dormant
[dɔ́:rmənt]

형 휴지기의 = asleep, dozing
a dormant volcano 휴화산
The seeds will remain dormant until the spring.
그 씨앗들은 봄이 올 때까지 휴지기로 남아 있다.

---

dot
[dɑt]

동 점을 찍다, 산재하다
dot the landscape 도처에 산재하다
boats dotting the lake 호수에 산재되어 있는 보트들

---

erupt
[irΛpt]

图 분출하다
eruption 图 분출, 폭발
The volcano erupted with tremendous force.
화산이 엄청난 화력으로 분출했다.
A serious dispute has erupted among the members of the team.
심각한 분쟁이 그 팀의 구성원들 사이에서 터졌다.

eternal
[itə́:rnəl]

图 영원한 = everlasting, immortal
eternity 图 긴 시간, 영원
eternal life 영생
the eternal arguments between mother and son
엄마와 아들 사이의 영원한 논쟁

evaporate
[ivǽpərèit]

图 증발하다, 사라지다
evaporation 图 증발
The sun evaporates moisture on the leaves.
태양이 나뭇잎의 수분을 증발시키고 있다.
The opportunity evaporated before he could act on it.
그가 손을 쓰기 전에 기회가 사라져버렸다.

evoke
[ivóuk]

图 불러일으키다
evoke evil spirits 악령을 불러일으키다
The old house evoked memories of his childhood.
그 낡은 집이 그의 어린 시절 기억을 떠오르게 했다.

indubitable
[indjú:bətəbəl]

图 확실한 = certain, inarguable
the indubitable fact 확실한 사실
indubitable proof 확실한 증거

induce
[indjú:s]

图 권유하다, 유도하다, 야기하다, 일으키다
= prompt, invoke
inducer 图 권유자
induce people to eat more fruit
사람들에게 더 많은 과일을 먹도록 유도하다
Her illness was induced by overwork.
그녀의 병은 과로에서 왔다.

indulge
[indΛldʒ]

图 충족시키다, 채우다
indulgence 图 탐닉
indulge a person's every whim 남의 변덕을 다 받아주다
I'm going to indulge myself and eat whatever I want to eat.
나는 내 맘대로 뭐든 먹고 싶은 것은 다 먹을 거야.

inevitable
[inévitəbəl]

형 불가피한, 필수적인
inevitably 튀 불가피하게
A further escalation of the crisis now seems inevitable.
위기의 심화는 현재 불가피해 보인다.
Getting wet is inevitable if you are going to try to give your dog a bath.
개를 목욕시키려고 한다면 물에 젖는 것은 불가피하다.

infectious
[infékʃəs]

형 전염되는   = epidemic, contagious, spreading
infection 명 전염
infectious disease 전염병
She has an infectious grin. 그녀는 전염성 있는 미소를 가졌다.

miscellaneous
[mìsəléiniəs]

형 이것저것 다양한
a miscellaneous collection of tools 잡다한 도구 모음
The bottom of the drawer was always a miscellaneous accumulation of odds and ends.
서랍의 바닥에는 늘 이런저런 잡동사니들이 있었다.

mischief
[místʃif]

명 장난, 나쁜 짓
Jimmy's eyes were bright with mischief.
Jimmy의 눈은 장난기로 빛났다.
It's hard to keep him out of mischief.
그가 나쁜 짓을 못하게 하기는 어렵다.

outrageous
[autréidʒəs]

형 터무니없는
outrageously 튀 터무니없이
outrageous prices 터무니없는 가격
It's outrageous that the poor should pay such high taxes.
가난한 사람들이 그렇게 높은 세금을 내야 하는 것은 터무니없다.

overlook
[òuvərlúk]

동 간과하다, 눈감아주다
overlook a small detail 작은 세부사항을 간과하다
The detective overlooked an important clue.
탐정이 중요한 단서를 간과했다.

Quiz 4 By 6 months, infants are quite good at distinguishing among human faces. Pascalis, de Haan and Nelson first presented infants with pairs of identical faces and then presented pairs that included the face from the preceding pair and a new one. Infants looked longer at the novel face in the second pair, indicating that they <perceived / overlooked> the difference between the novel face and the original one.   2010 고2학평

overshadow
[òuvərʃǽdou]

동 ~보다 뛰어나다, ~을 무색하게 하다
For years he overshadowed his younger brother.
몇 해 동안 그는 그의 동생보다 뛰어났다.
Her interest in politics began to overshadow her desire to be a painter.
그녀의 정치에 대한 관심이 화가가 되겠다는 의지를 앞지르기 시작했다.

persistent
[pəːrsístənt]

형 끈질긴
persistently 부 끈덕지게   persistence 명 끈기, 집요함
a persistent cough 끊임없는 기침
She has been persistent in pursuing the job.
그 일에 대한 그녀의 집념은 계속되었다.

personnel
[pəːrsənél]

명 직원   = manpower, staff, workforce
doctors and other medical personnel 의사들과 다른 의료 직원들
They've reduced the number of personnel working on the project.
그들은 그 프로젝트를 진행하는 직원의 수를 줄였다.

pervade
[pərvéid]

동 널리 퍼지다
pervasive 형 만연하는, 널리 미치는
Spicy smells pervaded the whole house.
양념 냄새가 온 집안에 퍼졌다.
A feeling of great sadness pervades the film.
깊은 슬픔의 감정이 그 영화에 퍼져있었다.

pitfall
[pítfɔːl]

명 함정, 위험
the pitfalls associated with the purchase of a used car
중고차를 구입하는 데 얽힌 위험요소들
She was well aware of the potential pitfalls of running a business.
그녀는 사업체를 운영하는 일의 잠재적 위험을 잘 알고 있었다.

rage
[reidʒ]

명 분노 동 몹시 화를 내다
tears of rage and frustration 분노와 좌절의 눈물
She raged about the injustice of their decision.
그녀는 그들의 결정에 대한 부당함에 대해 분노했다.

raid
[reid]

명 급습, 기습
launch a raid against the enemy 적을 급습하다
an air raid warning siren 공습경보 사이렌

rationale
[rǽʃənǽl]

명 근거

the rationale for this approach to teaching reading
읽기를 가르치는 데 있어서 이 접근법의 근거

The rationale behind the changes is not at all evident.
그 변화의 근거는 전혀 명백하지가 않다.

tuck
[tʌk]

동 밀어 넣다, 끼워 넣다

tuck the laces inside 레이스를 밀어 넣다

The sheets were tucked tightly under the mattress.
시트가 매트리스 아래로 단단히 밀려들어가 있었다.

A 우리말은 영어로, 영어는 우리말로 쓰시오.

1. 할당하다	_____	11. dormant	_____
2. 후손, 자손	_____	12. compulsive	_____
3. 악화되다	_____	13. infectious	_____
4. 영원한	_____	14. indulge	_____
5. 완화하다	_____	15. mischief	_____
6. 잘 맞는, 호환되는	_____	16. comprehensive	_____
7. 불가피한, 필수적인	_____	17. pervade	_____
8. 증발하다, 사라지다	_____	18. comply	_____
9. 경멸하다	_____	19. tuck	_____
10. 멀어지게 하다	_____	20. erupt	_____

B 빈칸에 알맞은 말을 고르시오.

alternative	overshadowed	pervaded	raged

1. Can you suggest an _____?
2. For years he _____ his younger brother.
3. She _____ about the injustice of their decision.
4. Spicy smells _____ the whole house.

C 괄호 안에서 문맥에 맞는 말을 고르시오.

1. The old house <evoked / provoked> memories of his childhood.
2. She's known for her wild hairdos and <outdated / outrageous> costumes.
3. Numerous typos in the text <attract / detract> the reader's attention from the novel's plot.
4. Her illness was <induced / reduced> by overwork.

DAY 41

adjacent
[ədʒéisənt]

형 인접한, 가까운　= neighboring
the building adjacent to the library 도서관에 인접한 그 건물
Her house is adjacent to a wooded park.
그녀의 집은 숲이 우거진 공원에 접해있다.

altruism
[ǽltru:ìzm]

명 이타주의
altruistic 형 이타적인
work in developing countries out of altruism
이타주의로 후진국에서 봉사하다
under the cover of altruism and democracy
이타주의와 민주주의를 빙자하여

> **Quiz 1** From the twelve million articles on Wikipedia to the millions of free secondhand goods offered on websites, we are discovering that money is not the only motivator. <Altruism / Selfishness> has always existed, but the Web gives it a platform where the actions of individuals can have global impact. 2012 모평

ambiguous
[æmbíɡjuəs]

형 모호한　= obscure　↔ clear, obvious 분명한
ambiguity 명 모호함
His role in the affair is ambiguous.
그 일에서 그의 역할이 모호하다.
The Mona Lisa herself is famed for her ambiguous half-smile.
모나리자 자체가 자신의 반쯤 웃는 모호한 미소로 유명하다.

ambivalent
[æmbívələnt]

형 양면성이 있는, 확신이 서지 않는
Neil's response was ambivalent.
Neil의 반응은 양면성이 있었다.
We are both somewhat ambivalent about having a child.
우리는 둘 다 아이를 갖는 것에 대해 확신이 서지 않는다.

amoral
[eimɔ́:rəl]

형 도덕관념이 없는
a completely amoral person 도덕관념이 전혀 없는 사람
He is an amoral, selfish person pursuing his own goals.
그는 자신의 목표만을 추구하는 도덕관념이 없는 이기적인 사람이다.

conducive
[kəndjúːsiv]

형 도움이 되는 ↔ unhelpful 도움이 안 되는
an environment conducive to learning
학습을 하는 데 도움이 되는 환경
The noisy environment of the dorms was not very conducive to studying.
기숙사의 시끄러운 환경은 공부하는 데 그리 효과적이지 못했다.

confidential
[kànfidénʃəl]

형 기밀의
confidentiality 명 기밀성, 비밀성
a confidential government report 정부 기밀 보고서
Doctors are required to keep patients' records completely confidential.
의사들은 환자의 정보를 완전히 기밀로 유지해야 한다.

conform
[kənfɔ́ːrm]

동 순응하다
conformity 명 적합, 일치
people who do not conform to traditional standards of behaviour 전통적인 행동의 표준을 따르지 않는 사람들
Most teenagers feel pressure to conform.
대부분의 청소년들은 순응하라는 압박을 받는다고 느낀다.

deviate
[díːvièit]

동 벗어나다, 일탈하다
deviance 명 일탈   deviation 명 벗어남, 일탈
deviate too much from the script 대본에서 너무 많이 벗어나다
The plane had to deviate from its normal flight path.
비행기는 그 정상 비행 항로에서 벗어나야 했다.

dilute
[dilúːt]

형 희석된 동 약화시키다, 희석시키다
a dilute solution 묽은 용액
Dilute the paint with a little oil.
약간의 기름으로 물감을 묽게 해라.

diminish
[dimíniʃ]

동 줄다, 줄이다
The intensity of the sound diminished gradually.
소리의 강도가 점차 줄었다.
These drugs diminish blood flow to the brain.
이 약들은 뇌로 향하는 혈액을 흐름을 줄인다.

discard
[diskáːrd]

동 버리다   = ditch, dump
a pile of discarded tires 버려진 타이어들의 더미
Remove the seeds from the melon and discard them.
멜론의 씨를 빼서 버려라.

exceed
[iksíːd]

동 초과하다, 넘다

exceedingly **부** 대단히, 엄청나게　**excess** **형** 여분의 **명** 초과

The cost must not exceed 100 dollars.
비용이 100달러를 넘으면 안 된다.

His performance exceeded our expectations.
그의 공연은 우리의 기대를 넘어섰다.

> **Quiz 2** For the first time in two decades, domestic productions <exceeded / maximized> Hollywood imports at the Japanese box office in 2006. 2012 고3학평

exemplify
[igzémpləfài]

동 구현하다, 예증하다

His works exemplify the taste of the period.
그의 작품들은 당대의 취향을 잘 보여준다.

Problems are exemplified in the report.
문제점들이 보고서에 예로 나와있다.

formulate
[fɔ́ːrmjəlèit]

동 만들어내다

formulation **명** 공식, 명확한 설명

a plastic specially formulated to resist high temperatures
특별히 고온에 견디도록 만들어진 플라스틱

Darwin formulated the theory of natural selection.
다윈은 자연 도태[선택] 이론을 만들어냈다.

infer
[infə́ːr]

동 1 의미하다 2 추론하다

inference **명** 추론

Are you inferring that I'm wrong?
너는 내가 틀렸다는 뜻이니?

A lot can be inferred from these statistics.
이런 통계로부터 많은 것이 추론될 수 있다.

inflame
[infléim]

동 자극하다, 악화시키다

inflamed **형** 염증성의

ideas that inflame the imagination 상상력을 자극하는 아이디어

His comments have inflamed an already tense situation.
그의 코멘트가 이미 긴장되어 있던 상황을 악화시켰다.

inflate
[infléit]

동 부풀리다, 우쭐하게 하다

inflation **명** 통화 팽창

use a pump to inflate the raft
보트에 바람을 넣기 위해 펌프를 사용하다

The success further inflated his self-confidence.
그 성공으로 그는 더욱 우쭐해졌다.

Quiz 3 Comparisons such as "He has more money than I have" or "She looks better than I look" are likely to <deflate / inflate> our self-worth. Rather than finding others who seemingly are better off, focus on the unique attributes that make you who you are.

2014 고2학평

informative
[infɔ́:rmətiv]

형 교육적인, 정보를 주는　= instructive
an informative and entertaining book 교육적이면서 재미있는 책
The documentary was entertaining and informative.
그 다큐멘터리는 재미있으면서 교육적이었다.

infrastructure
[ínfrəstrʌ̀ktʃə]

명 기반시설
lack a suitable economic infrastructure
적절한 경제 기반시설이 부족하다
We need to spend more money on maintaining and repairing infrastructure.
우리는 기반시설을 유지하고 보수하는 데 더 많은 돈을 써야 한다.

irritable
[írətəbəl]

형 짜증스러운, 신경질적인　= quick-tempered
irritation 명 안달, 초조
feel tired and irritable 지치고 짜증스럽다
My older brother is always irritable after a nap.
나의 형은 낮잠 자고 나서 신경질적이다.

manifest
[mǽnəfèst]

동 드러내다 형 뚜렷한
Both sides have manifested a stubborn unwillingness to compromise.
양측 모두 타협하고 싶지 않음을 명백히 했다.
Their sadness was manifest in their faces.
슬픔이 그들 얼굴에 역력했다.

marinate
[mǽrənèit]

동 절이다
fish marinated in olive oil, garlic and vinegar
올리브기름, 마늘, 그리고 식초에 절인 생선
marinate the chicken overnight 닭고기를 밤새 절이다

modify
[mάdəfài]

동 수정하다
modification 명 변경
modify the terms of a treaty 조약 조건을 수정하다
The design was modified to add another window.
그 설계는 또 하나의 창문을 추가하기 위해 수정되었다.

multitude
[mʌ́ltitjùːd]

圀 다수 = mass, crowd

the multitude of stars in the night sky 밤하늘의 무수한 별

I had never seen such a multitude of stars before.
나는 그렇게 많은 별을 본적이 없었다.

mutation
[mjuːtéiʃən]

圀 변형, 돌연변이

The building is a mutation of the original design.
그 건물은 원래 설계를 변형한 것이다.

The cat's short tail is the result of mutation.
그 고양이의 꼬리가 짧은 것은 돌연변이 탓이다.

natal
[néitl]

圀 출생의

her natal home 그녀가 태어난 집

Green turtles return to their natal island to breed.
초록 거북들은 알을 낳으러 그들이 태어난 섬으로 돌아간다.

plague
[pleig]

圀 괴롭히다, 고통을 주다 = torment, torture

Computer viruses plague Internet users.
컴퓨터 바이러스가 인터넷 사용자들을 괴롭히고 있다.

Financial problems continued to plague the company.
재정 문제가 그 회사를 계속 괴롭혔다.

plateau
[plætóu]

圀 고원, 정점

a plateau covering hundreds of miles 수백 마일 펼쳐진 고원

Inflation rates have reached a plateau.
인플레이션이 정점을 찍었다.

polarity
[poulǽrəti]

圀 양극성

polar 圀 극지의

the polarity of the candidates' views on the issue
그 문제에 대한 후보자들의 관점의 양극성

the polarity between the intellect and the emotions
지력과 감정 사이의 양극성

potent
[póutənt]

圀 유력한, 강한

potential 圀 가능성 圀 잠재적인　potentially 圀 잠재적으로
potent drugs 강력한 약

a potent ruler 강력한 지도자

readily
[rédəli]

圀 쉽게, 선뜻, 서슴없이 = soon, willingly

ready 圀 준비된

The information is readily accessible on the Internet.
정보는 인터넷으로 쉽게 접할 수 있다.

He readily agreed to help us.
그는 우리를 돕겠다고 선뜻 동의했다.

realm
[relm]

명 영역, 범위　= area, domain
the spiritual realm 영적인 영역
new discoveries in the realm of medicine
의료계에서의 새로운 발견들

reckless
[réklis]

형 무모한
recklessly 부 무모하게
cause death by reckless driving 무모한 운전으로 사망을 유발하다
He is a wild and reckless young man.
그는 거칠고 무모한 청년이다.

reclaim
[rikléim]

명 되찾다, 재활용하다
She reclaimed the title of world champion this year.
그녀는 올해 세계 챔피언 타이틀을 되찾았다.

This land will be reclaimed for a new airport.
이 땅은 새 공항으로 재활용될 것이다.

recoil
[rikɔ́il]

동 움찔하다
recoil in horror 공포에 움찔 물러서다
He recoiled from her touch.
그녀가 툭 치자 그가 움찔했다.

sacrifice
[sǽkrəfàis]

명 희생 동 희생하다
The war required much sacrifice from everyone.
그 전쟁은 모두로부터 많은 희생을 요구했다.

He sacrificed a promising career to look after his kids.
그는 그의 아이들을 돌보려고 전도유망한 직업을 희생했다.

underlie
[ʌ̀ndərlái]

동 ~의 기저를 이루다
underlying 형 기초가 되는, 근원적인
the one basic principle that underlies all of the party's policies
그 당의 모든 정책의 기저를 이루는 하나의 기본 원칙

A tile floor underlies the rug.
타일 바닥이 양탄자 밑에 깔려있다.

undermine
[ʌ̀ndərmáin]

동 약화시키다
undermine a foundation 기반을 약화하다
The constant criticism was beginning to undermine her confidence.
지속적인 비평은 그녀의 자신감을 약화시켰다.

Through our ears we gain access to vibration, which <underlies / undermines> everything around us. The sense of tone and music in another's voice gives us an enormous amount of information about that person, about her stance toward life, about her intentions.

2015 수능

underpin
[Ándərpín]

동 **지지하다** = support, uphold

a wall underpinned by metal beams
금속 기둥으로 지지대를 댄 벽

the theories that underpin his teaching method
그의 교수법을 지지하는 이론들

Quiz 정답

1   Altruism, Wikipedia에 있는 천 이백만 건의 기사에서부터 웹사이트에서 제공되는 수백만 개의 무료 중고품에 이르기까지, 우리는 돈이 유일한 동기 부여 요인이 아님을 발견하고 있다. 이타주의는 항상 존재해 왔지만, 웹은 거기에 개인의 행동이 세계적인 영향을 미칠 수 있는 발판을 제공한다. 어떤 면에서, 무비용 분배는 나눔을 산업으로 바꿔놓았다.

2   exceeded, 20년 만에 처음으로 2006년도에 흥행수입에 있어 일본의 국내 제작 영화가 할리우드 수입 영화를 넘어섰다.

3   deflate, "그는 나보다 돈이 많아" 또는 "그녀는 나보다 예뻐"와 같은 비교는 우리 스스로 생각하는 자신의 가치를 하락시킬 수 있다. 우리보다 나아보이는 사람들을 발견하기보다는 지금 자신이 있게 한 그 독특한 특징에 집중하라.

4   underlies, 귀를 통해서 우리는 우리 주변에 있는 모든 것의 근저에 있는 진동에 접근하게 된다. 상대방의 음성의 어조와 음악적 음향을 감지하는 것은 그 사람에 대해, 그 사람의 삶에 대한 태도에 대해, 그 사람의 의향에 대해 엄청난 양의 정보를 우리에게 준다.

A 우리말은 영어로, 영어는 우리말로 쓰시오.

1. 모호한 _____
2. 순응하다 _____
3. 버리다 _____
4. 변형, 돌연변이 _____
5. 지지하다 _____
6. 인접한, 가까운 _____
7. 교육적인, 정보를 주는 _____
8. 벗어나다, 일탈하다 _____
9. 기반시설 _____
10. 무모한 _____

11. confidential _____
12. plague _____
13. potent _____
14. undermine _____
15. conducive _____
16. diminish _____
17. recoil _____
18. underlie _____
19. inflame _____
20. realm _____

B 빈칸에 알맞은 말을 고르시오.

manifest	modified	plateau	readily

1. Inflation rates have reached a _____.
2. He _____ agreed to help us.
3. Their sadness was _____ in their faces.
4. The design was _____ to add another window.

C 괄호 안에서 문맥에 맞는 말을 고르시오.

1. <Delete / Dilute> the paint with a little oil.
2. The success further <deflated / inflated> his self-confidence.
3. A lot can be <inferred / transferred> from these statistics.
4. He <formalize / formulated> a plan to improve the team's performance.

abandon
[əbǽndən]

동 버리다, 포기하다
abandoned 형 버림받은
That house was abandoned years ago.
그 집은 몇 년 전에 버려졌다.

How could she abandon her own child?
그 여자는 어떻게 자신의 아기를 버릴 수 있었을까?

Quiz 1 Some linguists thought that some "primitive" languages were intermediate between animal languages and civilized ones. They <adopted / abandoned> this idea when they discovered that grammatical rules varied in complexity independently of social development. 2011 고3학평

anatomy
[ənǽtəmi]

명 해부, 해부학
human anatomy 인체 해부학
the department of anatomy and physiology 해부 및 생리학과

anecdote
[ǽnikdòut]

명 일화 = story, tale
anecdotal 형 일화의
amusing anecdotes about his life in Peru
재미있는 그의 페루 생활 일화들

He told us all sorts of humorous anecdotes about his childhood.
그는 우리에게 온갖 그의 어릴 적 재미있는 일화들을 말해줬다.

considerate
[kənsídərit]

형 동정심 많은, 사려 깊은 = attentive, thoughtful, kind
It was very considerate of you to include me.
저를 포함해 주시다니 참 사려 깊으시네요.

She was always kind and considerate.
그녀는 언제나 친절하고 사려 깊었다.

Quiz 2 Learning Korean may be difficult for English speakers because in Korean, unlike in English, <considerable / considerate> differences exist in both grammar and vocabulary depending on the relationship between the two people involved.

2006 모평

console
[kənsóul]

동 위로하다 = soothe
consolation 명 위로
Jimmy was crying and she could do nothing to console him.
Jimmy는 울고 있었는데 그녀는 그를 위로하기 위해 아무것도 할 수 없었다.

No one could console them when John died.
John이 사망했을 때 누구도 그들을 위로할 수 없었다.

constitute
[kánstətjù:t]

동 구성하다, ~이 되다 = compose, comprise, form
Nine players constitute a baseball team.
아홉 명의 선수가 하나의 야구팀을 구성한다.

The rise in crime constitutes a threat to society.
범죄의 증가는 사회에 위협이 된다.

discern
[disə́:rn]

동 분별하다, 식별하다
discernible 형 식별할 수 있는
discern a strange odor 이상한 냄새를 식별하다
The reasons behind this sudden change are difficult to discern.
이 갑작스런 변화의 원인은 분간하기 어렵다.

discipline
[dísəplin]

명 규율, 훈육 동 처벌하다
The book gives parents advice on discipline.
그 책은 부모들에게 훈육에 관한 조언을 준다.

She was disciplined for misbehaving in class.
그녀는 수업 중에 잘못 행동한 것에 대해 처벌 받았다.

disguise
[disgáiz]

명 위장, 변장 동 위장하다, 숨기다
'Tax reform' is just a tax increase in disguise.
'세금 개혁'은 변장한 세금 인상일 뿐이다.

He disguised himself as a waiter and sneaked in there.
그는 웨이터로 위장해 거기로 몰래 들어갔다.

disgust
[disgʌ́st]

동 혐오감을 느끼게 하다 명 혐오감
The photographs disgust some people.
그 사진은 몇몇 사람들은 혐오감을 느낀다.

He eyed the greasy food with disgust.
그는 그 기름진 음식을 혐오스러운 눈으로 봤다.

drawback
[dró:bæk]

명 단점, 결점 = downside, disadvantage, handicap
The trip sounds great, but cost is a major drawback.
그 여행은 멋진 것 같지만 비용이 최대 단점이다.

This plan has a few drawbacks.
이 계획은 몇 가지 결점이 있다.

exert
[igzə́:rt]

동 (힘을) 가하다, 발휘하다 = apply, exercise, wield
exert considerable influence 대단한 영향력을 행사하다
He had to exert all of his strength to move the stone.
그는 그 돌을 움직이기 위해 온 힘을 다 써야했다.

expel
[ikspél]

동 추방하다 = kick out
expel members who do not follow the rules
규칙을 지키지 않는 회원들을 추방하다
He was expelled from school for bad behavior.
그는 못된 행동 때문에 학교에서 정학 당했다.

ingenuity
[ìndʒənjú:əti]

명 창의력, 재간 = creativeness, imagination
She showed amazing ingenuity in finding ways to cut costs.
그녀는 비용 절감 방법을 찾는데 놀라운 재간을 보였다.
It will take considerable ingenuity to fix these problems.
이 문제들을 해결하는 데는 상당한 창의력이 필요할 것이다.

inherent
[inhíərənt]

형 선천적인, 내재적인
inherently 부 본질적으로
The design of the building had inherent weaknesses.
그 건물 설계에는 근본적인 약점이 있다.
Every business has its own inherent risks.
모든 사업은 그 자체의 내재적 위험을 가지고 있다.

inhibit
[inhíbit]

동 억제하다, 저해하다 = clog, hinder
inhibition 명 억제
drugs that are used to inhibit infection
감염을 막기 위해 사용되는 약
Strict laws are inhibiting economic growth.
엄격한 법들이 경제 성장을 저해하고 있다.

initiate
[iníʃièit]

동 시작하다, 착수하다 = begin, start
initiate a debate on terrorism 테러리즘에 관한 토론을 시작하다
Doctors have initiated a series of tests to determine the cause of the problem.
의사들은 그 문제의 원인을 결론내리기 위해 일련의 시험을 실시했다.

innate
[inéit]

형 타고난 = intrinsic, native, natural
innate sense of justice 타고난 정의감
She has an innate sense of rhythm.
그녀는 타고난 리듬감이 있다.

maneuver
[mənúːvər]

图 기동시키다, 교묘히 다루다
= manage, handle, manipulate
The vehicle easily maneuvered through rocky terrain.
그 자동차는 산악 지형을 쉽게 이리저리 다녔다.
She maneuvered her car into the tiny garage.
그녀는 작은 차고 안으로 차를 교묘히 넣었다.

naught
[nɔːt]

圐 제로, 영
come to naught 실패로 끝나다
Our efforts came to naught in the end.
우리의 노력은 결국 허사로 끝났다.

niche
[nitʃ]

圐 틈새, 적소
He spotted a niche in the market. 그는 틈새시장을 찾아냈다.
She finally found her niche as a teacher.
그녀는 마침내 교사로서 자신의 역할을 찾아냈다.

nimble
[nímbəl]

圀 민첩한, 날렵한 = quick, smart
a nimble climber 민첩한 산악인
Her nimble fingers make knitting look so easy.
그녀의 민첩한 손놀림이 뜨개질을 쉬워보이게 한다.

offspring
[ɔ́ːfspriŋ]

圐 자녀, 자식
conflicts between parents and offspring
부모의 자식들 간의 갈등
The disease can be transmitted from parent to offspring.
그 질병은 부모로부터 자식에게 전염될 수 있다.

premonition
[prìmouníʃən]

圐 예고, 예감
a premonition that she is in danger
그녀가 위험에 처해 있다는 예감
She had a premonition that he would call.
그녀는 그가 전화를 할 것이라는 예감이 있었다.

prestigious
[prestídʒiəs]

圀 권위 있는
prestige 圐 명성, 위세
a prestigious literary award 권위 있는 문학상
a highly prestigious university 매우 권위 있는 대학

prevail
[privéil]

图 만연하다, 이기다
prevailing 圀 우세한 prevalent 圀 널리 알려진
the style that prevailed in the 1980s
1980년대에 유행했던 스타일
Justice will prevail.
정의는 승리한다.

reconciliation
[rèkənsìliéiʃən]

명 화해
reconciliate 동 화해시키다
He contacted us in hopes of a reconciliation.
그는 화해하고자 하는 희망으로 우리에게 연락했다.
The meeting achieved a reconciliation between the groups.
그 회의로 두 단체는 화해를 이뤘다.

recur
[rikə́:r]

동 반복되다
recurrence 명 재발
The cancer recurred.
암이 재발했다.
The same problem keeps recurring.
같은 문제가 계속 반복되고 있다.

refined
[rifáind]

형 세련된, 정제된   = advanced
refine 동 정제하다
a refined way of speaking 정제된 화법
refined and elegant works of art 정제되고 우아한 미술 작품

refrain
[rifréin]

동 삼가다
refrain from having dessert 디저트 먹는 것을 삼가다
Please refrain from smoking in this area.
제발 이 지역에서 흡연을 삼가주세요.

refuge
[réfju:dʒ]

명 피난, 피난소, 보호구역
refugee 명 피난자
During the frequent air-raids, people took refuge in their cellars.
공습이 빈번할 때 사람들은 그들의 지하실로 피난했다.
Hunting is strictly forbidden in the wildlife refuge.
야생동물 보호구역에서는 사냥이 엄격히 금지된다.

seasoned
[sí:znd]

형 경험이 많은
a seasoned actor 베테랑 배우
a seasoned traveller 경험 많은 여행객

setback
[sétbæk]

명 좌절, 실패
The April elections were a major setback for the party.
4월 선거는 그 당의 큰 좌절이었다.
Falling share prices may be another setback for the troubled economy.
떨어지는 주가는 어려운 경제에 또 하나의 저해 요인인지도 모른다.

shred
[ʃred]

동 갈가리 찢다　= rip, tear, tatter
be made with shredded cabbage 잘게 썬 양배추로 만들어지다
Shred the cabbage and add it to the salad.
양배추를 잘게 썰어 샐러드에 섞어라.

혼동어휘 **shrewd** 형 예리한, 통찰력이 있는
Neil is a shrewd businessman.
Neil은 통찰력이 있는 사업가이다.

tense
[tens]

형 긴장된
tension 명 긴장
Neil spoke, eager to break the tense silence.
Neil은 긴장감으로 팽팽한 침묵을 깨고자 말을 했다.
It was a tense meeting.
긴장감이 감도는 회의였다.

terminal
[tə́:rmənəl]

형 가망이 없는, 구제불능의
terminal illness 불치병
She was diagnosed with terminal cancer.
그녀는 말기 암 진단을 받았다.

testimony
[téstəmòuni]

명 증언
be accused of false testimony 위증으로 기소당하다
There were contradictions in her testimony.
그녀의 증언에는 모순이 있었다.

thrifty
[θrífti]

형 검소한, 절약하는　= economical, frugal
hardworking, thrifty people 근면하고 검소한 사람들
be thrifty with one's money 돈을 절약하다

ubiquitous
[juːbíkwətəs]

형 어디에나 있는　= common, usual
Coffee shops are ubiquitous these days.
요즘은 커피숍이 어디에나 있다.
The company's advertisements are ubiquitous.
그 회사의 광고가 도처에 퍼져있다.

uphold
[ʌphóuld]

동 지지하다, 옹호하다　= defend, support
uphold the rights of small nations 작은 국가들의 권리를 지지하다
He took an oath to uphold the Constitution.
그는 헌법을 지지하겠다는 맹세를 했다.

vex
[veks]

동 짜증나게 하다 = annoy, bother, bug
a headache vexed him all day 두통이 하루 종일 그를 괴롭혔다
We were vexed by the delay.
우리는 연착에 짜증이 났다.

yearn
[jəːrn]

동 갈망하다
yearn for more meaningful work 보다 의미 있는 일을 갈망하다
Phil had yearned to be a pilot from an early age.
Phil은 어릴 때부터 파일럿이 되기를 갈망했다.

A 우리말은 영어로, 영어는 우리말로 쓰시오.

1. 해부, 해부학	_____	11. console	_____
2. 분별하다, 식별하다	_____	12. drawback	_____
3. 선천적인, 내재적인	_____	13. recur	_____
4. 삼가다	_____	14. ubiquitous	_____
5. 증언	_____	15. expel	_____
6. 시작하다, 착수하다	_____	16. constitute	_____
7. 화해	_____	17. ingenuity	_____
8. 검소한, 절약하는	_____	18. refined	_____
9. 억제하다, 저해하다	_____	19. shred	_____
10. 버리다, 포기하다	_____	20. anecdote	_____

B 빈칸에 알맞은 말을 고르시오.

discipline	innate	prevail	terminal

1. She has an _____ sense of rhythm.
2. The book gives parents advice on _____.
3. Justice will _____.
4. She was diagnosed with _____ cancer.

C 괄호 안에서 문맥에 맞는 말을 고르시오.

1. She finally found her <niche / notch> as a teacher.
2. She had a <admonition / premonition> that he would call.
3. He took an oath to <uphold / withhold> the Constitution.
4. Her <nimble / numb> fingers make knitting look so easy.

DAY 43

anthropology
[æ̀nθrəpɑ́lədʒ]

몡 **인류학**
anthropologist 몡 인류학자
continue one's research in anthropology
인류학 연구를 계속하다
change subjects from history to anthropology
과목을 역사에서 인류학으로 바꾸다

arbitrary
[ɑ́:rbitrèri]

혱 **자의적인, 임의의** = dictatorial, willful
an arbitrary **decision** 임의적인 결정
The selection of the 100 participants was completely
arbitrary.
100명의 참가자 선별은 완전히 임의적이었다.

archaeological
[ɑ̀:rkiəlɑ́dʒikəl]

혱 **고고학의**
archaeologist 몡 고고학자
undated archaeological **remains** 연대를 알 수 없는 고고학 유물
an archaeological **site** 고고학 발굴 현장

arouse
[əráuz]

툉 **(관심이나 흥미를) 유발하다**
arousal 몡 각성
The report aroused a great deal of public interest.
그 보고서는 엄청난 대중의 관심을 유발했다.

Joe's behavior was arousing the interest of the neighbors.
Joe의 행동은 이웃의 관심을 유발하고 있었다.

assassin
[əsǽsin]

몡 **자객, 암살자**
assassinate 툉 ~을 암살하다
be shot down by an unknown assassin
신원 불명의 암살자에게 저격당하다

John Wilkes Booth was the assassin of Abraham Lincoln.
John Wilkes Booth는 아브라함 링컨을 암살한 사람이었다.

contagious
[kəntéidʒəs]

혱 **접촉 전염성의** = transmissible, transmittable
contagion 몡 접촉 전염
a highly contagious **virus** 접촉 전염성이 매우 높은 바이러스
The patient is still highly contagious.
그 환자는 아직 접촉 전염성이 매우 높다.

contaminate
[kəntǽmənèit]

동 불순하게 하다, 오염시키다

Be careful not to allow bacteria to contaminate the wound.
박테리아가 상처를 감염시키지 않도록 조심해라.

Make sure the white paint is not contaminated by any of the other colors.
하얀 물감이 다른 어떤 색과도 섞이지 않도록 해라.

Quiz 1 One particular Korean kite is the rectangular "shield kite," which has a unique hole at its center. This hole helps the kite fly fast regardless of the wind speed by <concentrating / contaminating> the wind on days when the wind is light, and letting it pass through when the wind is blowing hard. 2006 수능

---

contract
[kántrækt]

동 1 수축하다 2 (병에) 걸리다 3 계약하다
contraction 명 수축
contract pneumonia 폐렴에 걸리다

Metal contracts as it cools.
금속은 식으면서 수축한다.

They are contracted to work 35 hours a week.
그들은 주당 35시간 근무하기로 계약되었다.

---

contradict
[kàntrədíkt]

동 1 모순되다 2 반박하다
contradiction 명 반박, 반대되는 말
contradict testimony 증언에 반박하다

The witness statements contradict each other.
그 증인의 진술들은 서로 모순된다.

---

contrive
[kəntráiv]

동 고안하다, 발명하다   = concoct, construct, invent
contrive ways of handling the situation
그 상황에 대처할 방법을 고안하다

The prisoners contrived a way to escape.
수감자들은 탈옥의 방법을 생각해냈다.

---

disperse
[dispə́:rs]

동 흩어지게 하다, 흩어지다   = scatter
dispersal 명 분산, 확산
Police dispersed the crowd. 경찰들이 군중을 흩어지게 했다.
The crowd dispersed once the show ended.
군중은 쇼가 끝나자 흩어졌다.

---

dispirited
[dispíritid]

형 낙담한, 의기소침한
He is dispirited by the loss of his job.
그는 직업을 잃고 의기소침해 있다.

At last, dispirited and weary, they gave up the search.
결국, 의기소침하고 지쳐서, 그들은 수색을 포기했다.

disposable
[dispóuzəbl]

형 일회용의, 사용가능한
disposal 명 처분, 처리
disposable chopsticks 일회용 젓가락
disposable resources 사용가능한 자원

dreary
[dríəri]

형 음울한 = bleak, cheerless
struggle through dreary economic times
암울한 경제적인 시기를 힘겹게 헤쳐 나가다

It was a gray, dreary morning.
흐리고 음울한 아침이었다.

dwindle
[dwíndl]

동 줄어들다 = abate, deplete, diminish
The town's population is dwindling away.
그 마을의 인구는 줄어들고 있다.

The monkey population is dwindling.
원숭이 개체수가 줄어들고 있다.

inspection
[inspékʃən]

명 조사, 점검
inspector 명 조사관, 감독관
An inspection was carried out at the school.
학교에서 감사가 진행되었다.

All countries must allow international inspection of their
nuclear weapons sites.
모든 나라들은 핵무기 구역에 대한 국제 시찰을 허용해야 한다.

intact
[intǽkt]

형 손상되지 않은
The house survived the war intact.
그 집은 전쟁 후에도 손상되지 않고 남았다.

His image as party leader has survived the crisis intact.
당의 지도자로서 그의 이미지는 손상되지 않고 위기를 이겨냈다.

probe
[proub]

동 조사하다 = investigate, delve into
probation 명 심사, 검정
the police probing into his past 그의 과거를 조사하는 경찰들
The doctor probed the wound with his finger.
의사는 그의 손가락으로 상처를 조사했다.

proficient
[prəfíʃənt]

형 능숙한 = skillful
proficiency 명 숙달, 숙련
be proficient in three foreign languages 3개 외국어에 능숙하다
He has become very proficient at computer programming.
그는 컴퓨터 프로그래밍에 능숙해졌다.

prohibit
[prouhíbit]

통 금지하다, 방해하다 = ban, bar
prohibition 명 금지
The prison's electric fence prohibits escape.
전기가 흐르는 감옥의 담장은 탈옥을 막는다.
Smoking is strictly prohibited inside the building.
흡연은 이 건물 내에서 엄격하게 금지된다.

Quiz 2 **Some families work better together if there is a set of house rules. These <prohibit / prescribe> the expectations for behaviors and guidelines for the family to live together as a group.** 2011 고3학평

prolific
[proulífik]

형 다작의, 다산의 = productive, fertile
a prolific composer 다작의 작곡가
her prolific imagination 풍부한 상상력

refute
[rifjúːt]

통 반박하다, 부정하다 = contradict
↔ acknowledge, admit 인정하다
refutation 명 반박
refute the allegations 혐의를 부정하다
The lawyer refuted the testimony of the witness.
변호사는 그 증인의 증언에 반박했다.

regress
[ríːgres]

통 퇴보하다 = retrogress, return
↔ progress 앞으로 나아가다
regression 명 후퇴
The patient is regressing to a childlike state.
그 환자는 어린애 같은 상태로 퇴보했다.
Joe's speech seems to have regressed since he changed schools.
Joe의 말하는 능력은 그가 학교를 옮긴 이래로 퇴보한 것 같다.

rehabilitate
[rìːhəbílətèit]

통 회복시키다
The clinic rehabilitates drug addicts.
그 클리닉은 마약 중독자들을 재활시킨다.
The city plans to rehabilitate its slum areas.
그 도시는 빈민 구역을 회복시키려고 계획 중이다.

reign
[rein]

명 통치기간, 재임기간
during the reign of Queen Victoria 빅토리아 여왕 시대에
She was a popular ruler throughout her reign.
그녀는 재임기간 동안 인기 있는 지도자였다.

reinforce
[rìːinfɔ́ːrs]

동 강화하다
reinforcement 명 강화
reinforce the barriers with used tires 담장을 폐타이어로 강화하다
The movie reinforces negative stereotypes about the military.
그 영화는 군대에 대한 부정적 편견을 강화한다.

retrospect
[rétrəspèkt]

동 회상, 회고
retrospective 형 회고의
In retrospect, we should never have allowed that to happen.
되돌아 보건데, 우리는 그 일이 벌어지도록 하지 말았어야 한다.

In retrospect, it was a miracle that none of us fainted.
되돌아보니, 우리들 중 누구도 정신을 잃지 않은 것은 기적이었다.

Quiz 3 Her people find her cold and aloof and want her to become more consultative and involved with the team. She, however, is not willing to accept feedback about her management style and refuses to even consider the <prospect / retrospect> of changing her management style. 2010 모평

---

unanimous
[juːnǽnəməs]

형 만장일치의
unanimously 부 만장일치로
a unanimous vote to upgrade the school's computer facilities
학교의 컴퓨터 시설을 업그레이드하자는 만장일치의 투표
be decided by a unanimous vote 만장일치로 결정되다

unbearable
[ʌnbéərəbəl]

형 참을 수 없는 = insufferable, intolerable
unbearable pain 견딜 수 없는 고통
We were in an almost unbearable state of excitement.
우리는 거의 통제가 안 되는 흥분상태에 있었다.

vacancy
[véikənsi]

형 공백, 빈 방 = emptiness
vacant 형 빈
No vacancy. 빈 방 없음.
There were no vacancies at the hotel.
그 호텔에는 빈 방이 없었다.

vague
[veig]

형 모호한 = inexplicit, unclear ↔ explicit 명확한
vagueness 명 애매모호함
The instructions she left were vague and difficult to follow.
그녀가 남긴 지시는 모호하고 따르기 어려웠다.

He gave only a vague answer.
그는 모호하기만 한 대답을 했다.

---

vary
[véəri]

동 다양하다
various 형 variety 명 (인공 개량한) 품종
The cost of a room at the hotel varies with the season.
그 호텔의 방값은 계절에 따라 다르다.

Test scores vary from school to school.
시험 점수는 학교별로 다르다.

---

verdict
[və́ːrdikt]

명 결정, 평결　= resolution, decision
The jury reached a guilty verdict.
배심원들은 유죄 평결을 내렸다.

The unanimous verdict was 'guilty.'
만장일치 평결은 '유죄'였다.

---

weary
[wíəri]

형 지쳐있는　= drained, exhausted, fatigued
I need to rest my weary eyes.
나의 지친 눈에 휴식을 줘야겠다.

She was weary from years of housework.
그녀는 몇 년간의 집안일로 지쳐있었다.

---

weigh
[wei]

동 1 저울질 하다, 가늠하다 2 영향을 주다, 중요시 되다
He took time to weigh his options.
그는 그의 선택사항들을 가늠해 보는 시간을 가졌다.

Her previous experience weighs in her favor.
그녀의 이전 경험은 그녀에게 유리한 쪽으로 영향을 주고 있다.

---

withdraw
[wiðdrɔ́ː]

동 1 철회하다 2 인출하다
withdrawal 명 철수, 인출
withdraw support for a candidate 후보에 대한 지지를 철회하다
He withdrew $800 from her bank account.
그는 통장에서 800달러를 인출했다.

---

wither
[wíðər]

동 시들다　= dry, wilt
The plants withered and died.
그 화초들은 시들어 죽었다.

Public support for the bill is withering.
그 법안에 대한 대중의 지지는 시들해지고 있다.

> **Quiz 4** They remain green and can start photosynthesis as soon as the weather is warm enough in spring, before there has been time for the new season's leaves to expand and start functioning. They finally <wither / prosper> after the new leaves have taken over.　2013 모평

withhold
[wiðhóuld]

통 억제하다, 보류하다 = refuse, reject

She was accused of withholding evidence.
그녀는 증거를 공개하지 않은 것에 대해 비난받았다.

I withheld payment until they had completed the work.
나는 그들이 작업을 완료할 때까지 대금을 지불하지 않고 쥐고 있었다.

woeful
[wóufəl]

형 1 몹시 안 좋은 2 가련한, 슬픈

a woeful lack of information 아주 심각한 정보의 부족

The cat had woeful eyes.
그 고양이는 슬픈 눈을 하고 있다.

zealous
[zéləs]

형 열광적인

zeal 명 열의

a zealous preacher 열성적인 설교자

The detective was zealous in his pursuit of the kidnappers.
그 탐정은 납치범 추격에 열성적이었다.

Quiz 정답

1 concentrating, 한 가지 특별한 한국의 연은 직사각형의 '방패연'인데 그것은 중앙에 독특한 구멍을 가지고 있다. 이는 바람이 약한 날에는 바람을 모으고, 바람이 강하게 불 때는 그것이 통과해가도록 함으로써 바람의 속도에 상관없이 연을 빨리 날리도록 도와준다.

2 prescribe, 어떤 가족들은 일련의 가족 규칙이 있으면 더 잘 지낸다. 이 규칙들은 행동에 대한 기대와 가족들이 하나의 집단으로 함께 살도록 하는 지침을 규정한다.

3 prospect, 그녀의 직원들은 그녀가 차갑고 냉담하다고 느끼며, 그녀가 좀 더 상담을 해주고 팀에 관여하기를 바랄 것이다. 그러나 그녀는 자신의 경영 방식에 대한 피드백을 받아들이기를 꺼리고, 자신의 경영 방식을 바꾸는 가능성조차 고려하지 않을 것이다.

4 wither, 그것들은 푸른 상태로 남아 있다가, 새로운 계절의 잎들이 자라나와 기능을 시작할 시간이 주어지기 전인, 봄에 날씨가 충분히 따뜻해지자마자 광합성을 시작할 수 있다. 그것들은 새로운 잎들이 자라나와 자리를 잡은 후에는 마침내 시들게 된다.

A 우리말은 영어로, 영어는 우리말로 쓰시오.

1. 인류학 _____
2. 조사, 점검 _____
3. 반박하다, 부정하다 _____
4. 금지하다, 방해하다 _____
5. 만장일치의 _____
6. 손상되지 않은 _____
7. 다작의, 다산의 _____
8. 퇴보하다 _____
9. 참을 수 없는 _____
10. 자객, 암살자 _____

11. arbitrary _____
12. dispirited _____
13. proficient _____
14. dwindle _____
15. vague _____
16. disposable _____
17. weary _____
18. probe _____
19. dreary _____
20. contrive _____

B 빈칸에 알맞은 말을 고르시오.

| aroused | contradict | rehabilitates | vacancies |

1. The witness statements _____ each other.
2. The clinic _____ drug addicts.
3. The report _____ a great deal of public interest.
4. There were no _____ at the hotel.

C 괄호 안에서 문맥에 맞는 말을 고르시오.

1. The muscle expands and then <contracts / contradicts>.
2. The detective was <jealous / zealous> in his pursuit of the kidnappers.
3. The patient is still highly <contagious / contaminated>.
4. Public support for the bill is <weathering / withering>.

assertive
[əsə́:rtiv]

형 자신감 넘치는, 자기주장이 강한
assertiveness 명 단정적인
an assertive little girl 야무진 여자 아이
If you want to be a leader, you'll need to learn to be more assertive.
지도자가 되고자 한다면 당신은 보다 자신감 넘치는 모습을 배울 필요가 있다.

attentive
[əténtiv]

형 신경을 쓰는, 주의를 기울이는
attention 명 주의, 돌봄
an attentive listener 주의를 기울여 듣는 사람
an attentive audience 주의 깊게 드는 청중

attribute
[ətríbjuːt]

명 속성 동 ~의 탓으로 돌리다
attribution 명 귀속
Both candidates possess the attributes we want in a leader.
두 후보자 모두 우리가 지도자들에게 원하는 속성을 지녔다.

Neil attributed his success to his coach.
Neil은 그의 성공을 그의 코치의 덕으로 돌렸다.

aura
[ɔ́:rə]

명 기운, 분위기 = air, atmosphere
an aura of unreality and mystery 비현실적이고 신비한 기운
There is an aura of mystery about the tree.
그 나무에는 신비로운 분위기가 있다.

converge
[kənvə́:rdʒ]

동 한데 모아지다, 수렴하다
convergence 명 수렴 convergent 형 수렴하는
a station where three railway lines converge
세 개의 기찻길이 모이는 역

The two rivers converge into one here.
두 강이 여기서 하나로 만난다.

converse
[kənvə́:rs]

형 반대의
conversely 부 반대로, 역으로
a converse example 반대의 예
We must also consider the converse case.
우리는 반대의 경우도 생각해봐야 한다.

disqualify
[diskwáləfài]

동 자격을 박탈하다
He was disqualified from the competition for cheating.
그는 부정행위로 출전자격을 박탈당했다.
He was disqualified from driving.
그는 운전 자격을 박탈당했다.

disrupt
[disrʌ́pt]

동 지장을 주다, 방해하다
disruptive 형 분열시키는 disruption 명 분열
The barking dogs disrupted my sleep.
개 짖는 소리가 내 잠을 방해했다.
The weather disrupted our travel plans.
날씨가 우리의 여행 계획에 지장을 줬다.

dissolve
[dizálv]

동 용해시키다, 녹이다 = melt
dissolve sugar in water 설탕을 물에 녹이다
His kind words dissolved her sadness.
그의 친절한 말이 그녀의 슬픔을 풀어줬다.

expertise
[èkspərtíːz]

명 전문지식 = know-how
medical expertise 의료 전문지식
his expertise in legal matters 법률 관련 일에 대한 그의 전문지식

explicit
[iksplísit]

명 명쾌한, 분명한 = definite ↔ implicit 암시적인
explicitly 부 명백하게
They were given explicit instructions.
그들은 명쾌한 지시를 받았다.
Possible side effects should be made explicit.
가능성 있는 부작용이 명시되어야 한다.

exploit
[iksplɔ́it]

동 이용하다, 착취하다
exploitation 명 착취, 약탈, 개발
be exploited by the landlord 지주에게 착취당하다
Children are being exploited in these factories.
이런 공장들에서 많은 어린이들이 착취를 당하고 있다.

introspective
[ìntrəspéktiv]

형 자기 성찰적인
introspect 동 내성하다
a shy and introspective person 수줍음 많고 내성적인 사람
a sensitive, introspective nature 세심하고 내성적인 성격

invaluable
[invǽljuəbəl]

형 매우 중요한 = priceless
Your advice has been invaluable to me.
너의 충고는 내게 매우 중요했다.
Their help has been invaluable to us.
그들의 도움은 우리에게 매우 중요했다.

investigate
[invéstəgèit]

동 조사하다 = examine, probe
investigation 명 조사
investigate the incident 그 사건을 조사하다
The accident was thoroughly investigated.
그 사건은 철저하게 조사되었다.

moderate
[mάdərət]

형 알맞은, 적절한
moderately 부 적당히   moderator 명 중재자
a book of moderate length 적당한 길이의 책
Even moderate amounts of alcohol can be dangerous.
많지 않은 양의 술도 위험할 수 있다.

Quiz 2 An overweight teen may eat <greedily / moderately> while around his friends but then devour huge portions when alone.   2011 모평

---

modest
[mάdist]

형 1 적당한, 많지 않은 2 겸손한, 삼가는
a modest amount of knowledge on the subject
그 주제에 대한 적당한 정도의 지식
She's very modest about her achievements.
그녀는 자신의 성취에 매우 겸손하다.

notion
[nóuʃən]

명 개념, 관념
preconceived notions 선입관
misguided notions of male superiority
남성우월이라는 잘못 유도된 관념

prominent
[prάmənənt]

형 1 유명한 2 중요한
prominence 명 돌출, 탁월
a prominent German scientist 유명한 독일인 과학자
play a prominent part 중요한 역할을 맡다

prone
[proun]

형 ~의 경향이 있는 = apt, inclined, tending
He was prone to emotional outbursts under stress.
그는 스트레스를 받으면 감정의 발작을 일으키는 경향이 있었다.
Kids are all prone to eat junk food.
아이들은 누구나 정크 푸드를 먹기 좋아한다.

Quiz 3 Anxiety also sabotages academic performance of all kinds: 126 different studies of more than 36,000 people found that the more <prone / resistant> to anxieties a person is, the poorer his or her academic performance is. 2013 수능

prophecy
[prάfəsi]

명 예언   = foretelling, predicting
prophetic 형 예언적인
rosy prophecy 장밋빛 예언
His prophecy that she would one day be a star came true.
그녀가 언젠가 스타가 될 것이라는 그의 예언은 실현되었다.

rejoice
[ridʒɔ́is]

동 기뻐하다
rejoicingly 부 기뻐하여
rejoice over the good news 희소식을 듣고 기뻐하다
We all rejoiced over our friend's good luck.
우리는 모두 우리 친구의 행운에 기뻐했다.

relentless
[riléntlis]

형 가차 없는, 혹독한
relentlessly 부 가차 없이
relentless criticism 혹독한 비평
his relentless determination to succeed
그의 가차 없는 성공에의 결의

remnant
[rémnənt]

명 잔존물, 나머지   = leftovers, remains
Remnants go on sale next week.
남은 것들은 다음 주에 세일에 들어간다.
The remnants of a meal stood on the table.
남은 음식이 탁자에 놓여 있었다.

render
[réndər]

동 ~가 되게 하다
Depression can render a person helpless.
우울증은 사람을 무기력하게 만들 수 있다.
The virus rendered the computer useless.
바이러스가 그 컴퓨터를 쓸모없게 만들었다.

replicate
[répləkèit]

동 반복하다, 복제하다   = duplicate, copy, reproduce
replication 명 복제
replicate an experiment 실험을 되풀이하다
DNA replicates in the cell nucleus.
DNA는 세포핵에서 복제된다.

rite
[rait]

명 의례, 의식
ritual 명 의례, 의식
rite **of passage** 통과의례
These traditional rites are performed only by the women of the village.
이런 전통 의식들은 마을의 여자들에 의해서만 수행된다.

spatial
[spéiʃəl]

형 공간의
spatial **reasoning** 공간추리
the development of a child's spatial **awareness**
아동의 공간 인지 능력의 발달

sphere
[sfiər]

명 영역, 분야
television's increasing role in the political sphere
정치 분야에서 증가하는 텔레비전의 역할
remain within one's sphere 본분을 지키다

spontaneous
[spɑntéiniəs]

형 자발적인, 즉흥적인
spontaneity 명 자연스러움, 즉흥성
The crowd gave a spontaneous cheer.
군중은 즉흥적으로 환호했다.
The comment was completely spontaneous.
그 코멘트는 완전히 즉흥적이었다.

stale
[steil]

형 케케묵은, 진부한   = banal, cliché
a room filled with stale **smoke** 케케묵은 연기로 가득한 방
stale **jokes** 진부한 농담

stall
[stɔːl]

동 (엔진이나 차가) 멈추다, 시간을 끌다
The engine keeps stalling.
엔진이 계속 꺼진다.
Quit stalling and answer my question!
시간 끌지 말고 내 질문에 답해!

static
[stǽtik]

형 정지의   = immobile, stationary
House prices will remain static for a long period.
집값은 오랫동안 변동 없이 머무를 것이다.
Figures for housebreaking had dropped or remained static.
주택 침입 수치가 떨어지거나 다음 변동 없는 상태를 유지했다.

sturdy
[stə́ːrdi]

형 튼튼한　= stout, strong
sturdily 부 기운차게
a dog with a strong sturdy build 강하고 튼튼한 체구의 개
sturdy comfortable shoes 튼튼하고 편안한 구두

submerge
[səbmə́ːrdʒ]

동 물속에 잠그다, 잠수하다
The town was submerged by the flood.
그 마을이 홍수에 물에 잠겼다.

The submarine submerged.
잠수함이 잠수했다.

synchronize
[síŋkrənàiz]

동 동시에 발생하다　= concur, co-occur, coincide
synchronize sound with images 소리를 이미지와 일치시키다
The dancers practiced until they synchronized their movements.
댄서들은 그들이 동작을 일치시킬 때까지 연습했다.

trap
[træp]

동 함정에 빠뜨리다, 덫을 놓다
Twenty miners were trapped underground.
20명이 광부들이 지하에 갇혔다.

They were trapped inside the burning car.
그들은 불타는 자동차 안에 갇혔다.

valuable
[vǽljuəbl]

형 귀중한, 값비싼
valuables 명 귀중품 invaluable 형 매우 귀중한
valuable paintings 값비싼 그림들
I won't waste any more of your valuable time.
당신의 귀중한 시간을 더 이상 낭비하지 않겠습니다.

verify
[vérəfài]

동 진실임을 증명하다　= attest, certify
verification 명 검증, 입증
verify the claim 그 주장을 증명하다
His story has been verified by other witnesses.
그의 이야기는 다른 증인들에 의해 증명되었다.

via
[váiə]

전 ~을 통해, 경유하여　= through, by
I sent a message to Jessy via her sister.
나는 그녀의 여동생을 통해 Jessy에게 메시지를 보냈다.

We went home via a shortcut.
우리는 지름길을 통해 집으로 갔다.

vibrant
[váibrənt]

형 1 진동하는 2 생기 넘치는
vibrantly 부 원기 왕성하게
a vibrant voice 진동하는 목소리
He was seventeen, young and vibrant.
그는 젊고 생기 넘치는 17세였다.

A 우리말은 영어로, 영어는 우리말로 쓰시오.

1. 전문지식	_____	11. aura	_____
2. 반복하다, 복제하다	_____	12. explicit	_____
3. 지장을 주다, 방해하다	_____	13. prone	_____
4. 케케묵은, 진부한	_____	14. moderate	_____
5. 개념, 관념	_____	15. invaluable	_____
6. 물속에 잠그다, 잠수하다	_____	16. introspective	_____
7. 한데 모아지다, 수렴하다	_____	17. spatial	_____
8. 조사하다	_____	18. corrupt	_____
9. 의례, 의식	_____	19. prophecy	_____
10. 용해하다, 녹이다	_____	20. disqualify	_____

B 빈칸에 알맞은 말을 고르시오.

modest	rejoiced	remnants	rendered

1. We all _____ over our friend's good luck.
2. The _____ of a meal stood on the table.
3. She's very _____ about her achievements.
4. The virus _____ the computer useless.

C 괄호 안에서 문맥에 맞는 말을 고르시오.

1. Children are being <explained / exploited> in these factories.
2. Her <relentless / reminiscent> optimism held the team together.
3. House prices will remain <static / statistic> for a long period.
4. We must also consider the <converse / universe> case.

DAY 45

authentic
[ɔ:θéntik]

형 진짜의, 실제적인　= certified
authenticate 동 입증하다
authentic French food 진짜 프랑스 음식
Experts have confirmed that the signature on the letter is authentic.
전문가들이 그 편지의 서명은 진짜라고 확정했다.

authority
[əθɔ́:riti]

명 권위, 권위자, 당국
authoritarian 형 권위주의적인
The boss is not popular but his authority is unquestioned.
사장은 인기는 없지만 그의 권위는 의심이 여지가 없다.

We reported the incident to hospital authorities.
우리는 그 사건을 병원 당국에 알렸다.

cramped
[kræmpt]

형 비좁은　= crowded, packed, narrow
a cramped apartment 비좁은 아파트
The kitchen was small and cramped.
부엌은 작고 비좁았다.

crave
[kreiv]

동 열망하다, 간절히 원하다　= covet, desire
craving 명 갈망, 열망
an insecure child who craves attention
관심을 간절히 원하는 불안한 아이

Like many celebrities, he craves attention.
다른 여러 유명인들처럼 그도 관심을 열망한다.

curb
[kə:rb]

동 억제하다　= constrain, contain, control
pills designed to curb your appetite 식욕을 억제하도록 만들어진 약
measures to curb the spread of the virus 바이러스 확산 억제 조치

distinctive
[distíŋktiv]

형 독특한, 특색 있는　↔ identical 동일한
distinction 명 차이
a rock band with a distinctive sound 특색 있는 사운드의 락 밴드
He has a very distinctive walk.
그는 매우 독특한 걸음걸이를 가졌다.

distort
[distɔ́:rt]

동 뒤틀다, 왜곡하다　= twist, warp
distortion 명 왜곡
His face was distorted by pain.
그의 얼굴은 고통으로 뒤틀렸다.

Heat caused the plastic to distort.
열이 그 플라스틱을 뒤틀리게 했다.

distress
[distrés]

명 고통, 괴로움　= hurt, misery, pain
distressed 형 괴로워하는
The patient showed no obvious signs of distress.
그 환자는 어떠한 명백한 고통의 신호도 보이지 않았다.

Jimmy's behavior caused his parents great distress.
Jimmy의 행동은 그의 부모에게 큰 괴로움을 유발했다.

diversity
[divə́:rsəti]

명 변화, 다양성　= variety
diverse 형 다양한
a diversity of opinions 의견의 다양성
The city is known for its cultural diversity.
그 도시는 문화적 다양성으로 알려져 있다.

Quiz 1 We can discern different colors, but we can give a precise number to different sounds. Our eyes do not let us perceive with this kind of <diversity / precision>. 2015 수능

dodge
[dadʒ]

동 살짝 비키다　= duck, sidestep
celebrities dodging the media 매체를 피해 다니는 유명인들
He dodged the first punch but was hit by the second.
그는 첫 번째 펀치는 피했지만 두 번째에는 맞았다.

extinction
[ikstíŋkʃən]

명 멸종
extinct 형 멸종한
species in danger of extinction 멸종 위기의 종
the extinction of many old traditions 여러 과거 전통의 사멸

Quiz 2 Generalists, on the other hand (think mice), are able to survive just about anywhere. They can withstand heat and cold, eat your organic breakfast cereal or seeds and berries in the wild. So, specialist species thrive only when conditions are perfect. They serve a very specific purpose within their particular ecosystem and are good at navigating it. However, should those conditions change — as a result of nature or, more commonly, an outside force — a specialist species often become <extinct / widespread>. 2014 고3학평

extract
[ikstrǽkt]

图 추출하다 图 추출물
Oils are extracted from the plants.
기름이 그 식물에서 추출된다.
Add one teaspoon of vanilla extract.
바닐라 추출물을 한 티스푼 넣어라.

extrinsic
[ekstrínsik]

图 외부의   = external   ↔ intrinsic 내부의
a combination of intrinsic and extrinsic factors
내적 그리고 외적 요인들의 조합
extrinsic factors in the success of the business
사업의 성공에 미치는 외적 요인들

integrate
[íntəgrèit]

图 통합하다, 융합하다
integrated 图 통합된   integral 图 필수적인, 완전한
The car's design successfully integrates art and technology.
그 자동차의 디자인은 예술과 과학기술을 성공적으로 통합하고 있다.
Creative illustrations are integrated into the text.
창의적인 삽화가 글자와 융합되었다.

intimate
[íntəmit]

图 친밀한   = close, especial, friendly
intimacy 图 친밀함
an intimate relationship 친밀한 관계
He's on intimate terms with people in government.
그는 정부의 인사들과 친밀한 관계에 있다.

intricate
[íntrəkit]

图 뒤얽힌, 복잡한   = sophisticated
intricacy 图 복잡함
an intricate machine that requires some training to use it
properly 제대로 사용하려면 교육이 좀 필요한 복잡한 기계
The movie has an intricate plot.
그 영화는 복잡한 줄거리를 가지고 있다.

Quiz 3 For a child, it could be placing with trembling fingers the last block on a tower she has built, higher than any she has built so far; for a sprinter, it could be trying to beat his own record; for a violinist, mastering an <uncomplicated / intricate> musical passage. For each person there are thousands of opportunities, challenges to expand ourselves. 2011 수능

intrigue
[intríːg]

图 흥미를 불러일으키다
intriguing 헹 아주 흥미로운
The mystery intrigues me.
미스터리는 나의 흥미를 불러일으킨다.

That old house has always intrigued me.
그 오래된 집은 늘 나의 흥미를 끌었다.

punctuate
[pʌ́ŋktʃuèit]

图 1 중단시키다 2 강조하다
The silence was occasionally punctuated by laughter.
침묵이 가끔 웃음으로 끊겼다.

He punctuated every word of his denial with a pound of his fist on the table.
그는 그가 부정하는 말을 할 때마다 테이블을 주먹으로 쾅쾅 치면서 강조했다.

resent
[rizént]

图 ~에 분개하다
resentment 몡 분함
She resented being told what to do.
그녀는 뭘 해야 할지 지시를 받는 것에 분개했다.

I resented having to work such long hours.
나는 그렇게 오랜 시간 근무해야 하는 것에 분개했다.

resilient
[rizíljənt]

헹 되튀는, 회복력 있는   = bouncy, flexible, elastic
resilience 몡 회복력
Rubber is more resilient than wood.
고무는 나무보다 탄력이 있다.

The company proved remarkably resilient during the recession.
그 회사는 불경기 동안 매우 회복력 있음이 입증되었다.

restrain
[ristréin]

图 참다, 자제하다   = constrain, contain, curb
restraint 몡 자제, 규제
She could barely restrain her anger.
그녀는 분노를 거의 억제하지 못했다.

He could not restrain the dog from attacking.
그는 개가 공격하는 것을 막지 못했다.

restrict
[ristríkt]

图 제한하다   = hold down, limit
restriction 몡 제약
restrict smoking in public places 공공장소에서의 흡연을 제한하다
Doctors have restricted the number of visits to two per day.
의사들은 면회 수를 하루 2번으로 제한했다.

Quiz 4 Reading has always been envied by those who rarely give themselves that advantage. The man who is not in the habit of reading is <restricted / restored> in his immediate world. 2009 고3학평

retain
[ritéin]

동 유지하다 = reserve, keep, withhold
retention 명 보유, 기억력
retain an old custom 옛 관습을 유지하다
The TV show has retained its popularity for many years.
그 TV쇼는 인기를 몇 년간 유지했다.

rhetorical
[ritɔ́:rikəl]

형 미사여구식의, 화려한
rhetoric 명 미사여구
skip over the rhetorical passages 미사여구의 문단들을 건너뛰다
a speech full of rhetorical phrases 미사여구가 가득한 연설

rigid
[rídʒid]

형 엄격한 = inflexible, rigorous, strict
rigidly 명 엄격하게
rigid and authoritarian methods of education
엄격하고 권위주의적인 교육 방식
rigid price controls 엄격한 가격 통제

rigorous
[rígərəs]

형 엄격한, 철저한 = rigid, strict, tough
rigorous army training 엄격한 군대 훈련
rigorous safety checks 철저한 안전 점검

simultaneous
[sàiməltéiniəs]

형 동시에 발생하는 = synchronic
simultaneously 부 동시에
simultaneous access to the system 그 시스템으로의 동시 접속
The two gunshots were simultaneous.
두 개의 총성이 동시에 울렸다.

solemn
[sáləm]

형 비장한, 장엄한
a solemn expression 비장한 표정
He recited the poem in a solemn voice.
그는 장엄한 목소리로 그 시를 낭송했다.

soothe
[su:ð]

동 진정시키다, 달래다 = console, comfort, cheer
soothing 형 진정시키는
soothe the angry customer 화난 고객을 달래다
Nothing can soothe their pain.
그 무엇도 그들의 고통을 달랠 수 없다.

sophisticated
[səfístəkèitid]

형 정교한, 세련된
sophistication 명 정교, 세련
sophisticated software 정교한 소프트웨어
She was elegant and sophisticated.
그녀는 우아하고 세련되었다.

thrive
[θraiv]

동 번성하다
plants that thrive in tropical rain-forests
열대 우림에서 번성하는 식물들
These plants thrive with relatively little sunlight.
이 식물들은 비교적 적은 햇빛에서도 번성한다.

till
[til]

동 갈다, 경작하다
tiller 명 경운기
till the soil 땅을 경작하다
The farmers are tilling the soil.
농부들이 땅을 갈고 있다.

trait
[treit]

명 특색, 특징 = attribute, character
a mental illness associated with particular personality
traits
특정한 개인의 특성과 관련된 정신 질환
This dog breed has a number of desirable traits.
이 개의 종의 여러 가지 바람직한 특징들을 가지고 있다.

transaction
[trænsǽkʃən]

명 거래, 매매 = deal, trade
transact 동 업무를 보다
financial transactions 금융 거래
The bank charges a fixed rate for each transaction.
그 은행은 각 거래마다 고정된 요금을 청구한다.

turbulent
[tɔ́ːrbjələnt]

형 사나운, 소란한, 격동의 = rough, stormy
turbulence 명 소란스러움
the country's turbulent history 그 나라의 험난한 역사
The sixties were a turbulent period in American history.
60년대는 미국 역사에서 격동기였다.

vigor
[vígər]

명 활력, 힘
vigorous 형 격렬한, 활발한
lose one's vigor 활력을 잃다
He began working with renewed vigor.
그는 다시 새로운 활력으로 일하기 시작했다.

vista
[vístə]

명 경치, 풍경 = perspective, prospect, view
stunning vistas of the Jeju coast 제주 해안의 놀라운 경치
a beautiful vista of the valley below 아래에 펼쳐진 아름다운 풍경

visualize
[víʒuəlàiz]

동 상상하다 = picture, imagine
visualization 명 시각화, 구상화
He tried to visualize the scene she was describing.
그는 그녀가 묘사하는 장면을 상상하려고 해봤다.
It's hard to visualize how these tiles will look in our bathroom.
이 타일들이 우리 욕실에 어떻게 보일지 상상해보는 것은 어렵다.

vulnerable
[vʌ́lnərəbəl]

형 취약한 = endangered, susceptible
vulnerability 명 취약성
The patient is vulnerable to infection.
그 환자는 감염에 취약하다.
The troops were in a vulnerable position.
그 부대는 취약한 위치에 있었다.

Quiz 정답

1 **precision**, 서로 다른 색깔은 우리가 분간할 수 있지만, 여러 다른 소리에는 정확한 '숫자'를 부여할 수 있다. 우리 눈은 우리가 이런 종류의 정확성을 가지고 지각하도록 해 주지는 않는다.

2 **extinct**, 반면에 일반종(쥐를 생각해 보라)은 그저 어디에서나 생존할 수 있다. 그들은 더위와 추위를 견디고, 여러분의 아침 식사용 유기농 시리얼이나 야생의 씨앗과 산딸기류 열매를 먹을 수 있다. 그래서 전문종은 조건이 완벽할 때만 번성한다. 그들은 자신의 특정한 생태 환경에서만 매우 특정한 목적을 수행하고 그 안에서 능숙하게 돌아다닌다. 그러나 자연 혹은 더 흔하게는 외적인 힘의 결과로 그러한 조건들이 변하면 전문종은 흔히 멸종하게 된다.

3 **intricate**, 어린아이에게 있어서 그것은 떨리는 손가락으로 그녀가 지금껏 만들었던 그 어느 것보다 더 높은 탑 위에 마지막 블록을 놓는 일일 수 있고, 단거리 선수에게는 자신의 기록을 깨려고 애쓰는 일일 수 있으며, 바이올린 연주자에게 있어서는 복잡한 악절을 숙달하는 일일 수 있다. 각각의 사람에게는 자신을 성장시킬 수 있는 수천 가지의 기회와 도전이 있다.

4 **restricted**, 독서는 좀처럼 책을 읽지 않는 사람들의 선망의 대상이 되어왔다. 독서하는 습관을 들이지 않는 사람은 자신만의 눈앞의 현실 세계에 갇혀 산다.

A 우리말은 영어로, 영어는 우리말로 쓰시오.

1. 멸종	_____	11. retain	_____
2. 변화, 다양성	_____	12. skeptical	_____
3. 친밀한	_____	13. distress	_____
4. 외부의	_____	14. intrigue	_____
5. 독특한, 특색 있는	_____	15. till	_____
6. ~에 분개하다	_____	16. simultaneous	_____
7. 통합하다, 융합하다	_____	17. dodge	_____
8. 되튀는, 회복력 있는	_____	18. vulnerable	_____
9. 뒤틀다, 왜곡하다	_____	19. restrain	_____
10. 비좁은	_____	20. curb	_____

B 빈칸에 알맞은 말을 고르시오.

authorities	intricate	solemn	soothe

1. The movie has an _____ plot.
2. He recited the poem in a _____ voice.
3. We reported the incident to hospital _____.
4. Nothing could _____ their pain.

C 괄호 안에서 문맥에 맞는 말을 고르시오.

1. These plants <thrive / wither> with relatively little sunlight.
2. Oils are <detracted / extracted> from the plants.
3. This dog breed has a number of desirable <traits / tricks>.
4. <Tranquil / Turbulent> waters caused the boat to capsize.

"You have to dream before your dreams
can come true."

꿈을 이루기 위해서 우선 그 꿈을 꿔야 한다.

ANSWERS

REVIEW TEST ANSWERS

PART 1 수능필수 –

DAY 01

A
01 shift
02 ship
03 receipt
04 recall
05 passerby
06 rear
07 reason
08 abound
09 bounce
10 bound
11 멍하니
12 심사숙고하다
13 서둘러가다
14 결국
15 난파
16 논쟁의 여지가 없는
17 보호하다, 보호소
18 지저분한
19 본능
20 ~의 가치가 있는

B 01 abrupt 02 gain 03 even 04 gathered

C
01 shortcut, 창밖으로는 그 대학 학생들이 지름길로 이용하는 골목길이 내려다 보였다.
02 aboard, 탑승한 사람 중 누구도 다치지 않았다.
03 contemporary, 과학은 당대의 작가들에게는 없어서는 안 될 정보의 원천이다.
04 gaze, 나는 천천히 배심원들 앞으로 나아갔다. 그들의 시선이 내게 무겁게 떨어졌다.

DAY 02

A
01 abstract
02 absurd
03 sibling
04 recently
05 deadline
06 evolution
07 absorb
08 brand-new
09 recipe
10 instrument
11 줄어들다
12 병약한
13 실패, 고장
14 정당화하다
15 친족
16 수동적인
17 이러 저러 섞다
18 계속 이어지는
19 명백한
20 유전자

B 01 absurd 02 deadline 03 deafening
04 general

C
01 breaks, 사람들로부터 최대치를 끌어내기 위해 생산적인 시간과 휴식 사이의 간격을 계획해라.
02 evolution, 진화의 과정을 통해 좋은 이주하는 것이 이득이 되어야만 그렇게(=이주) 한다.

03 mightily, 나는 낮에 소설책을 열어보려는 나의 욕망과 맹렬히 싸웠다.
04 migrated, 이전에 신문 광고에 투입되던 자금의 일부가 인터넷으로 옮겨갔다.

DAY 03

A
01 simulate
02 recite
03 breath
04 contrary
05 millennium
06 intellectual
07 intense
08 signal
09 accelerate
10 decade
11 결정적인, 결단력 있는
12 ~을 제외하고
13 과장하다
14 의미심장한
15 권장하다
16 길, 경로
17 토닥거리다
18 관대한
19 유전적인
20 보장하다

B 01 mimics 02 intended 03 generate
04 declared

C
01 access, 등산객들은 구조원이 그들에게 쉽게 올 수 있다고 생각할 때 더 많은 모험을 한다.
02 contract, 빠른 근섬유는 느린 근섬유보다 빠르게 수축한다.
03 accommodated, 300명 넘는 인원이 유람선에 탑승할 수 있다.
04 patch, 그의 개는 머리에 하얀 부분이 조금 있다.

DAY 04

A
01 accordingly
02 undertake
03 skim
04 patron
05 interact
06 brief
07 broken
08 dedicate
09 geometric
10 pave
11 편리한
12 여기다
13 배제시키다
14 오해
15 과소평가하다
16 겪다, 경험하다
17 의도, 목적
18 모집하다
19 회의적인
20 장식하다

B 01 brought 02 misdirected
03 accomplished 04 skimmed

C 01 excluding, 당신은 네트워크상으로 다른 사람들은 배제한 채로 어떤 사람들과 파일을 공유할 수 있다.
02 skeptical, 그는 그가 이길 수 있다고 말하지만, 난 회의적이다.
03 accompanied, 이 영화를 보려면 **15**세 미만 아이는 어른을 동반해야 한다.
04 defeat, 우리는 전투에서 적을 물리칠 준비가 되어 있다.

C 01 interpreted, 나는 그녀가 나를 싫어하는 것으로 그녀의 행동을 해석했다.
02 regain, 그녀는 가까스로 균형을 다시 잡았다.
03 demands, 노동자들은 그들의 요구가 관철될 때까지는 파업을 끝내지 않겠다고 말했다.
04 acquired, 그 팀은 올해 세 명의 새로운 선수를 영입했다.

DAY 05

A 01 accurate
02 accustomed
03 slippery
04 refashion
05 slight
06 glance
07 reduce
08 defect
09 executive
10 achievement
11 대강 훑어보다
12 전환하다
13 전달하다
14 확신, 신념
15 중간의
16 소작농, 농민
17 참조, 언급
18 방어하다
19 잔인한, 지독한
20 정의하다

B 01 accumulating **02** misery **03** reflected
04 paycheck

C 01 interfering, 나는 간섭하지 않고 조언을 제공하려고 애썼다.
02 convey, 그 파이프들은 들판에 물을 댄다.
03 accumulate, 소수 특권층이 계속 부를 축적하는 것은 불공평하다.
04 mislead, 그의 코멘트는 의도적으로 대중을 오도할 심산이었다.

DAY 06

A 01 acquire
02 built-in
03 gleam
04 soak
05 budget
06 slope
07 pedestrian
08 delicate
09 glimpse
10 bunch
11 아는 사이
12 대처하다
13 내적인
14 기쁨
15 방해하다
16 처벌, 벌금
17 전달하다, 나르다
18 물품, 상품
19 사라진
20 협력하다

B 01 slush **02** smoothed **03** acknowledged
04 slowed

DAY 07

A 01 bundle
02 intuition
03 mobile
04 core
05 registration
06 introvert
07 region
08 sociable
09 invade
10 coral
11 타다, 태우다
12 출발
13 서서히, 점차
14 기업의
15 부인하다, 거부하다
16 흐느끼다
17 솟아오르다, 급증하다
18 인식하다, 인지하다
19 기존의, 현존하는
20 실제의

B 01 adapted **02** penetrate **03** govern
04 solitary

C 01 dense, 토양이 너무 조밀해서 뿌리가 안으로 들어갈 수 없다.
02 introvert, 그는 매우 조용하고 다른 사람들과 함께 있으려고 애쓰지 않는 내성적인 사람이었다.
03 expand, 우리 자신을 확장시킬 수천 가지의 기회와 도전 과제들이 있다.
04 regarded, 꿈은 예언의 대화로 여겨져 왔다

DAY 08

A 01 adjust
02 depression
03 expectation
04 by-product
05 molecule
06 undervalue
07 grasp
08 invisible
09 bury
10 additional
11 원상태로 돌리다
12 분류하다, 정리하다
13 성격
14 소비하다, 소모하다
15 기술, 묘사
16 영구적인
17 시행하다
18 진행 중인
19 군주
20 받을 가치가 있다

B 01 grant **02** corrects **03** momentarily
04 invested

C 01 adjusted, 그녀는 페달이 닿도록 차 의자를 조절했다.
02 deserves, 어떤 비용이 들더라도 그것은 보존될 가치가 있다.
03 regular, 운동이 내 생활의 규칙적인 부분이 되었다.
04 involved, 그녀는 왕을 타도하려는 음모에 깊이 연루되었다.

DAY 09

A 01 calculate
02 despite
03 expense
04 unemployment
05 cosmic
06 pest
07 experiment
08 dispair
09 destiny
10 calm
11 어색한, 거북한
12 편한, 긴장을 푼
13 설득
14 전문가
15 중대한, 진지한
16 몸짓을 해보이다
17 채택하다, 입양하다
18 절망적인, 필사적인
19 만족시키다
20 기념비적인, 대단한

B 01 cost 02 irrational 03 admission
04 phase

C 01 detached, 카메라 렌즈를 통해서 보는 것은 그를 그 장면에서 분리되게 만들어줬다.
02 released, 그 공장은 강으로 위험한 화학약품을 내보냈다.
03 specialized, 두더지의 앞발은 땅을 파는데 특화되어 있다.
04 adopt, 그 부부는 스스로는 아이를 가질 수 없지만 입양을 희망하고 있다.

DAY 10

A 01 move
02 relieve
03 suitable
04 remain
05 advertise
06 court
07 suffer
08 affection
09 philosophical
10 adventurous
11 충분한
12 의존하다
13 물리적인, 신체적인
14 취소하다
15 후보자
16 동기를 부여하다
17 폭발하다
18 솔직한
19 감지하다
20 범위

B 01 greed 02 advocates 03 determines
04 grazing

C 01 spineless, 이 가시가 없는 식물들은 그들의 자연 서식지에 융화됨으로써 생존한다.
02 reluctant, 그는 동의할지도 모르지만, 인정하기 꺼리는 것 같다.
03 irresponsible, 그 위협을 무시하는 것은 무책임한 것일 것이다.
04 affects, 증가한 규모는 단체 생활에 여러 가지로 영향을 끼친다.

DAY 11

A 01 dialect
02 guarantee
03 capture
04 diagnose
05 guilt
06 physicist
07 sprain
08 guard
09 extend
10 affirm
11 뚫다
12 분리하다, 분리되다
13 필요조건
14 낙담시키다, 억제하다
15 적극적으로
16 그대로 남아 있다
17 일기
18 외부의, 외적인
19 능력, 수용 능력
20 안정적인

B 01 crafted 02 career 03 remark
04 spotted

C 01 remedy, 그 문제를 치유하기 위해서는 뭔가가 반드시 행해져야 한다.
02 crack, 새 증거는 탐정들이 그 사건을 해결하는 데 도움을 줬다.
03 multiplied, 그가 승진하자 책임이 증가했다.
04 devote, 나는 의식적으로 주말에 내 개와 노는 데 몇 시간을 바친다.

DAY 12

A 01 pillar
02 agricultural
03 remote
04 unhindered
05 unforgettable
06 cowardly
07 mutual
08 squad
09 unfit
10 agreement
11 나르다
12 지시하다, 명령하다
13 독재
14 최고의, 극단의
15 천진난만한
16 다시 새롭게 하다
17 구분 짓다
18 목적 없는
19 상자
20 유명한

B 01 squashed 02 sprouting 03 carved
04 unfit

C 01 differentiate, 그 두 음악을 처음에 구분 짓는 것은
어렵다.
02 sprinted, 자전거 주자들은 결승선으로 전속력으로
달렸다.
03 pitch, 초음파는 사람의 귀로 들을 수 있는 것보다
높은 음높이를 하고 있다.
04 stain, 카펫에 검붉은 얼룩이 있었다.

A 01 digestion   11 교체하다, 대체하다
02 align   12 경직되다
03 cause   13 삐걱거리다
04 fabric   14 자극하다, 촉진하다
05 growth   15 놀이친구
06 navigate   16 시설, 설비
07 pity   17 위엄, 존엄, 기품
08 face   18 차원
09 allergic   19 이야기
10 aisle   20 요인

B 01 crawl 02 alert 03 caught 04 fabulous

C 01 native, 그는 빨리 배우는 능력을 타고났다.
02 cautioned, 그는 그들에게 밤에는 숲을 피하라고
경고했다.
03 represents, 이 그림은 시골의 장면을 보여준다.
04 appearance, 그 집의 외관은 대체로 매우 좋다.

A 01 credible   11 동굴
02 diploma   12 풍부한
03 habitat   13 평판, 명성
04 negative   14 반드시
05 alter   15 태도, 입장
06 hand   16 고도
07 standpoint   17 가난한
08 status   18 굶주리다
09 fade   19 유용한, 편리한
10 allow   20 중심의

B 01 dipped 02 faculty 03 credit 04 failed

C 01 stationary, 기후 전선이 남동부 쪽에 머물러 있었다.
02 Rescue, 구조대원들이 현장에 4시간 늦게 도착했다.
03 knowledgeable, 그는 와인에 대해 매우 박식하다.
04 altogether, 우리가 지금 뭔가 조치를 하지 않으면
숲은 완전히 사라질 수도 있다.

A 01 ceremony   11 협상하다
02 chance   12 거주자, 거주민
03 harsh   13 신경
04 labor   14 사라지다
05 amplify   15 굳센, 엄격한
06 harvest   16 거의 ~않다
07 fair   17 사임하다, 물러나다
08 laboratory   18 확실성
09 creep   19 독이 있는
10 ambitious   20 분석하다

B 01 fairly 02 faint 03 steep 04 anchored

C 01 neglected, 그 교도소의 간수는 그의 의무를 태만
히 했다.
02 critical, 해외 무역은 그 나라에 매우 중요하다.
03 steered, 그는 차를 주차 공간으로 조심스럽게 몰
고 갔다.
04 analyzed, 데이터는 저장된 후 컴퓨터로 분석된다.

A 01 haste   11 명성
02 disaster   12 기아, 굶주림
03 head   13 뒤처지다
04 pollen   14 다듬다, 손질하다
05 annoyance   15 휘젓다, 자극하다
06 resource   16 예상하다, 기대하다
07 unimpeded   17 혼란
08 channel   18 저항하다
09 pollutant   19 부화하다
10 announce   20 친숙함

B 01 pored 02 landfill 03 stocks 04 resolved

C 01 nibbled, 그들은 치즈와 크래커를 야금야금 뜯어
먹었다.
02 straightened, 늘어져있던 꽃들이 비에 빳빳해졌다.

03 fake, 그는 가짜 콧수염을 하고 있었다.
04 disapproved, 부모님이 반대했는데도 그는 그녀와 결혼했다.

DAY 17

A 01 nonverbal 11 반사회적인, 반사교적인
02 heartily 12 지속적인
03 discover 13 엄격한
04 positive 14 따로따로, 떨어져
05 discussion 15 값비싼, 고급의
06 stretch 16 정상상태
07 respond 17 현저한, 놀랄만한
08 discredit 18 환상을 가지다
09 charity 19 노력하다, 분투하다
10 anxiety 20 도구

B 01 stressed 02 pose 03 lately
04 character

C 01 stride, 그녀는 톡톡 튀는 듯한 독특한 걸음걸이를 가졌다.
02 respect, 그의 이론은 한 가지 관점에서는 합당하다.
03 latitude, 학생들은 과정을 선택하는데 있어 상당한 범위가 허용된다.
04 portrayed, 변호사는 그의 의뢰인을 아동학대의 희생자로 표현했다.

DAY 18

A 01 chase 11 무시하다
02 distinguish 12 고정시키다
03 appetite 13 층
04 heritage 14 악명 높은
05 leak 15 반환하다, 회복시키다
06 notify 16 연기하다
07 possession 17 깜짝 놀라게 하다
08 submit 18 운명
09 stubborn 19 매력
10 apparent 20 적용될 수 있는

B 01 herd 02 rests 03 distance 04 stuffed

C 01 launch, 그 회사는 내년에 여러 가지 신제품을 출시할 계획이다.

02 notified, 그는 그 자리에 채용되지 않았음을 통보받았다.
03 posted, 시험결과가 오늘 아침 게시판에 게시되었다.
04 subconscious, 사람의 행동은 잠재의식 속에만 존재하는 욕구에 의해서 영향을 받을 수 있다.

DAY 19

A 01 diverse 11 날씬한
02 distribute 12 많은
03 hesitate 13 신선함, 새로움
04 leftover 14 구부러진
05 appreciate 15 집중이 안 되게 하다
06 crop 16 피로
07 favor 17 감춰진
08 return 18 서열, 계층
09 retirement 19 방해하다
10 appoint 20 속이다

B 01 leap 02 applied 03 subtle
04 retirement

C 01 successive, 그 팀은 7연승을 했다.
02 poverty, 빈곤을 이겨내기 위해 우리는 효과적인 전략이 필요하다.
03 practical, 그 구두는 멋있기는 한데 그리 실용적이지 못하다.
04 fault, 용기의 부족은 그의 최악의 결점이다.

DAY 20

A 01 divide 11 무시무시한
02 feast 12 위업, 업적
03 appropriate 13 상사, 상관
04 childlike 14 육성하다, 양육하다
05 dog 15 썰다, 다지다
06 legend 16 칭찬하다
07 precise 17 드러내다, 누설하다
08 lessen 18 합창의
09 doctorate 19 예상하다
10 approve 20 대강의, 가까운

B 01 unlike 02 revise 03 cautious 04 features

C 01 complimented, 그녀는 내 머리모양에 대해 칭찬했다.

02 length, 우리는 침실의 길이와 너비를 쟀다.
03 revenue, 그 잡지는 몇 개월간 광고 수입에서 적자를 내고 있다.
04 chill, 공기 중에는 약간의 한기가 있었다.

02 supplied, 프로젝트에 필요한 페인트는 시에서 제공한다.
03 swallow, 대부분의 뱀들은 먹이를 통째로 삼킨다.
04 suppress, 그녀는 그녀의 질투심을 억누르려고 몸부림쳤다.

DAY 21

A
01 argument		**11** 급격한, 강렬한
02 aspect		**12** 가정
03 classify		**13** 선사시대의, 구시대적인
04 fee		**14** 적대적인
05 obey		**15** 가능성
06 domestic		**16** 추가의, 보충의
07 ridicule		**17** 유사성
08 cling		**18** 바람직한
09 chore		**19** 우월한
10 hinder		**20** 상황

B **01** clearing **02** dominated **03** superficial
04 odd

C **01** preoccupied, 그녀는 너무 걱정에 빠져있어서 식사를 즐길 수 없었다.
02 rid, 빚을 청산하기 위해 그는 두 가지 일을 했다.
03 argument, 그의 주장은 상대를 설득하지 못했다.
04 femininity, 그녀는 자신의 여성스러움을 희생하지 않고 최고경영자가 되었다.

DAY 22

A
01 claim		**11** 무장한
02 preparatory		**12** 후대, 환대
03 host		**13** 분명한
04 occasion		**14** 찢다, 찢어지다
05 roam		**15** 가정하다
06 prescription		**16** 거만한
07 suppress		**17** 격렬한
08 presence		**18** 장애물, 난관
09 lift		**19** 신속한, 빠른
10 sustain		**20** 도심의

B **01** surface **02** arranged **03** occupies
04 suspect

C **01** offended, 나는 그들의 존중하는 마음이 없는 것에 기분이 좀 상했다.

DAY 23

A
01 drought		**11** 부여하다, 할당하다
02 collapse		**12** 방해하다, 방지하다
03 tendency		**13** 사라지다
04 collective		**14** 유효한, 타당한
05 assess		**15** 끊임없이 일하는, 바쁜
06 rub		**16** 전략
07 asset		**17** 돌보다, 손질하다
08 dread		**18** 귀중한, 값비싼
09 drive		**19** 남아있다
10 earthly		**20** 읽고 쓰는 능력

B **01** financed **02** assured **03** fined
04 durable

C **01** vendor, 그녀는 과일과 야채를 파는 노점 상인으로서 일한다.
02 tackle, 우리는 그 문제를 처리하는 방법들을 발견했다.
03 humanity, 이런 발견들은 모두 인류에 혜택이 될 것이다.
04 loaned, 그녀는 그가 새 차를 살 수 있도록 돈을 빌려줬다.

DAY 24

A
01 opponent		**11** 놀라운
02 primitive		**12** 찢다, 파괴하다
03 offensive		**13** 제1의
04 pretend		**14** 달라붙다, 첨부하다
05 sacred		**15** 의식
06 ongoing		**16** 식별하다, 확인하다
07 tolerant		**17** ~에 반대하다
08 principle		**18** 시골의
09 identical		**19** 결합하다
10 tedious		**20** 간절한

B **01** preserved **02** logic **03** fits **04** presume

C 01 longing, 그녀는 가게 창문으로 갈망의 시선을 던졌다.
02 rushed, 소방관들은 급히 사고 현장으로 달려갔다.
03 technical, 그 에세이는 내게는 너무 전문적이다.
04 column, 나는 전체 기사를 읽을 시간이 없어서 첫 번째 칼럼만 읽었다.

C 01 trivialized, 그 토론은 매체에 의해 축소보도 되었다.
02 pronounced, 그는 확연히 절름거리며 걸었다.
03 impatience, 그녀가 지연되는 것을 참지 못하는 것이 뚜렷하게 드러났다.
04 company, 요즘은 개들이 그녀의 유일한 친구이다.

DAY 25

A 01 ecology 11 달성하다, 도달하다
02 attract 12 기질, 성질
03 illusion 13 최고의, 최적의
04 merit 14 진행되다, 나아가다
05 privilege 15 흠이 없는
06 flee 16 ~을 모르는
07 aural 17 질서 있는
08 edible 18 말의, 언어의
09 temporary 19 변호사, 대리인
10 efficiency 20 손실

B 01 loose 02 imaginary 03 produced
04 edged

C 01 immeasurable, 그 전쟁은 엄청난 피해를 유발했다.
02 loops, 길은 연못 주변을 두르고 있다.
03 commanded, 군 지도자들은 군대에 사격하라고 명령했다.
04 tempt, 귀중품을 차에 두면 그것은 절도를 부추길 것이다.

DAY 27

A 01 banquet 11 습관적인
02 barefoot 12 강조하다
03 flush 13 사건
04 imprison 14 발발, 발생
05 mainstream 15 의미하다, 함축하다
06 outcome 16 장엄한, 최고의
07 barely 17 요소
08 component 18 사람이 탑승한
09 compose 19 동정심, 연민
10 awareness 20 확대하다

B 01 impressed 02 outstanding 03 proposed
04 backed

C 01 property, 그 학생들은 학교 건물에서 담배를 피다가 발각되었다.
02 compensated, 그녀는 그녀의 차에 가해진 피해를 보상받지 못했다.
03 proportion, 그녀의 귀는 그녀의 머리에 비해 비율이 안 맞게 그려졌다.
04 outweigh, 장점이 단점보다 비중이 크다.

DAY 26

A 01 lower 11 탄성의, 탄력 있는
02 organism 12 필수적인
03 pronounce 13 유익한, 유리한
04 profound 14 이용 가능한
05 terminate 15 선명한
06 terrain 16 자기, 매력
07 compare 17 빽빽하게
08 thoroughly 18 자아
09 virtue 19 부족한, 드문
10 territory 20 가상의

B 01 flocked 02 luxurious 03 effortless
04 profile

DAY 28

A 01 prove 11 끼워 넣다
02 majority 12 흉내, 가장
03 inborn 13 활동하지 않는
04 malnutrition 14 장엄함, 위엄
05 outfit 15 조각품
06 backbone 16 좋아함, 애호
07 time-consuming 17 독성의
08 outdated 18 경고하다
09 prospect 19 나타나다, 등장하다
10 seal 20 전공, 전공자

B 01 warranty 02 wandering 03 backtrack
04 inappropriate

C 01 embodies, 그 최신 모델은 새로운 여러 개선점을 포함하고 있다.
02 scope, 그 주제는 이 책의 범위를 넘어선다.
03 complementary, 컴퓨터와 인간의 마음은 서로 다르면서 보완적인 능력을 가졌다.
04 complicated, 상황은 내가 토요일에도 일을 해야 한다는 사실로 복잡해졌다.

DAY 29

A 01 cultivation
02 comrade
03 condition
04 end
05 bear
06 conference
07 foretell
08 comprehend
09 conceal
10 engrave
11 맞닥뜨리다
12 너그러운
13 배 밖으로
14 지키는 사람, 파수꾼
15 낭비
16 잊혀진
17 소득
18 추구하다, 찾다
19 ~외에
20 집행하다

B 01 conducted **02** overall **03** engaged **04** overestimate

C 01 founding, 그는 그 자선 단체를 세우는데 핵심적인 역할을 했다.
02 margin, 페이지 왼쪽 가장자리에 당신의 이름을 적어주세요.
03 secure, 당신의 현관문은 얼마나 안전한가?
04 tragedy, 그의 인생은 역경과 개인적 비극의 영향을 받았다.

DAY 30

A 01 materialistic
02 overtake
03 concrete
04 overhear
05 pulse
06 treadle
07 overhead
08 wetlands
09 whine
10 befriend
11 불러일으키다, 기르다
12 빙빙 돌다 [돌리다]
13 웅덩이
14 겉보기에
15 ~에 속하다
16 멸종위기에 이른
17 요새
18 마디, 부분
19 잡다, 붙잡다
20 일치하다, 동의하다

B 01 trial **02** belittle **03** marvelous **04** weathered

C 01 selfish, 그녀는 자기 자신의 이기적인 이해관계에만 관심이 있다.
02 conceived, 그는 천재로 여겨졌다.
03 mass, 클럽 입구에 많은 사람들이 있었다.
04 translate, 내 고객은 스페인어만 쓴다. 네가 통역 좀 해줄래?

DAY 31

A 01 enlighten
02 influential
03 pursue
04 confine
05 inferior
06 infinite
07 confident
08 enroll
09 maximize
10 semester
11 ~을 주의하다
12 확실하게 하다, 보장하다
13 수반하다
14 얼어붙은
15 손질하다, 다듬다
16 생물의 다양성
17 요리
18 목초지, 풀밭
19 열대지방의
20 확인하다, 확증하다

B 01 matter **02** means **03** mean **04** frequent

C 01 width, 탁자의 너비가 어떻게 되죠?
02 vanished, 내 계산기가 내 책상에서 사라졌다.
03 qualify, 당신은 실업 수당을 받을 자격이 될지도 모른다.
04 variable, 바람은 잔잔하면서 일정치 않았다.

DAY 32

A 01 inform
02 ingredient
03 blame
04 confront
05 fruitless
06 frown
07 inhabit
08 meanwhile
09 blank
10 bitter
11 양심
12 측정하다
13 전체의
14 소유, 소유권
15 혼란스러운
16 인용, 인용구
17 정면의
18 정복하다
19 인종차별주의자
20 연결성

B 01 blasted **02** owe **03** frequent **04** blanketed

C 01 turnaround, 그 팀은 지난주에 패한 후 큰 전환이 필요하다.
02 mechanism, 카메라 셔터 기계장치가 고장 났다.

03 inhospitable, 이방인에게 그렇게 무례하게 대하다니 그는 참 불친절하다.
04 entrance, 그 책은 그의 정치 입문을 묘사하고 있다.

04 severe, 그녀는 심각한 우울증을 앓고 있다.

DAY 33

A 01 block   11 합의
02 equal   12 순서, 연속
03 equator   13 가까이
04 injury   14 궁극적인
05 innocent   15 구불구불한
06 blend   16 희미한, 약한
07 medieval   17 심각하게
08 conserve   18 노를 젓다
09 initial   19 무작위로
10 blind   20 결과, 영향

B 01 frustrated   02 packed   03 bloom
04 conscious

C 01 mellowed, Rebecca는 몇 해가 지나면서 확실히 상냥해졌다.
02 separated, 아주 먼 거리가 그 자매들을 서로에게서 갈라놓았다.
03 packet, Neil은 그것이 도착하자마자 포장을 뜯어 열었다.
04 equipped, 그 방은 비디오카메라가 설치되어 있었다.

DAY 34

A 01 era   11 지속적인
02 melt   12 직설적인
03 cruel   13 제공하다
04 construct   14 새겨진 글
05 paradox   15 기생충
06 rare   16 잘못된, 틀린
07 crude   17 불안한, 불안정한
08 inquire   18 덜거덕거리다
09 blur   19 이사회, 위원회
10 blueprint   20 혁신

B 01 crunchy   02 furry   03 consistent   04 wired

C 01 paralyzed, 뱀의 독이 쥐를 마비시켰다.
02 witnessed, 여러 사람이 그 사고를 목격했다.
03 fundamental, 우리는 사업을 하는 방식에 있어서 근본적인 변화를 좀 줘야 한다.

DAY 35

A 01 establish   11 그늘
02 insist   12 야단법석, 호들갑
03 counterproductive   13 윤리
04 ethnic   14 결정적인, 중대한
05 merchant   15 근본적인, 필수의
06 participate   16 통찰력
07 raw   17 조사하다
08 boredom   18 소비하다, 먹다
09 scheme   19 장점
10 bond   20 증대시키다

B 01 contains   02 bother   03 fuzzy   04 inspired

C 01 mercy, 그는 무릎을 꿇고 자비를 구했다.
02 consulting, 그녀는 나랑 상의도 없이 그 결정을 내렸다.
03 partial, 심판은 어느 팀으로도 편향되면 안 된다.
04 unconscious, 그녀는 그 사고 이후 5일 동안 의식이 없었다.

PART 2 고등고급 –

DAY 36

A 01 abundant   11 소중하게 생각하다
02 chronic   12 오류
03 benevolent   13 인과관계
04 barbarous   14 기만, 속임수
05 falsify   15 자격이 있는
06 halt   16 요점
07 facilitate   17 멈추다
08 deadlock   18 진정한, 순전한
09 debris   19 담그다, 빠져들게 하다
10 abolish   20 역효과가 나다

B 01 hallmarks   02 subscribes   03 immune
04 thrive

C 01 substitute, 코치는 Tim의 대체 선수를 찾아야 한다.
02 eliminates, 신용카드의 사용은 현금과 수표의 필요성을 없애준다.

03 halt, 전체 평화 운동이 멈춰버린 것 같다.
04 hail, 그 제안은 퍼붓는 비평을 만났다.

DAY 37

A
01 forbid
02 deflate
03 impair
04 addict
05 humiliation
06 hypothesis
07 chronological
08 eminent
09 fluctuation
10 emit

11 겸손
12 공정한, 치우치지 않은
13 한탄하다, 슬퍼하다
14 순식간의
15 적당한
16 거부하다, 물리치다
17 숙지하다, 알려주다
18 잉여, 나머지
19 함축적인, 암시적인
20 부족한

B **01** impart **02** elusive **03** embraced
04 surrender

C **01** finite, 세계의 한정된 자원은 현명하게 사용되어야
한다.
02 Fluid, 자동차 엔진에서 액체가 샜다.
03 legitimate, 그것은 전적으로 타당한 질문이다.
04 imposed, 판사는 종신형을 선고했다.

DAY 38

A
01 collide
02 suspend
03 advent
04 collaborate
05 impulse
06 foresee
07 bountiful
08 imprudent
09 enormous
10 adrift

11 양립할 수 없는
12 혼합하다
13 의도적인
14 조작하다, 다루다
15 가난해진, 허약해진
16 감싸다, 포함하다
17 파괴하다
18 명령하다, 위임하다
19 상당한
20 광범위한, 포괄적인

B **01** enact **02** formidable **03** locals
04 commission

C **01** formula, 그의 투자 전략은 간단한 공식에 기초한다.
02 fraction, 나는 그 차를 내가 그것에 지불했던 일부
가격에 팔았다.
03 ensued, 공연이 끝나고 긴 기립 박수가 이어졌다.
04 Combustion, 고온에서 연소가 발생할 수 있다.

DAY 39

A
01 depict
02 fragile
03 erosion
04 meticulous
05 synthetic
06 obligate
07 affluent
08 perceive
09 peril
10 adversity

11 악화시키다
12 상상하다
13 필수불가결한
14 어마어마한
15 고갈
16 분노
17 평범한, 아주 흔한
18 헛된
19 의기소침하게 하다
20 공동의

B **01** equilibrium **02** airborne **03** parallels
04 indifferent

C **01** incur, 그가 뭘 했기에 그런 분노를 초래한 거지?
02 commitment, 그녀의 업무에 대한 헌신은 의심의
여지가 없다.
03 entrusted, 그녀는 아들의 교육을 개인 교사에게
위임했다.
04 merge, 많은 작은 회사들이 합병하도록 강요받았다.

DAY 40

A
01 allocate
02 descendant
03 deteriorate
04 eternal
05 alleviate
06 compatible
07 inevitable
08 evaporate
09 despise
10 alienate

11 휴지기의
12 강박적인, 충동적인
13 전염되는
14 충족시키다, 채우다
15 장난, 나쁜 짓
16 종합적인
17 널리 퍼지다
18 ~을 지키다
19 밀어 넣다, 끼워 놓다
20 분출하다

B **01** alternative **02** overshadowed **03** raged
04 pervaded

C **01** evoked, 그 낡은 집이 그의 어린 시절 기억을 떠올
리게 했다.
02 outrageous, 그녀는 야성적인 머리모양과 터무니
없는 복장으로 유명하다.
03 detract, 글의 많은 오타 때문에 독자의 관심이 소
설의 구성으로부터 딴 데로 갔다.
04 induced, 그녀의 병은 과로에서 왔다.

DAY 41

A
01 ambiguous
02 conform
03 discard
04 mutation
05 underpin
06 adjacent
07 informative
08 deviate
09 infrastructure
10 reckless

11 기밀의
12 괴롭히다, 고통을 주다
13 유력한, 강한
14 약화시키다
15 도움이 되는
16 줄다, 줄이다
17 움찔하다
18 ~의 기저를 이루다
19 자극하다, 악화시키다
20 영역, 범위

B 01 plateau 02 readily 03 manifest
04 modified

C 01 Dilute, 물감을 약간의 기름으로 묽게 해라.
02 inflated, 그 성공으로 그는 더욱 우쭐해졌다.
03 inferred, 이런 통계로부터 많은 것들이 추론될 수 있다.
04 formulated, 그는 그 팀의 경기력을 향상시킬 계획을 만들어냈다.

DAY 42

A
01 anatomy
02 discern
03 inherent
04 refrain
05 testimony
06 initiate
07 reconciliation
08 thrifty
09 inhibit
10 abandon

11 위로하다
12 단점, 결점
13 반복되다
14 어디에나 있는
15 추방하다
16 구성하다, ~이 되다
17 창의력, 재간
18 세련된, 정제된
19 갈가리 찢다
20 일화

B 01 innate 02 discipline 03 prevail
04 terminal

C 01 niche, 그녀는 마침내 교사로서 자신의 역할을 찾아냈다.
02 premonition, 그녀는 그가 전화를 할 것이라는 예감이 있었다.
03 uphold, 그는 헌법을 지지하겠다는 맹세를 했다.
04 nimble, 그녀의 민첩한 손놀림이 뜨개질을 쉬워보이게 한다.

DAY 43

A
01 anthropology
02 inspection
03 refute
04 prohibit
05 unanimous
06 intact
07 prolific
08 regress
09 unbearable
10 assassin

11 자의적인, 임의의
12 낙담한, 의기소침한
13 능숙한
14 줄어들다
15 모호한
16 일회용의, 사용가능한
17 지쳐있는
18 조사하다
19 음울한
20 고안하다, 발명하다

B 01 contradict 02 rehabilitates 03 aroused
04 vacancies

C 01 contracts, 근육이 팽창했다가 수축한다.
02 zealous, 그 탐정은 납치범 추적에 열성적이었다.
03 contagious, 그 환자는 아직 접촉 전염성이 매우 높다.
04 withering, 그 법안에 대한 대중의 지지는 시들해지고 있다.

DAY 44

A
01 expertise
02 replicate
03 disrupt
04 stale
05 notion
06 submerge
07 converge
08 investigate
09 rite
10 dissolve

11 기운, 분위기
12 명쾌한, 분명한
13 ~의 경향이 있는
14 알맞은, 적절한
15 매우 중요한
16 자기 성찰적인
17 공간의
18 타락한
19 예언
20 자격을 박탈하다

B 01 rejoiced 02 remnants 03 modest
04 rendered

C 01 exploited, 이런 공장들에서 많은 어린이들이 착취를 당하고 있다.
02 relentless, 그녀의 줄기찬 낙관주의는 그 팀을 하나로 묶었다.
03 static, 집값은 오랫동안 변동 없이 머무를 것이다.
04 converse, 우리는 반대의 경우도 생각해봐야 한다.

A
01 extinction
02 diversity
03 intimate
04 extrinsic
05 distinctive
06 resent
07 integrate
08 resilient
09 distort
10 cramped

11 유지하다
12 의심 많은, 회의적인
13 고통, 괴로움
14 흥미를 불러일으키다
15 갈다, 경작하다
16 동시에 발생하는
17 살짝 비키다
18 취약한
19 참다, 자제하다
20 억제하다

B 01 intricate　02 solemn　03 authorities
04 soothe

C 01 thrive, 이 식물들은 비교적 적은 햇빛에서도 번성
한다.
02 extracted, 기름이 그 식물에서 추출된다.
03 traits, 이 개의 종은 여러 가지 바람직한 특징들을
가지고 있다.
04 Turbulent, 거센 물결 때문에 그 보트가 뒤집혔다.

▸▸▸ Index

E

M

400

S

T

U

간단하게 단단하게 독해를 위한 핵심단어 고등편

단단독단

1판 1쇄 인쇄 2016년 10월 25일
1판 1쇄 발행 2016년 10월 30일
—
지 은 이   문국
발 행 인   이미옥
발 행 처   아이생각
정   가   12,000원
등 록 일   2003년 3월 10일
등록번호   220-90-18139
주   소   (04987)서울 광진구 능동로 32길 159
전화번호   (02)447-3157~8
팩스번호   (02)447-3159
—
ISBN 978-89-97466-29-0 (53740)
I-16-08

저자협의

인지생략

www.ithinkbook.co.kr